Sascha Kremer

Löschen nach DS-GVO in der Praxis

2. überarbeitete Auflage 2024

DATAKONTEXT

Bibliografische Information Der Deutschen Nationalbibliothek
Die Deutsche Nationalbibliothek verzeichnet diese Publikation in der Deutschen Nationalbibliografie; detaillierte bibliografische Daten sind im Internet über <http://dnb.d-nb.de> abrufbar.

Bei der Herstellung des Werkes haben wir uns zukunftsbewusst für umweltverträgliche und wiederverwertbare Materialien entschieden. Der Inhalt ist auf elementar chlorfreiem Papier gedruckt.

ISBN 978-3-89577-951-0
2. überarbeitete Auflage 2024

E-Mail: kundenservice@hjr-verlag.de

Telefon: +49 89/21 83-7928
Telefax: +49 89/21 83-7620

Titelbild: Daniel Haas, Schwartbuck
Satz: III-satz, Kiel, www.drei-satz.de
Druck: Medienhaus Plump GmbH

Inhaltsverzeichnis

1. Einleitung 7

2. Löschen als Verarbeitung 9

2.1 Löschen als Abschluss jeder Verarbeitungstätigkeit 9

2.2 Verschiedene Arten des Löschens 11

2.3 Sperren oder Einschränken der Verarbeitung statt Löschen 12

2.3.1 Sperren nach dem BDSG a.F. 12

2.3.2 Einschränkung der Verarbeitung 12

2.3.3 Sperren oder Einschränkung der Verarbeitung als Alternative zum Löschen 13

2.4 Anonymisieren, Pseudonymisieren oder Verschlüsseln als Löschen 15

2.4.1 Personenbezogene Daten 15

2.4.2 Pseudonymisierte und anonymisierte Daten 17

2.4.3 Methoden und Beispiele 21

3. Einordnung des Löschens in der DS-GVO 25

4. Löschpflicht des Verantwortlichen 27

4.1 Adressat der Löschpflicht 27

4.1.1 Verantwortlicher als Adressat 29

4.1.2 Auftragsverarbeiter als Adressat 30

4.1.3 Systemhersteller und Lieferant als Adressat 31

4.1.4 Sonderfall: Verarbeitungen im Konzern durch verbundene Unternehmen 31

4.1.5 Auskunfteien als Adressaten 32

4.2 Gründe für Löschung 33

4.2.1 Fehlende Notwendigkeit für Verarbeitungszweck 34

4.2.2 Widerruf der Einwilligung 35

4.2.3 Widerspruch der betroffenen Person 36

4.2.4 Unrechtmäßige Verarbeitung 37

4.2.5 Rechtliche Verpflichtung des Verantwortlichen 39

4.2.6 Kinder und Dienste der Informationsgesellschaft 39

4.3 Zu löschende personenbezogene Daten und Umfang der Löschpflicht 40

4.4 Zeitpunkt der Löschung 40

4.5 Löschen in Backups 41

4.5.1 Pflicht des Verantwortlichen zur Erstellung von Backups 41

4.5.2 Kollision mit Pflicht zur unverzüglichen Löschung 43

4.5.3 Auflösung der kollidierenden Pflichten bei Backups 44

4.5.4 Anforderungen an ein datenschutzkonformes Backup-System 45

4.6 Angaben zur Löschfrist im Verzeichnis von Verarbeitungstätigkeiten 46
4.7 Informationspflicht über Speicherdauer 47

5. Recht auf Löschung („Recht auf Vergessenwerden") 48
5.1 Rechte betroffener Personen in der DS-GVO 48
5.2 Löschen als Recht der betroffenen Person 50
5.2.1 Ausübung des Löschrechts 50
5.2.2 Identifizierung der betroffenen Person 51
5.2.3 Identitätsprüfung der betroffenen Person 53
5.2.4 Bearbeitung des Löschverlangens 55
5.2.5 Fristen für die Bearbeitung 58
5.2.6 Unentgeltlichkeit der Bearbeitung 60
5.3 Recht auf Vergessenwerden als Informationspflicht des Verantwortlichen 63
5.3.1 Idee: Löschpflicht des Verantwortlichen auch bei Dritten 63
5.3.2 Umsetzung: Informationspflicht bei öffentlich gemachten personenbezogenen Daten 63

6. Ausnahmen von Löschpflicht und Löschrecht 67
6.1 Ausnahmen aus der DS-GVO 67
6.1.1 Recht auf freie Meinungsäußerung und Information 68
6.1.2 Erfüllung rechtlicher Verpflichtung 70
6.1.3 Wahrnehmung von Aufgaben im öffentlichen Interesse oder in Ausübung öffentlicher Gewalt. 71
6.1.4 Bereich der öffentlichen Gesundheit 71
6.1.5 Archivzwecke, wissenschaftliche oder historische Forschungszwecke oder statistische Zwecke 72
6.1.6 Geltendmachung, Ausübung oder Verteidigung von Rechtsansprüchen 73
6.2 Ausnahmen im nationalen Recht 74

7. Mitteilungspflicht über Löschung gegenüber Empfängern 76
7.1 Mitteilungspflicht des Verantwortlichen 76
7.2 Unterrichtungsrecht der betroffenen Person 77

8. Löschkonzept zur Erfüllung der Datenschutzpflichten 78
8.1 Bestandsaufnahme durchführen 79
8.1.1 Kenntnis von den Mitteln der Verarbeitung beim Verantwortlichen 79
8.1.2 Übernahme aus dem Verzeichnis von Verarbeitungstätigkeiten 80
8.1.3 Erfassung der Speicherorte 80
8.1.4 Erstellen mehrerer Teillöschkonzepte 81
8.2 Speicherdauer und Löschfristen festlegen 81
8.2.1 Begriffe Speicherdauer und Löschfrist 82

8.2.2 Festlegen von Speicherdauer und Löschfrist 84
8.2.3 Typische Aufbewahrungsfristen 85
8.3 Löschkonzept erstellen 86
8.3.1 DIN 66398 zur Erstellung eines Löschkonzepts 86
8.3.2 Aufbau des Löschkonzepts 87
8.3.3 Fachliches Löschkonzept 87
8.3.4 Technisches Löschkonzept 89
8.3.5 Zuständigkeit für Löschung 90
8.4 Löschkonzept umsetzen und Löschung durchführen 90
8.5 Löschung dokumentieren 91
8.5.1 Nachweis einer verordnungskonformen Löschung 91
8.5.2 Automatische Protokolle als Nachweis der Löschung 91
8.6 PDCA-Zyklus für das Löschkonzept 93
8.7 Standard-Datenschutzmodell mit Beispielmaßnahmen 93
8.8 BSI IT-Grundschutz mit Beispielmaßnahmen 95
8.9 Checkliste zum Löschkonzept 97

9. Löschen bei Auftragsverarbeitern 98
9.1 Stellung des Auftragsverarbeiters und seine Befugnisse 98
9.2 Auftragsverarbeitungsvertrag oder anderes Rechtsinstrument 98
9.3 Löschpflichten des Auftragsverarbeiters 99
9.3.1 Umfang der Löschpflichten des Auftragsverarbeiters 100
9.3.2 Zeitpunkt der Löschung beim Auftragsverarbeiter 100
9.3.3 Ausnahmen von der Löschpflicht des Auftragsverarbeiters 101
9.3.4 Weitere Auftragsverarbeiter in der Leistungskette 102
9.4 Nachweispflichten des Auftragsverarbeiters 102
9.4.1 Nachweispflicht statt Kontrollrecht 102
9.4.2 Überprüfungsrecht ergänzt Nachweispflicht 103
9.4.3 Nachweis und Überprüfung des Löschens 103
9.5 Bearbeitung von Löschverlangen durch den Auftragsverarbeiter 103
9.5.1 Unterstützungspflicht des Auftragsverarbeiters 104
9.5.2 Aufgabenverteilung zwischen Verantwortlichem und Auftragsverarbeiter 104

10. Löschen bei gemeinsam Verantwortlichen 105
10.1 Gemeinsam Verantwortliche 105
10.2 Gemeinsame Entscheidung über Zwecke und Mittel der Verarbeitung 107
10.2.1 Kein Zugang zu personenbezogenen Daten erforderlich 107
10.2.2 Abstrakte Betrachtung der Verarbeitungszwecke 107
10.2.3 Beitragen zu einer Verarbeitung statt gemeinsamer Entscheidung 107

10.2.4 Keine Privilegierung der gemeinsam Verantwortlichen 108

10.3 Verteilung der Datenschutzpflichten zum Löschen zwischen gemeinsam Verantwortlichen 108

10.4 Geltendmachung von Löschverlangen gegenüber gemeinsam Verantwortlichen 109

11. Unterbliebenes Löschen als Datenschutzverletzung 111

11.1 Begriff der Datenschutzverletzung 111

11.2 Verletzung der Löschpflicht als Datenschutzverletzung 111

11.2.1 Verletzung der Sicherheit 111

11.2.2 Unbefugte Offenlegung oder unbefugter Zugang 111

11.2.3 Meldungs- und Benachrichtigungspflicht 112

11.3 Sanktionen bei Meldung der Datenschutzverletzung 112

12. Weitere Fragen zum Löschen 114

12.1 Löschen als Bestandteil der Datenschutz-Folgenabschätzung 114

12.2 Überwachung der Datenschutzpflichten beim Löschen 114

12.2.1 Überwachung durch die Aufsichtsbehörde 115

12.2.2 Überwachung durch den Datenschutzbeauftragten 115

13. Haftung bei Verletzung der Löschpflichten 117

13.1 Haftung des oder der Verantwortlichen 117

13.2 Haftung des Auftragsverarbeiters 118

13.3 Haftung bei mehreren Beteiligten 118

13.4 Klagebefugnis betroffener Personen 119

13.5 Immaterieller Schadensersatz 120

14. Sanktionen bei Verletzung der Datenschutzpflichten zum Löschen 121

14.1 Typische Fälle der Verletzung von Datenschutzpflichten beim Löschen 121

14.2 Bekannt gewordene Geldbußen 122

14.3 Abhilfebefugnisse der Aufsichtsbehörden aus der DS-GVO 122

14.4 Anordnungsbefugnisse aus dem BDSG 123

14.5 Geldbußen 123

14.5.1 Mögliche Bußgeldfälle 124

14.5.2 Bußgeld bei Verletzung mehrerer Datenschutzpflichten 125

14.5.3 Verjährung der Verletzung von Datenschutzpflichten 125

14.6 Straftaten 126

Abkürzungsverzeichnis 127

Abbildungsverzeichnis 130

Stichwortverzeichnis 131

1. Einleitung

Datenschutzkonformes Löschen in IT-Systemen ist auch mehr als fünf Jahre nach dem Wirksamwerden der DS-GVO ein Dauerbrenner. Die DS-GVO ordnet zwar eine Löschpflicht an und gewährt betroffenen Personen ein „Recht auf Vergessenwerden“, schweigt sich zu den Details aber aus.

In der Praxis ist das Etablieren von Löschkonzepten zur Umsetzung der Löschpflicht ein schwieriges Unterfangen:[1] Einerseits sind komplexe, z.T. über Jahrzehnte ohne Beachtung des Datenschutzes gewachsene IT-Systeme betroffen, andererseits liegen Daten ausgelagert bei einem Dienstleister oder „in der Cloud“, ohne dass im Zeitpunkt der Auslagerung über das Löschen ernstlich nachgedacht worden ist. Das fortwährende Speichern personenbezogener Daten ist immer noch der Normalfall.

Anders als in Zeiten knapper Ressourcen und beschränkter Performance von IT-Systemen spielt der Mehraufwand für das Speichern und Durchsuchen auch riesiger Datenbestände in der unmittelbaren Kostenbetrachtung heute häufig nur noch eine untergeordnete Rolle. Nur so ist erklärlich, dass beim Neuaufsetzen oder Migrieren von IT-Systemen auf eine Datenbereinigung verzichtet und gerne „as is“ der vorhandene Datenbestand vollständig aus dem alten Quellsystem in das neue Zielsystem übernommen wird.

Hinzu kommt, dass gesetzliche, satzungsgemäße oder vertragliche Aufbewahrungspflichten vielfach undifferenziert auf alle personenbezogenen Daten erstreckt werden und hinter der vermeintlich zwingenden, revisionssicheren Langzeitarchivierung der Datenschutz zurücktritt. Beigetragen zu diesem fehlenden Bewusstsein für die auch schon unter dem BDSG a.F. bestehenden Löschpflichten haben schließlich die bislang mangelnden Sanktionen und die durch das BDSG a.F. legitimierte Möglichkeit zur „Flucht in die Sperrung“ personenbezogener Daten statt einer Löschung.

Dieser Ratgeber stellt systematisch das erforderliche Wissen zur datenschutzkonformen Umsetzung der Löschpflicht sowie zum Umgang mit Löschansprüchen betroffener Personen für die Praxis zur Verfügung. Er erklärt, welche Prozesse beim allein oder gemeinsam Verantwortlichen und Auftragsverarbeiter implementiert sein müssen und beschreibt den Weg zu einem datenschutzkonformen Löschkonzept. Denn das Löschen personenbezogener Daten ist keine lästige Pflichtaufgabe des Verantwortlichen, sondern eine seiner Kernpflichten aus der DS-GVO, deren Erfüllung für den Verantwortlichen erheblichen Aufwand bedeutet. Ohne die Einführung und Umsetzung von Löschkonzepten sowie die Dokumentation der vorgenommenen Löschungen geht der Verantwortliche ein erhebliches Haftungs- und Sanktionsrisiko ein.

Maßgeblich abgestellt wird in diesem Ratgeber auf die DS-GVO, das BDSG und in den Beispielen auch auf nationales Sonderrecht. Ergänzend kann es sein, dass der Anwender in der Praxis auch Landesdatenschutzgesetze oder andere Spezialgesetze zu beachten hat.

Für Verantwortliche bzw. verantwortliche Stellen und Auftragsverarbeiter im Anwendungsbereich des Kirchengesetzes über den Datenschutz der Evangelischen Kirche in Deutschland (EKD-Datenschutzgesetz oder DSG-EKD) sowie des Gesetzes über den Kirchlichen Datenschutz (KDG) und der Kirchlichen Datenschutzregelung der Ordensgemeinschaft päpstlichen Rechts (KDR-OG) gelten die Ausführungen in diesem Ratgeber entsprechend, wobei vereinzelt Besonderheiten im jeweils anwendbaren kirchlichen Datenschutzrecht zu beachten sind.

---

1 Die Landesbeauftragte für Datenschutz und Informationsfreiheit des Saarlandes hat schon in ihrem Tätigkeitsbericht 2019 die Umsetzung der Löschpflichten zu den Aufgaben gezählt, welche die „meisten Probleme“ bereitet, siehe 28. Tätigkeitsbericht der Landesbeauftragten für Datenschutz und Informationsfreiheit des Saarlandes 2019, S. 130.

Wenn in diesem Ratgeber geschlechtsspezifische Bezeichnungen genutzt werden (wie der Verantwortliche und der Auftragsverarbeiter), ist damit stets auch jedes andere biologische und soziale Geschlecht gemeint. Wo möglich, werden neutrale Begriffe genutzt. Im Übrigen wird auf eine vollständige Sichtbarmachung sämtlicher Geschlechter verzichtet.

2. Löschen als Verarbeitung

Die Löschpflicht des Verantwortlichen und das Löschrecht der betroffenen Person aus Art. 17 Abs. 1 DS-GVO dienen der Umsetzung der Grundsätze aus Art. 5 Abs. 1 DS-GVO: Eine Speicherung personenbezogener Daten, die nicht mehr für einen festgelegten, eindeutigen und legitimen Zweck erforderlich sind, verstößt gegen den Grundsatz der Zweckbindung, Art. 5 Abs. 1 Buchst. a DS-GVO. Zugleich werden hierdurch die Grundsätze der Datenminimierung und der Speicherbegrenzung verletzt, Art. 5 Abs. 1 Buchst. c und d DS-GVO, die von dem Verantwortlichen bei jeder Verarbeitung zu beachten sind.

Hinweis: Rechenschaftspflicht führt zur Beweislast des Verantwortlichen

Der EuGH hat in zwei Urteilen klargestellt, dass die Pflicht des Verantwortlichen aus Art. 5 Abs. 2 DS-GVO, die Einhaltung der DS-GVO nachzuweisen (sog. Rechenschaftspflicht oder Accountability), in Auseinandersetzungen mit betroffenen Personen oder der Aufsichtsbehörde zu einer Beweislast des Verantwortlichen führt.[2] Damit muss der Verantwortliche im Ernstfall beweisen, dass er noch zur Speicherung der personenbezogenen Daten berechtigt ist (und diese deshalb noch nicht gelöscht sind).

2.1 Löschen als Abschluss jeder Verarbeitungstätigkeit

Das Löschen ist eine Verarbeitung personenbezogener Daten i.S.d. Art. 4 Nr. 2 DS-GVO:

> *„Verarbeitung" jeden mit oder ohne Hilfe automatisierter Verfahren ausgeführten Vorgang oder jede solche Vorgangsreihe im Zusammenhang mit personenbezogenen Daten wie […] das Löschen oder die Vernichtung;*

Abb. 1: Begriff Verarbeitung

2 EuGH, Urteil vom 24.2.2022 – C-175/20, Rz. 77, 81; Urteil vom 4.5.2023 – C-66/22, Rz. 53.

Hinweis: Kein Verarbeiten ohne Löschen

Ein Verarbeiten personenbezogener Daten ohne abschließendes Löschen gibt es nicht. Wer als Verantwortlicher die Zwecke und Mittel einer Verarbeitung festlegt oder eine Verarbeitung durchführt, ohne zuvor die für ein datenschutzkonformes Löschen geeigneten technischen und organisatorischen Maßnahmen getroffen zu haben, verstößt gegen die Verpflichtung zum Datenschutz durch Technikgestaltung aus Art. 25 Abs. 1 DS-GVO.

Das Löschen beendet den Lebenszyklus eines personenbezogenen Datums („**Data Lifecycle**") als letzten Schritt in einer Reihe von Verarbeitungsvorgängen. Eine Reihe von Verarbeitungsvorgängen ist dabei gleichbedeutend mit der Verarbeitungstätigkeit, die vom Verantwortlichen gemäß Art. 30 Abs. 1 DS-GVO im Verzeichnis von Verarbeitungstätigkeiten („VVT") zu dokumentieren ist (zur Angabe der Löschfristen im VVT siehe unten).

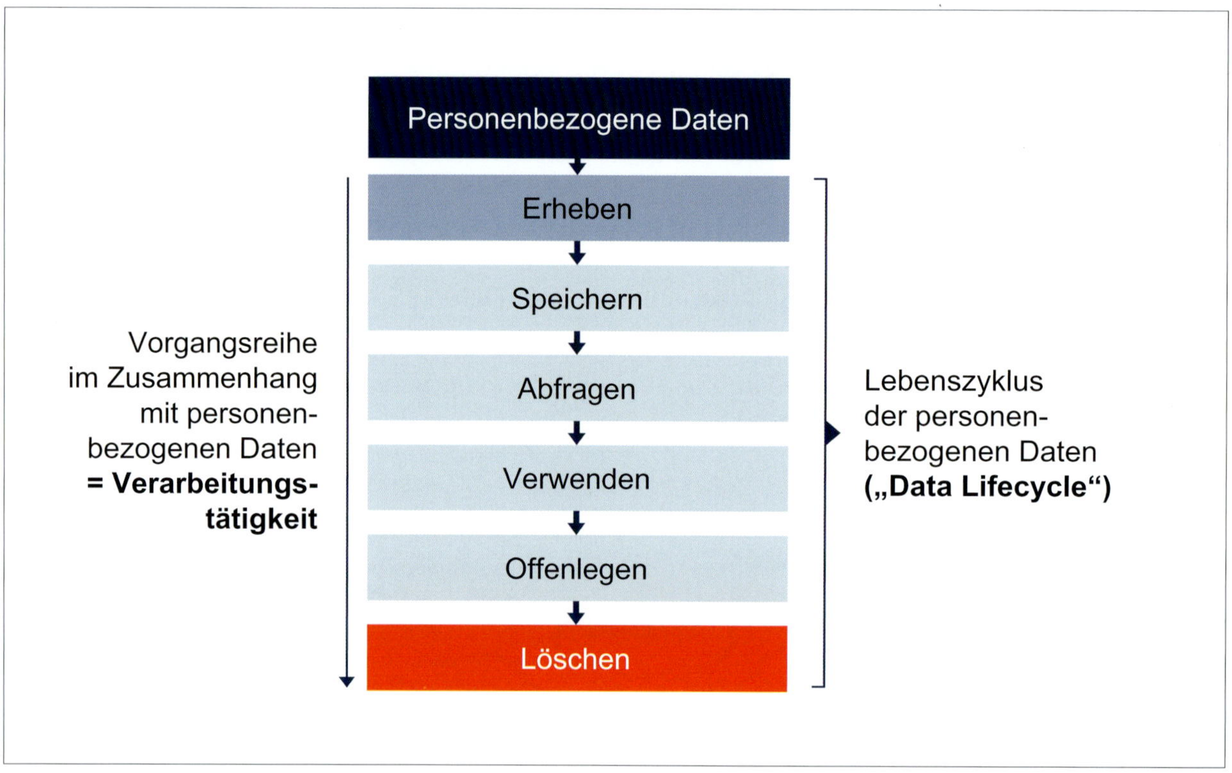

Abb. 2: Lebenszyklus Verarbeitungstätigkeit

Ziel des Verarbeitungsvorgangs „Löschen" ist die Unmöglichkeit der (weiteren) Wahrnehmung der (zu löschenden) personenbezogenen Daten, unabhängig davon, welche Schritte zur Erreichung dieses Ziels vorgenommen werden.

Hinweis: Löschen ist das Ergebnis einer Verarbeitung

Der Begriff „Löschen" wird nicht über den Inhalt des Verarbeitungsvorgangs „Löschen" definiert, sondern über das Ergebnis dieses Vorgangs. Löschen ist das Ziel, nicht der Weg dorthin. Welcher Weg beschritten wird, ist egal, solange die personenbezogenen Daten am Ende nur gelöscht sind.

2.2 Verschiedene Arten des Löschens

Das Löschen personenbezogener Daten umfasst jede Maßnahme, an deren Ende die personenbezogenen Daten nicht mehr wahrnehmbar sind, darunter auch das Vernichten der Datenträger, auf denen sich die personenbezogenen Daten befinden (z.B. Blätter in einer Papierakte, Festplatte in einem Server). Das Vernichten ist nach dem Wortlaut von Art. 4 Nr. 2 DS-GVO jedoch nur eine besondere Art des Löschens, aber eben nicht die einzige Art.

Tipp: GDD-Praxishilfe „Datenschutzgerechte Datenträgervernichtung" beachten

2019 wurde die 4. Auflage der GDD-Praxishilfe „Datenschutzgerechte Datenträgervernichtung" veröffentlicht, kostenfrei abrufbar unter *https://www.gdd.de/gdd-arbeitshilfen/gdd-ratgeber/datenschutzgerechte-datentraegervernichtung-2*. Die Praxishilfe enthält viele Checklisten für die praktische Umsetzung einer datenschutzkonformen Datenträgervernichtung. Sie berücksichtigt auch die internationale Norm zur Datenträgervernichtung (ISO/IEC 21964), die DS-GVO, das BDSG sowie § 203 StGB.

Ein Löschen ist jede unumkehrbare Unkenntlichmachung personenbezogener Daten, z.B. durch

⇨ Überschreiben personenbezogener Daten („Wipe"), z.B. mit Nullen oder Zufallszahlen,

⇨ Entmagnetisieren von Datenträgern (physikalischer „Wipe"),

⇨ Sicheres Verschlüsseln personenbezogener Daten und Löschen des Schlüssels,

⇨ Physikalisches Zerstören des Datenträgers, z.B. durch Schreddern oder Schmelzen, oder

⇨ Auflösen der Personenbeziehbarkeit von Daten durch Löschen der Relation, z.B. durch Entfernen eines eindeutigen Identifizierungsmerkmals wie einer Personalkennziffer in einer Auswertung.

Nicht ausreichend sind für ein Löschen demgegenüber die folgenden Handlungen:[3]

⇨ Bloßes Austragen von Verweisen auf die weiterhin gespeicherten personenbezogenen Daten aus elektronischen Verzeichnissen,

⇨ Schnellformatierung von Datenträgern, die lediglich das Inhaltsverzeichnis des Datenträgers löschen, die personenbezogenen Daten aber unverändert auf dem Datenträger belassen,

⇨ Verbot der weiteren Verarbeitung gegenüber Beschäftigten, Auftragsverarbeitern und Dritten ohne Unkenntlichmachen des Personenbezugs bei den gespeicherten Daten, oder

⇨ Versprechen des Verantwortlichen gegenüber der betroffenen Person oder der Aufsichtsbehörde, die personenbezogenen Daten nicht länger zu verarbeiten.

Tipp: Löschen durch Verschlüsselung

Sollen verschlüsselte personenbezogene Daten gelöscht werden, ist es ausreichend, wenn der Schlüssel unwiderruflich gelöscht wird, die verschlüsselten Daten aber unverändert gespeichert bleiben. Voraussetzung ist aber, dass (1) das Verschlüsselungsverfahren nicht kompromittiert und unter Berücksichtigung des Stands der Technik sicher ist, sowie (2) vor

3 Beispiele nach Baustein 60 (Löschen und Vernichten) in der Version 1.0a vom 2.9.2020 zum Standard-Datenschutzmodell, abrufbar unter *https://www.datenschutz-mv.de/static/DS/Dateien/Datenschutzmodell/Bausteine/SDM-V2.0_Löschen_und_Vernichten_V1.0a.pdf*.

dem Verlust der Sicherheit der Verschlüsselung der Datenträger mit den weiterhin gespeicherten personenbezogenen Daten gelöscht wird, z.B. durch Überschreiben der Daten (soweit möglich) und Vernichtung der Festplatte.

2.3 Sperren oder Einschränken der Verarbeitung statt Löschen

2.3.1 Sperren nach dem BDSG a.F.

§ 3 Abs. 4 Satz 2 BDSG a.F. kannte das Sperren personenbezogener Daten:

> *Sperren das Kennzeichnen gespeicherter personenbezogener Daten, um ihre weitere Verarbeitung oder Nutzung einzuschränken, […]*

Aus § 35 Abs. 3 ff. BDSG a.F. ergab sich, wann eine Sperrung personenbezogener Daten statt einer Löschung verpflichtend von der verantwortlichen Stelle vorzunehmen war und in welchem Umfang gesperrte personenbezogene Daten weiterhin verarbeitet werden durften:

> *An die Stelle einer Löschung tritt eine Sperrung, soweit*
>
> *1. […] einer Löschung gesetzliche, satzungsmäßige oder vertragliche Aufbewahrungsfristen entgegenstehen, 2. Grund zu der Annahme besteht, dass durch eine Löschung schutzwürdige Interessen des Betroffenen beeinträchtigt würden, oder 3. eine Löschung wegen der besonderen Art der Speicherung nicht oder nur mit unverhältnismäßig hohem Aufwand möglich ist.*

Die wesentliche Rechtsfolge der Sperrung personenbezogener Daten ergab sich dann aus § 35 Abs. 8 BDSG a.F.:

> *Gesperrte Daten dürfen ohne Einwilligung des Betroffenen nur übermittelt oder genutzt werden, wenn 1. es zu wissenschaftlichen Zwecken, zur Behebung einer bestehenden Beweisnot oder aus sonstigen im überwiegenden Interesse der verantwortlichen Stelle oder eines Dritten liegenden Gründen unerlässlich ist und 2. die Daten hierfür übermittelt oder genutzt werden dürften, wenn sie nicht gesperrt wären.*

Das Sperren war mithin im BDSG a.F. ein Recht des Verantwortlichen als Alternative zur Löschung, welches in der Praxis als Begründung genutzt wurde, um löschpflichtige Daten niemals löschen zu müssen.

2.3.2 Einschränkung der Verarbeitung

Mit der DS-GVO ist die frühere Möglichkeit zur Sperrung personenbezogener Daten durch das **Recht der betroffenen Person auf Einschränkung der Verarbeitung** gemäß Art. 18 DS-GVO verdrängt worden. Nur in wenigen Ausnahmefällen wie z.B. § 35 Abs. 1 und Abs. 2 BDSG gibt es auch eine **Pflicht zur Einschränkung der Verarbeitung** (dazu unten).

Art. 18 Abs. 1 DS-GVO zählt die Fälle auf, in denen die betroffene Person eine Einschränkung der Verarbeitung verlangen kann:

- ⇨ Richtigkeit der personenbezogenen Daten wird von der betroffenen Person bestritten; Einschränkung dann bis zum Abschluss der Überprüfung der Richtigkeit durch den Verantwortlichen (Buchst. a);
- ⇨ die betroffene Person lehnt bei einer unrechtmäßigen Verarbeitung die Löschung ab und verlangt stattdessen die Einschränkung der Verarbeitung vom Verantwortlichen (Buchst. b);

- ⇨ der Verantwortliche müsste die personenbezogenen Daten gemäß Art. 17 Abs. 1 Buchst. a DS-GVO wegen Wegfall des Verarbeitungszwecks löschen, die betroffene Person benötigt die personenbezogenen Daten jedoch zur Geltendmachung, Ausübung oder Verteidigung von Rechtsansprüchen (Buchst. c); oder
- ⇨ die betroffene Person hat Widerspruch gemäß Art. 21 Abs. 1 DS-GVO eingelegt; Einschränkung dann bis zum Abschluss der Prüfung durch den Verantwortlichen, ob der Widerspruch berechtigt ist (Buchst. d).

Weitere Fälle können sich ggf. aus dem nationalen Recht ergeben (z.B. § 35 Abs. 1 und Abs. 2 BDSG, siehe unten).

Die Einschränkung der Verarbeitung bewirkt gemäß Art. 18 Abs. 2 DS-GVO, dass die hiervon betroffenen personenbezogenen Daten für die Dauer der Einschränkung vom Verantwortlichen nur gespeichert werden dürfen. Andere Verarbeitungen sind für die Dauer der Einschränkung der Verarbeitung nur möglich, wenn

- ⇨ die betroffene Person eingewilligt hat,
- ⇨ dies zur Geltendmachung, Ausübung oder Verteidigung von Rechtsansprüchen erforderlich ist,
- ⇨ dies zum Schutz der Rechte einer anderen natürlichen oder juristischen Person erfolgt, oder
- ⇨ aus Gründen eines wichtigen öffentlichen Interesses der EU oder eines Mitgliedstaates erforderlich ist.

Ist die Einschränkung der Verarbeitung durch den Verantwortlichen erfolgt, muss dieser gemäß Art. 18 Abs. 3 DS-GVO die betroffene Person vor deren Aufhebung unterrichten. Dies soll der betroffenen Person die Möglichkeit geben, sich gegen die Aufhebung der Einschränkung der Verarbeitung zu wehren.

2.3.3 Sperren oder Einschränkung der Verarbeitung als Alternative zum Löschen

Das Sperren personenbezogener Daten als ausdrückliche Pflicht des Verantwortlichen ist mit der DS-GVO weggefallen. Gleichwohl kann ein Sperren durch den Verantwortlichen weiterhin sinnvoll sein, dies dann als technische Maßnahme zur wirksamen Umsetzung der Grundsätze der Verarbeitung im Sinne des Art. 25 Abs. 1 DS-GVO („Datenschutz durch Technikgestaltung" oder „Data Protection by Design") oder zur Sicherheit der Verarbeitung im Sinne des Art. 32 Abs. 1 DS-GVO.

Mit der Pflicht zur Sperrung ist auch der frühere § 35 Abs. 3 Nr. 3 BDSG a.F. entfallen, wonach eine Sperrung personenbezogener Daten zu erfolgen hatte, wenn eine Löschung der personenbezogenen Daten nicht oder nur mit unverhältnismäßigem Aufwand möglich ist (zur fortbestehenden Ausnahme beim Sonderfall einer nicht automatisierten Verarbeitung siehe unten).

Vorsicht: Sonderregeln im kirchlichen Datenschutzrecht

Anders ist dies im Kirchengesetz über den Datenschutz der Evangelischen Kirche in Deutschland (EKD-Datenschutzgesetz oder DSG-EKD). In § 21 Abs. 4 DSG-EKD ist § 35 Abs. 3 Nr. 3 BDSG a.F. inhaltsgleich übernommen worden. In § 19 Abs. 4 Satz 1 KDG (Gesetz über den Kirchlichen Datenschutz) und in § 19 Abs. 4 Satz 1 KDR-OG (Kirchliche Datenschutzregelung der Ordensgemeinschaft päpstlichen Rechts) ist die Ausnahme von der Löschpflicht ebenfalls normiert, allerdings mit dem Zusatz in § 19 Abs. 4 Satz 2 KDG bzw. KDR-OG, wonach die Ausnahme von der Löschpflicht bei einer unrechtmäßigen Verarbeitung nicht greift. Alle Regelungen dürften jedoch europarechtswidrig sein und sollten daher nicht oder allenfalls in einem § 35 Abs. 1 BDSG entsprechenden Umfang angewendet werden.

Das BDSG a.F. ließ ausdrücklich zu, dass es bei der Verarbeitung personenbezogener Daten dazu kommen kann, dass die personenbezogenen Daten am Ende der Verarbeitung nicht oder nur mit unverhältnismäßigem Aufwand gelöscht werden können. Für diesen Fall sollten die betroffenen Daten nach Eintritt der Löschpflicht gemäß § 35 Abs. 2 Satz 2 BDSG a.F. wenigstens durch eine Sperrung geschützt sein.

Nach der DS-GVO ist das Sperren personenbezogener Daten oder die Einschränkung der Verarbeitung jedoch keine Alternative zur Löschung mehr. Durch die zusätzlichen Pflichten aus Art. 25 Abs. 1 DS-GVO („Datenschutz durch Technikgestaltung" oder „Data Protection by Design") werden Anschaffung, Einführung und Betrieb nicht löschfähiger Verarbeitungsmittel (insbesondere Hardware, Software) untersagt:

> *Unter Berücksichtigung des Stands der Technik, der Implementierungskosten und der Art, des Umfangs, der Umstände und der Zwecke der Verarbeitung sowie der unterschiedlichen Eintrittswahrscheinlichkeit und Schwere der mit der Verarbeitung verbundenen Risiken für die Rechte und Freiheiten natürlicher Personen trifft der Verantwortliche* **sowohl zum Zeitpunkt der Festlegung der Mittel für die Verarbeitung als auch zum Zeitpunkt der eigentlichen Verarbeitung** *geeignete technische und organisatorische Maßnahmen [...], die dafür ausgelegt sind,* **die Datenschutzgrundsätze wie etwa Datenminimierung wirksam umzusetzen** *und die notwendigen Garantien in die Verarbeitung aufzunehmen, um den Anforderungen dieser Verordnung zu genügen und die Rechte der betroffenen Personen zu schützen.*

Eine Verarbeitung personenbezogener Daten, an deren Ende bei Eintritt der Löschpflicht gemäß Art. 17 Abs. 1 DS-GVO (dazu unten) eine Löschung der personenbezogenen Daten nicht oder nur mit unverhältnismäßigem Aufwand möglich ist, ist also stets verordnungswidrig und nur unter Verletzung anderer Datenschutzpflichten des Verantwortlichen möglich.

Vorsicht: Bußgeld wegen nicht löschfähiger Archivsysteme

Am 5.11.2019 hat die Berliner Beauftragte für Datenschutz und Informationsfreiheit in einer Pressemitteilung erklärt, gegen die Deutsche Wohnen SE ein Bußgeld in Höhe von 14 500 000 EUR verhängt zu haben.[4]

Bei zwei Vor-Ort-Prüfungen sei festgestellt worden, dass personenbezogene Daten von Mietern in einem Archivsystem gespeichert wurden, welches keine Möglichkeit zur Löschung vorsehe. In diesem Archivsystem hätten sich auch personenbezogene Daten befunden, die unrechtmäßig verarbeitet wurden oder bei denen der Speicherzweck zwischenzeitlich entfallen sei. Trotz der 2017 ausgesprochenen Empfehlung der Berliner Datenschutzbeauftragten sei bis zum März 2019 weder eine Bereinigung der Datenbestände erfolgt noch seien Maßnahmen ergriffen worden, die zur Herstellung eines rechtmäßigen Zustands hätten führen können.

4 Der Bußgeldbescheid wird noch gerichtlich überprüft. Das LG Berlin, Beschluss vom 18.2.2021 – (526 OWi LG) 212 Js-OWI 1/20 (1/20), hat das Bußgeldverfahren eingestellt. Das KG, Beschluss vom 6.12.2021 – 3 Ws 250/21 – 161 AR 84/21, hat auf die Beschwerde der Aufsichtsbehörde hin dem EuGH im Vorabentscheidungsverfahren verschiedene Rechtsfragen zu den Voraussetzungen für die Verhängung eines Bußgeldes vorgelegt. Beim EuGH ist das Verfahren unter dem Az. C-807/21 anhängig; mit einem Urteil wird spätestens Anfang 2024 gerechnet.

Wichtig: Migration nicht löschfähiger IT-Systeme

Setzt der Verantwortliche selbst (oder bei seinen Auftragsverarbeitern) nicht löschfähige Verarbeitungsmittel für seine Verarbeitungstätigkeiten ein (insbesondere Hardware, Software), muss ein unverzüglich umzusetzender Migrationspfad zu einem löschfähigen IT-System erarbeitet und umgesetzt werden, der eine datenschutzkonforme Löschung ermöglicht. Diese Pflicht ergibt sich aus Art. 25 Abs. 1 DS-GVO (Datenschutz durch Technikgestaltung), der dem Verantwortlichen „auch zum Zeitpunkt der eigentlichen Verarbeitung" auferlegt, „geeignete technische und organisatorische Maßnahmen [zu treffen], die dafür ausgelegt sind, die Datenschutzgrundsätze [...] wirksam umzusetzen und die notwendigen Garantien in die Verarbeitung aufzunehmen, um den Anforderungen dieser Verordnung zu genügen und die Rechte der betroffenen Personen zu schützen.

2.4 Anonymisieren, Pseudonymisieren oder Verschlüsseln als Löschen

Der sachliche Anwendungsbereich der DS-GVO und damit auch die Datenschutzpflichten im Zusammenhang mit dem Löschen erstrecken sich auf die Verarbeitung personenbezogener Daten gemäß Art. 2 Abs. 1 DS-GVO:

> *Diese Verordnung gilt für die ganz oder teilweise automatisierte Verarbeitung personenbezogener Daten sowie für die nichtautomatisierte Verarbeitung personenbezogener Daten, die in einem Dateisystem[5] gespeichert sind oder gespeichert werden sollen.*

Gelingt es also, den Personenbezug zu entfernen, sodass keine personenbezogenen Daten mehr vorliegen, erfolgt auch keine Verarbeitung im Sinne des Art. 4 Nr. 2 DS-GVO mit der Folge, dass keine weitere Löschung mehr erforderlich ist. Das De-Personalisieren personenbezogener Daten durch Anonymisieren kann damit ebenfalls eine Löschart sein. Abzugrenzen ist die Anonymisierung jedoch von der Pseudonymisierung. Zudem bedarf es einer Einordnung von verschlüsselten Daten.[6]

2.4.1 Personenbezogene Daten

Der Begriff „personenbezogene Daten" wird in Art. 4 Nr. 1 DS-GVO definiert:

> *„personenbezogene Daten" alle Informationen, die sich auf eine identifizierte oder identifizierbare natürliche Person (im Folgenden „betroffene Person") beziehen; [...]*

Personenbezug besteht damit bei jeder Identifizierbarkeit der betroffenen Person (zu pseudonymen Daten siehe unten). Gemäß Art. 4 Nr. 1 DS-GVO ist eine natürliche Person identifizierbar,

> *die* **direkt oder indirekt***, insbesondere mittels Zuordnung zu einer Kennung wie einem Namen, zu einer Kennnummer, zu Standortdaten, zu einer Online-Kennung oder zu einem oder mehreren besonderen Merkmalen* **identifiziert werden kann***, die Ausdruck der physischen, physiologischen, genetischen, psychischen, wirtschaftlichen, kulturellen oder sozialen Identität dieser natürlichen Person sind;*

5 Zu den Anforderungen an ein Dateisystem siehe EuGH, Urteil vom 10.7.2018 – C-25/17 („Zeugen Jehovas").

6 Ausführlich zur Abgrenzung auch Artikel-29-Datenschutzgruppe: Stellungnahme 4/2007 zum Begriff „personenbezogene Daten" vom 20.6.2007 (WP 136).

Über welche Merkmale die Identifizierung ermöglicht wird, ist ohne Bedeutung. Die DS-GVO nennt in Art. 4 Nr. 1 DS-GVO nur Beispiele in einer nicht abschließenden Aufzählung.

Beispiel: Online-Kennungen zur Identifizierbarkeit

Online-Kennungen sind neben Benutzernamen auch IP-Adressen[7], Identifizierungsnummern (Identifier oder ID, z.B. eines Endgeräts) und Cookie-Kennungen (ebenfalls ein Identifier, z.B. eine ID in einem Werbenetzwerk), wie Erwägungsgrund 30 ausführt.

Für die Identifizierbarkeit ist außerdem von Bedeutung, über welche Mittel der Verantwortliche verfügt und welcher Aufwand betrieben werden müsste, um Merkmale einer natürlichen Person zuzuordnen, wie Erwägungsgrund 26 konkretisiert:

> *[...] Um festzustellen, ob eine natürliche Person identifizierbar ist, sollten alle Mittel berücksichtigt werden, die von dem Verantwortlichen oder einer anderen Person nach allgemeinem Ermessen wahrscheinlich genutzt werden, um die natürliche Person direkt oder indirekt zu identifizieren, wie beispielsweise das Aussondern. Bei der Feststellung, ob Mittel nach allgemeinem Ermessen wahrscheinlich zur Identifizierung der natürlichen Person genutzt werden, sollten alle objektiven Faktoren, wie die Kosten der Identifizierung und der dafür erforderliche Zeitaufwand, herangezogen werden, wobei die zum Zeitpunkt der Verarbeitung verfügbare Technologie und technologische Entwicklungen zu berücksichtigen sind. [...]*

Einen **absoluten Personenbezug** kennt die DS-GVO damit nicht. Entscheidend ist nicht, ob irgendwo irgendjemand die Möglichkeit zur Identifizierung mit den beim Handelnden vorhandenen Merkmalen hat, sondern allein, ob dem Verantwortlichen selbst oder anderen Stellen (etwa Auftragsverarbeitern) die Identifizierung einer natürlichen Person mit den ihm zur Verfügung stehenden Merkmalen und vernünftigerweise nutzbaren Mitteln möglich ist. So kann es passieren, dass Daten für den Verantwortlichen noch unter die DS-GVO fallen, weil er den Personenbezug mit vertretbarem Aufwand (wieder)herstellen kann, hingegen für andere Stellen der Personenbezug fehlt, weil sie keinen Zugriff auf jene Mittel haben, die die Daten personenbeziehbar machen. Es gilt mithin ein **relativer Personenbezug**.

Beispiel: Datenbanken in Unternehmen[8]

Bei einem Unternehmen sind Daten in mehreren separaten Datenbanken gespeichert. Erst durch die Zusammenführung dieser Datenbanken werden natürliche Personen identifizierbar. Das Unternehmen könnte auch unter Berücksichtigung der im Markt verfügbaren Technologien (z.B. Analysetools) und mit vertretbarem Aufwand die Zusammenführung der Daten vornehmen. Damit handelt es sich bei den Daten in den Datenbanken um personenbezogene Daten im Sinne des Art. 4 Nr. 1 DS-GVO, ohne dass es darauf ankommt, ob diese tatsächlich zusammengeführt werden oder nicht. Das Unternehmen ist Verantwortlicher gemäß Art. 4 Nr. 7 DS-GVO und hat alle Datenschutzpflichten wegen der personenbezogenen Daten in den Datenbanken einzuhalten.

---

7 Zur Personenbeziehbarkeit auch dynamischer IP-Adressen siehe EuGH, Urteil vom 19.10.2016 – C-582/14; BGH, Urteil vom 16.5.2017 – VI ZR 135/13.

8 Beispiel nach *Laue*, in Laue/Kremer: Das neue Datenschutzrecht in der betrieblichen Praxis, 2. Aufl. 2019, § 1 Rn. 16.

Zur Bewertung der Identifizierbarkeit natürlicher Personen in vorhandenen Daten kann folgendes Prüfschema genutzt werden:

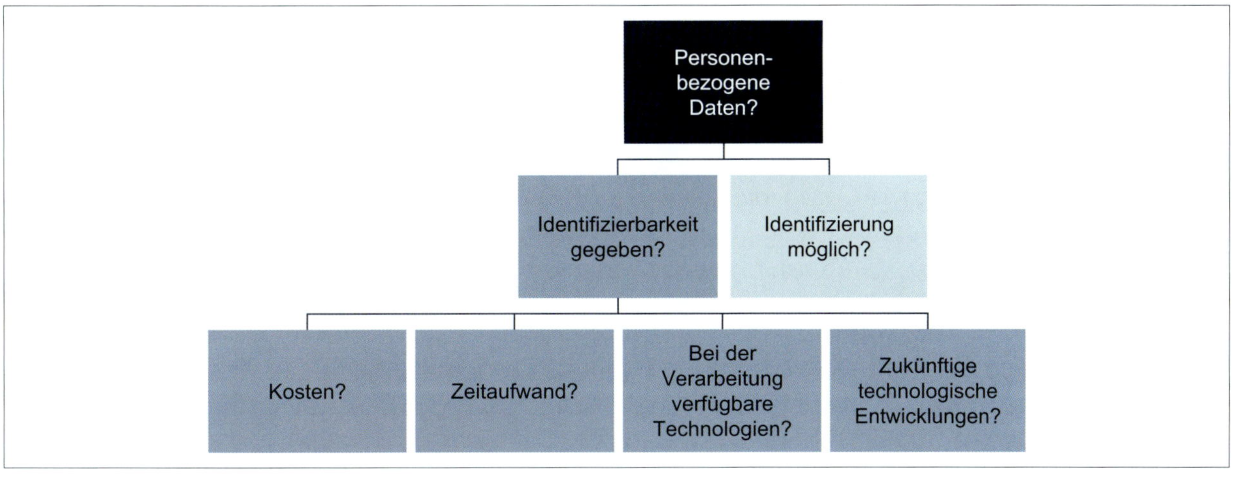

Abb. 3: Prüfschema zur Identifizierbarkeit natürlicher Personen

2.4.2 Pseudonymisierte und anonymisierte Daten

Während es nicht schwerfällt, einen vollständigen, dechiffrierten und lesbaren Datensatz zu Personen als datenschutzrelevant zu identifizieren, kann es insbesondere bei einer komplexen, separierten Verarbeitung an verschiedenen Stellen zu Problemen bei der Ermittlung kommen. Dies hängt insbesondere damit zusammen, dass das Datenschutzrecht keine klare Trennung zwischen personenbezogenen Daten und nicht personenbezogenen Daten macht. Vielmehr lässt sich die Personenbeziehbarkeit, damit also auch die Datenschutzrelevanz, als eine gleitende Skala beschreiben, an deren einen Ende der bestehende Personenbezug, in deren Mitte die Personenbeziehbarkeit und am anderen Ende der fehlende Personenbezug steht.

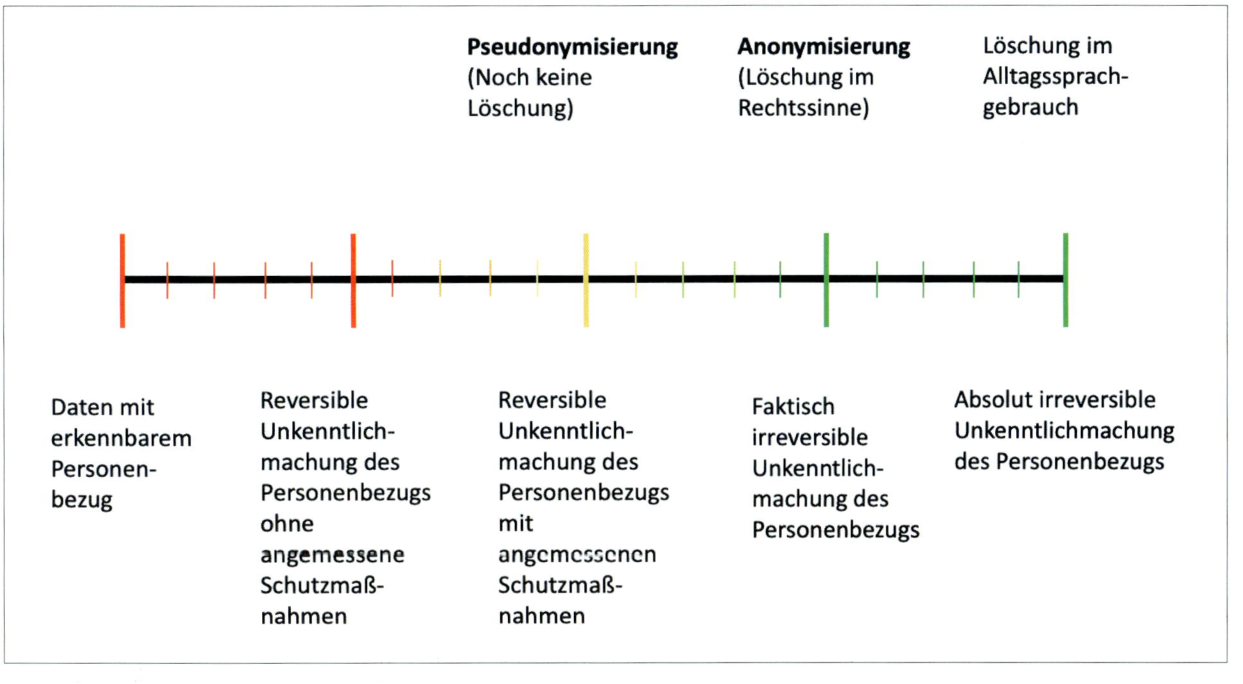

Abb. 4: Gleitende Skala Personenbezug

2.4.2.1 Pseudonymisierung

Ein zentrales Element zur Erhöhung des Schutzniveaus ist in der Praxis das **Pseudonymisieren personenbezogener Daten**. Erwägungsgrund 26 stellt klar, dass auch pseudonymisierte Daten wegen der Möglichkeit zur Identifizierung einer natürlichen Person personenbezogene Daten im Sinne des Art. 4 Nr. 1 DS-GVO sind:

> *Die Grundsätze des Datenschutzes sollten für alle Informationen gelten, die sich auf eine identifizierte oder identifizierbare natürliche Person beziehen. Einer Pseudonymisierung unterzogene personenbezogene Daten, die durch Heranziehung zusätzlicher Informationen einer natürlichen Person zugeordnet werden könnten, sollten als Informationen über eine identifizierbare natürliche Person betrachtet werden.*

Dabei definiert Art. 4 Nr. 5 DS-GVO die Pseudonymisierung wie folgt:[9]

> *„Pseudonymisierung" die Verarbeitung personenbezogener Daten in einer Weise,* **dass die personenbezogenen Daten ohne Hinzuziehung zusätzlicher Informationen nicht mehr einer spezifischen betroffenen Person zugeordnet werden können**, *sofern diese zusätzlichen Informationen gesondert aufbewahrt werden und technischen und organisatorischen Maßnahmen unterliegen, die gewährleisten, dass die personenbezogenen Daten nicht einer identifizierten oder identifizierbaren natürlichen Person zugewiesen werden.*

Pseudonymisierte Daten beschreiben damit einen Sonderfall der Identifizierbarkeit einer natürlichen Person: Die Zuordnung der personenbezogenen Daten zu einer spezifischen betroffenen Person ist ohne Hinzuziehung zusätzlicher Informationen nicht mehr möglich. Allerdings bewahrt nach einer Pseudonymisierung der Verantwortliche die zusätzlichen Informationen, die zur Zuordnung der Daten zu einer betroffenen Person erforderlich sind, gesondert auf und stellt durch technische und organisatorische Maßnahmen sicher, dass die personenbezogenen Daten im Übrigen einer identifizierten oder identifizierbaren natürlichen Person nicht zugewiesen werden.

Mit anderen Worten:

Der Verantwortliche hat alle Merkmale zur Identifizierung der betroffenen Person vorliegen, diese aber von den Restdaten technisch und organisatorisch sauber getrennt. So kann der Verantwortliche mit den Restdaten arbeiten, ohne dass diese bei der Verarbeitung selbst einen Personenbezug aufweisen, aber jederzeit zu einem späteren Zeitpunkt die Person über die von ihm genutzte „Zuordnungsregel" wieder identifizieren oder identifizierbar machen.

Die technischen und organisatorischen Maßnahmen müssen die Identifizierbarkeit durch Nutzung der Zuordnungsregel also nicht gänzlich ausschließen, sondern nur die ungewollte Identifizierung wirksam verhindern. Dies macht auch eine Pseudonymisierung innerhalb eines Verantwortlichen möglich, was Erwägungsgrund 29 bestätigt:

> *Um Anreize für die Anwendung der Pseudonymisierung bei der Verarbeitung personenbezogener Daten zu schaffen, sollten Pseudonymisierungsmaßnahmen, die jedoch eine allgemeine Analyse zulassen, bei demselben Verantwortlichen möglich sein, wenn dieser die erforderlichen technischen und organisatorischen Maßnahmen getroffen hat, um – für die jeweilige Verarbeitung – die Umsetzung dieser Verordnung zu gewährleisten, wobei sicherzustellen ist, dass zusätzliche Informationen, mit denen die personenbezogenen Daten einer speziellen betroffenen Person zugeordnet werden können, gesondert aufbewahrt werden. Der für die Verarbeitung der personenbezogenen Daten Verantwortliche sollte die befugten Personen bei diesem Verantwortlichen angeben.*

9 § 3 Abs. 6a BDSG a.F. nutzte noch eine andere Definition für das Pseudonymisieren, dazu die Vorauflage.

Beispiel: Pseudonymisierte Beschäftigtendaten

Daten über Beschäftigte, die unter einer fiktiven Kennung ausgewertet werden, wobei die Rückschlüsselung der fiktiven Kennung zur Personalnummer und damit zum einzelnen Beschäftigten durch technische und organisatorische Maßnahmen unterbunden wird. Kein Pseudonym im Sinne des Art. 4 Nr. 5 DS-GVO ist die Personalnummer, wenn hiermit verknüpfte Daten von Beschäftigten verarbeitet werden und die Personalnummer jederzeit auflösbar ist, z.B. durch einen Blick in das Personalverzeichnis des Verantwortlichen.

Der Unterschied zwischen pseudonymisierten Daten im Sinne des Art. 4 Nr. 5 DS-GVO und „normalen" personenbezogenen Daten gemäß Art. 4 Nr. 1 DS-GVO ist damit, dass der Verantwortliche die zur Identifizierung erforderlichen Merkmale von den restlichen Daten abgesondert und eine ungewollte Zusammenführung durch geeignete technische und organisatorische Maßnahmen unterbunden hat. Damit weisen pseudonymisierte Daten wegen der bereits getroffenen Maßnahmen eine niedrigere Eintrittswahrscheinlichkeit und Schwere von Datenschutzverletzungen als nicht pseudonymisierte Daten auf, wie sich Erwägungsgrund 28 entnehmen lässt:

> *Die Anwendung der Pseudonymisierung auf personenbezogene Daten kann die Risiken für die betroffenen Personen senken und die Verantwortlichen und die Auftragsverarbeiter bei der Einhaltung ihrer Datenschutzpflichten unterstützen. [...]*

Daher finden sich verschiedene Stellen in der DS-GVO, wo sich eine Pseudonymisierung positiv auf die Erfüllung der Datenschutzpflichten insbesondere durch den Verantwortlichen auswirkt und rechtlich privilegiert ist:

- ⇨ Zweckändernde Weiterverarbeitungen werden gemäß Art. 6 Abs. 4 Buchst. e DS-GVO erleichtert, wenn die betroffenen personenbezogenen Daten pseudonymisiert sind.
- ⇨ Die Pseudonymisierung ist eine mögliche technische Maßnahme zur wirksamen Umsetzung der Datenschutzgrundsätze gemäß Art. 25 Abs. 1 DS-GVO („Datenschutz durch Technikgestaltung" oder „Data Protection by Design").
- ⇨ Die Pseudonymisierung ist eine mögliche technische Maßnahme zur Gewährleistung einer dem Risiko angemessenen Sicherheit der Verarbeitung gemäß Art. 32 Abs. 1 DS-GVO.

Zudem wirkt sich eine Pseudonymisierung zugunsten des Verantwortlichen auf die Rechtmäßigkeit einer Verarbeitung aus. Insbesondere bei der Interessenabwägung gemäß Art. 6 Abs. 1 Satz 1 Buchst. f DS-GVO zahlt sich die Pseudonymisierung bei der Abwägung zwischen den berechtigten Interessen des Verantwortlichen einerseits und den schutzbedürftigen Interessen der betroffenen Person andererseits aus. Allerdings bleiben die Pflichten der DS-GVO auch bezüglich dieser Daten in vollem Umfang erhalten. Die Pseudonymisierung ist kein Weg „aus der DS-GVO", sondern ein Weg „innerhalb der DS-GVO", um den datenschutzrechtlichen Pflichten zu entsprechen.

2.4.2.2 Anonymisierung

Ein Weg „aus der DS-GVO" ist hingegen die **Anonymisierung personenbezogener Daten**. Eine Definition der Anonymisierung findet sich anders als in Art. 4 Nr. 5 DS-GVO für die Pseudonymisierung in der DS-GVO nicht. Lediglich in Erwägungsgrund 26 werden anonyme Informationen erwähnt:

> *Die Grundsätze des Datenschutzes sollten daher nicht für anonyme Informationen gelten, d.h. für Informationen, die sich nicht auf eine identifizierte oder identifizierbare natürliche Person beziehen, oder personenbezogene Daten, die in einer Weise anonymisiert worden sind, dass*

die betroffene Person nicht oder nicht mehr identifiziert werden kann. Diese Verordnung betrifft somit nicht die Verarbeitung solcher anonymer Daten, auch für statistische oder für Forschungszwecke.

Anonyme Daten sind also Daten, die sich entgegen Art. 4 Nr. 1 DS-GVO nicht auf eine identifizierte oder identifizierbare natürliche Person beziehen. Auf anonyme Daten finden DS-GVO und das Datenschutzrecht insgesamt keine Anwendung.

Tipp: Kein Datenschutz für anonyme Daten

Die Nutzung anonymer Daten geschieht außerhalb der DS-GVO und des Datenschutzrechts, sodass hierfür keinerlei Datenschutzpflichten zu erfüllen sind. Dies macht die Anonymisierung für Unternehmen in Zeiten von Big Data immer attraktiver. Andere Gesetze, z.B. das Gesetz zum Schutz von Geschäftsgeheimnissen (GeschGehG), das Urheberrechtsgesetz (UrhG) mit dem Schutz von Datenbanken oder zukünftig der Data Act, sind jedoch abhängig von Art und Umfang der anonymen Daten trotzdem zu beachten. Ebenso kann sich aus der Informationssicherheit die Erforderlichkeit zu technischen und organisatorischen Maßnahmen zum Schutz von anonymen Daten ergeben.

Anonymisiert sind Daten, wenn nach der Verarbeitungshandlung die betroffene Person nicht mehr identifizierbar ist. Das Anonymisieren ist damit eine **Art des Löschens**, denn nach der Anonymisierung ist der Personenbezug nicht mehr wahrnehmbar (siehe oben). Allerdings führt nur ein nach aktuellem Stand der Technik praktisch unumkehrbares Anonymisieren zu einer Löschung der personenbezogenen Daten i.S.d. Art. 4 Nr. 2 DS-GVO. Besteht bereits beim Anonymisieren die Möglichkeit, dass die Person durch das Verknüpfen weiterer Angaben wieder identifizierbar ist, sind die Daten nicht anonymisiert, sondern allenfalls pseudonymisiert und damit nicht gelöscht.

Achtung: Bußgeldempfehlung gegen Taxiunternehmen wegen Nichtlöschung

Im März 2019 wurde in Dänemark von der dortigen Aufsichtsbehörde eine Bußgeldempfehlung an das für die Verhängung zuständige Gericht in Höhe von 160 000 EUR ausgesprochen.[10] Hintergrund ist, dass in Dänemark Bußgelder nicht unmittelbar durch die Aufsichtsbehörden verhängt werden, sondern nur durch die Gerichte wie in Art. 83 Abs. 9 DS-GVO beschrieben.

Im konkreten Fall sollen personenbezogene Daten von 385.000 Kunden von einem Taxiunternehmen für einen längeren Zeitraum verarbeitet worden sein als für die Zweckerreichung erforderlich. Außerdem soll die nach Ablauf von zwei Jahren erfolgte Anonymisierung erfolglos geblieben sein, weil die verbleibenden Daten trotz Löschung des Namens der Kunden zur Identifizierung geeignet waren, etwa wegen der fortgesetzten Speicherung von Telefonnummern und anderen Kontaktdaten.

10 Pressemitteilung auf Dänisch abrufbar unter *https://www.datatilsynet.dk/tilsyn-og-afgoerelser/afgoerelser/2019/mar/tilsyn-med-taxa-4x35s-behandling-af-personoplysninger*; Meldung einer dänischen Rechtsanwaltskanzlei zum Sachverhalt auf Englisch abrufbar unter *https://gorrissenfederspiel.com/en/knowledge/news/recommended-fine-of-dkk-12-million-to-taxa-4x35-for-violation-of-the-gdpr*.

Vorsicht: Möglichkeit der De-Anonymisierung

Auch bei anonymisierten Daten besteht das Risiko einer späteren De-Anonymisierung. Grund hierfür können technologische Fortschritte sein, die es erlauben, aus weniger Angaben als früher oder aus anderen Angaben einen Personenbezug abzuleiten (Prüfschema siehe oben). Denkbar ist aber auch, dass durch später beim Verantwortlichen erlangtes Wissen und die Möglichkeit zum Zusammenführen zweier anonymer Datenbestände wieder personenbezogene Daten entstehen. Eine solche De-Anonymisierung führt dazu, dass der Verantwortliche erneut personenbezogene Daten erlangt und damit i.S.d. Art. 4 Nr. 2 DS-GVO verarbeitet. Es sind dann wegen dieser de-anonymisierten Daten wieder sämtliche Pflichten aus der DS-GVO zu beachten. Beim Nutzen anonymer Daten, insbesondere bei Big Data oder Business Intelligence-Tools („BI"), ist deshalb eine regelmäßige Prüfung und Bewertung erforderlich, ob eine De-Anonymisierung möglich ist (oder bereits stattgefunden hat) und deshalb das Datenschutzrecht (wieder) zu beachten ist.[11]

Beim Anonymisieren sind wie oben beim Prüfschema zur Ermittlung der Personenbezogenheit von Daten beschrieben auch Zeit, Aufwand, verfügbare Technologien und zukünftige technologische Entwicklungen zu berücksichtigen, sodass die frühere Definition für das Anonymisieren in § 3 Abs. 6 BDSG a.F. weiterhin genutzt werden kann:

> *Anonymisieren ist das Verändern personenbezogener Daten derart, dass die Einzelangaben über persönliche oder sachliche Verhältnisse nicht mehr oder nur mit einem unverhältnismäßig großen Aufwand an Zeit, Kosten und Arbeitskraft einer bestimmten oder bestimmbaren natürlichen Person zugeordnet werden können.*

Vorsicht: Pseudonymisieren ist nicht anonymisieren

Solange es beim Verantwortlichen noch die Möglichkeit gibt, die natürlichen Personen mit vertretbarem Aufwand identifizierbar zu machen (siehe Prüfschema oben), sind die Daten nicht anonymisiert. Im Sprachgebrauch sollte deshalb sauber zwischen anonymisierten Daten (keine Identifizierbarkeit mehr gegeben) und pseudonymisierten Daten (Identifizierbarkeit gegeben) differenziert werden. Regelmäßig sind dort, wo von anonymen Daten gesprochen wird, tatsächlich pseudonyme Daten gemeint, die in den Anwendungsbereich der DS-GVO fallen.[12]

2.4.3 Methoden und Beispiele

Pseudonymisierung zeichnet sich durch das Ersetzen des Personenbezugs mit der bloßen Personenbeziehbarkeit aus, wohingegen die Anonymisierung die Vernichtung des Personenbezugs verlangt und damit ein Löschen im Sinne der DS-GVO ist (siehe oben). Daher sollen einige gän-

11 Teilweise werden an den Anonymisierungsvorgang in Abgrenzung von einem „einfachen" Löschvorgang andere Anforderungen gestellt. So verlangt *Roßnagel*, ZD 2021, 188 (192) etwa die Information der von der Anonymisierung betroffenen Personen. Da jedoch das Anonymisieren lediglich eine Form des Löschens ist, und das Löschen gerade keine Informationspflicht gemäß Art. 13 f. DS-GVO nach sich zieht, kann für das Anonymisieren nichts anderes gelten.

12 Ausführlich zum Anonymisieren zwei Veröffentlichungen der Stiftung Datenschutz: „Grundsatzregeln für die Anonymisierung personenbezogener Daten" (Dezember 2022) und „Praxisleitfaden zum Anonymisieren personenbezogener Daten" (Dezember 2022), abrufbar auf Deutsch unter *https://stiftungdatenschutz.org/praxisthemen/anonymisierung* und auf Englisch unter *https://stiftungdatenschutz.org/english/anonymisation-personal-data*.

gige Methoden aufgezeigt werden, mit denen sich eine Pseudonymisierung oder Anonymisierung personenbezogener Daten erreichen lässt.

2.4.3.1 Verschlüsselung

Eine Form der Pseudonymisierung ist die Verschlüsselung von personenbezogenen Daten. Verschlüsselte Daten werden in der DS-GVO als Begriff nicht definiert. Allerdings wird die Verschlüsselung in der DS-GVO mehrfach genannt:

- ⇨ Zweckändernde Weiterverarbeitungen werden gemäß Art. 6 Abs. 4 Buchst. e DS-GVO erleichtert, wenn die betroffenen personenbezogenen Daten verschlüsselt sind.
- ⇨ Die Verschlüsselung ist eine mögliche technische Maßnahme zur Gewährleistung eines dem Risiko der Verarbeitung angemessenen Schutzniveaus gemäß Art. 32 Abs. 1 DS-GVO.
- ⇨ Die Pflicht zur Benachrichtigung betroffener Personen über eine Verletzung des Schutzes personenbezogener Daten gemäß Art. 4 Nr. 12, Art. 34 Abs. 1 DS-GVO („Datenschutzverletzung", ausführlich dazu unten) kann entfallen, wenn der Verantwortliche durch Verschlüsselung die von der Datenschutzverletzung betroffenen Daten für unbefugte Personen unzugänglich gemacht hat.

Verschlüsselung meint dabei jedes Verfahren, bei dem mittels kryptographischer Methoden Daten so verändert werden, dass diese nur mit Kenntnis des jeweiligen Schlüssels lesbar gemacht werden können.[13] Dabei kann der Schlüssel ein Passwort, ein biometrisches Merkmal, ein Zertifikat oder eine Kombination mehrerer Merkmale sein.

Beispiel: Verschlüsselung von E-Mails[14]

Werden E-Mails bei der Übertragung zwischen dem Postausgangsserver des Absenders und dem Posteingangsserver des Empfängers auf dem Transportweg verschlüsselt („**Transportverschlüsselung**") und geschieht dies mit einem aktuellen und sicheren Verschlüsselungsverfahren, sind die ggf. im Internet beim Transport „mitlesbaren" Daten anonym. Die E-Mail ist dann gerade nicht mit der Postkarte vergleichbar. Da die Betreiber von Posteingangs- und Postausgangsserver die E-Mail jedoch im Klartext vorliegen haben, handelt es sich dort um eine Verarbeitung personenbezogener Daten. Anders ist dies, wenn der Inhalt der E-Mail vom Absender selbst verschlüsselt und so an den Empfänger übersendet wird, welcher sodann die E-Mail nach dem Erhalt persönlich entschlüsselt („**Inhaltsverschlüsselung**" oder „**Ende-zu-Ende-Verschlüsselung**"). Wird hier ein aktuelles und sicheres Verschlüsselungsverfahren genutzt, ist der Inhalt der E-Mail auch für die Betreiber von Posteingangs- und Postausgangsserver anonymisiert.

Verschlüsselte Daten bleiben personenbezogene Daten für den Verantwortlichen, solange er über den Schlüssel zur Entschlüsselung der Daten verfügt. Denn trotz der Verschlüsselung bleibt bei Kenntnis des Schlüssels die Identifizierbarkeit der natürlichen Personen erhalten, deren Daten verschlüsselt beim Verantwortlichen vorliegen. Die Verschlüsselung führt mithin beim Verant-

13 Zum sog. Crypto Shredding siehe *https://www.heise.de/ratgeber/DSGVO-konformes-Datenloeschen-Loesch-und-Anonymisierungsverfahren-6265832.html.*

14 Ausführlich zur Pflicht zur Verschlüsselung von E-Mails Datenschutzkonferenz (DSK): Maßnahmen zum Schutz personenbezogener Daten bei der Übermittlung per E-Mail – Orientierungshilfe des Arbeitskreises „Technische und organisatorische Datenschutzfragen" vom 27.5.2021, abrufbar unter *https://www.datenschutzkonferenz-online.de/media/oh/20210616_orientierungshilfe_e_mail_verschluesselung.pdf;* zum Sonderfall der E-Mail-Kommunikation bei Berufsgeheimnisträgern ausführlich *Kremer*, ITRB 2020, 35.

wortlichen nicht zu anonymisierten Daten. Abhängig davon, wie das zur Entschlüsselung erforderliche Wissen vom Verantwortlichen aufbewahrt wird, kann die Verschlüsselung jedoch zu pseudonymisierten Daten führen (dazu oben).

Legt der Verantwortliche die personenbezogenen Daten einem Empfänger im Sinne des Art. 4 Nr. 9 DS-GVO einschließlich Dritten im Sinne des Art. 4 Nr. 10 DS-GVO gegenüber offen (etwa durch Übermittlung), kann es sich für diesen Empfänger oder Dritten wegen des **relativen Personenbezugs** (dazu oben) bei den Daten um personenbezogene Daten, pseudonymisierte Daten oder anonymisierte Daten handeln.

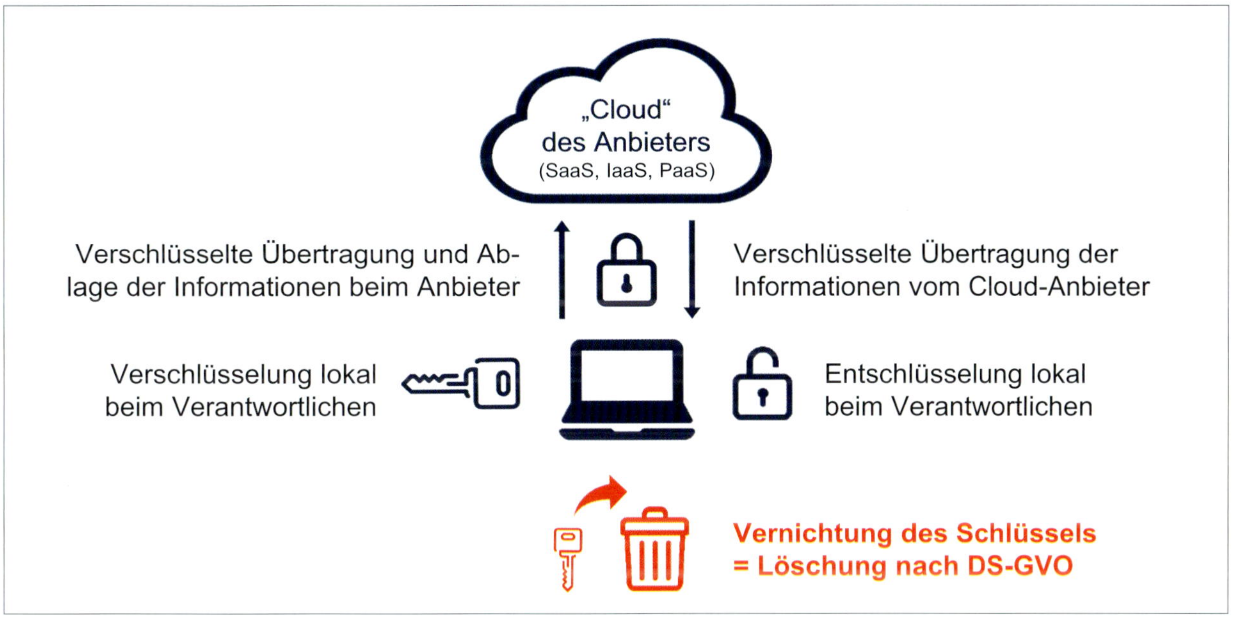

Abb. 5: Löschen durch Verschlüsselung in der Cloud

Erlangt der Empfänger Kenntnis vom Schlüssel, sind die verschlüsselten Daten ebenso einzuordnen wie beim Verantwortlichen selbst.

Ohne Kenntnis des Schlüssels kommt es maßgeblich auf das Verschlüsselungsverfahren und die Sicherheit der Verschlüsselung an. Ist unter Berücksichtigung von Kosten, Aufwand, verfügbaren Technologien und zukünftigen technologischen Entwicklungen eine Entschlüsselung der Daten durch den Empfänger ausgeschlossen, handelt es sich für ihn um anonyme Daten, sodass Datenschutzpflichten nicht greifen. Erforderlich sind dann wie bei jeder anderen Anonymisierung eine fortlaufende Prüfung und Bewertung der Sicherheit der Verschlüsselung durch den Verantwortlichen und den Empfänger der Daten (dazu oben).

2.4.3.2 Aggregierung

Ebenfalls üblich ist das Erzeugen sog. aggregierter Daten. Hierbei werden die personenbezogenen Daten mehrerer betroffenen Personen in einem einheitlichen Datensatz zusammengeführt, ohne dass die Daten zu den einzelnen betroffenen Personen noch ausgewiesen werden. Ist die Anzahl betroffener Personen groß genug (Kleingruppe von in der Regel mindestens fünf betroffenen Personen) und sind die zusammengeführten Daten ggf. in Spannen überführt worden (z.B. durch Bildung geeigneter Altersgruppen), bewirkt auch eine solche Aggregation (auch als Aggregierung bezeichnet) eine Anonymisierung der personenbezogenen Daten und führt zu einem Entfall der datenschutzrechtlichen Pflichten im weiteren Umgang mit diesen Datensätzen.

2.4.3.3 Weitere Möglichkeiten der Anonymisierung

Das Anonymisieren kann auch so erfolgen, dass aus den personenbezogenen Daten diejenigen Informationen ohne Personenbezug und Identifizierbarkeit herausgefiltert, in einen neuen Datenbestand überführt und anschließend außerhalb des Anwendungsbereichs der DS-GVO genutzt werden, etwa für statistische Zwecke oder Benchmarks. Ebenso ist es möglich, in einem vorhandenen Datenbestand die zur Identifizierbarkeit geeigneten Merkmale zu entfernen oder zu überschreiben, um so den Personenbezug zu entfernen.[15]

Beispiel: Anonymisierte Daten aus Verkehrsordnungswidrigkeiten

Eine Gemeinde nimmt eine Geschwindigkeitskontrolle an einer Straße vor. Beim Überschreiten der zulässigen Höchstgeschwindigkeit werden die Täter mit Foto von Fahrzeug, Fahrer und Kennzeichen erfasst und ermittelt, um die Ordnungswidrigkeit zu ahnden. Anschließend werden die Merkmale Fahrer, Fahrzeug und Kennzeichen entfernt und statistisch die Ordnungswidrigkeiten nach Art und Umfang ausgewertet. Bei den verbleibenden Informationen handelt es sich um anonymisierte Informationen.

Achtung: In allen Fällen der Anonymisierung handelt es sich um eine Verarbeitung, sodass auch hierbei die Regeln der DS-GVO zu beachten sind. Aufgrund des fließenden Grenzbereiches zwischen Pseudonymisierung und Anonymisierung (= relativer Personenbezug) und der für die Betroffenen im Einzelfall schwerwiegenden Folgen einer Verkennung des noch bestehenden Personenbezugs, kann u.U. eine Datenschutz-Folgenabschätzung gemäß Art. 35 DS-GVO erforderlich sein, bevor ein Mechanismus zur Anonymisierung umgesetzt wird. Rechtsgrundlage für eine Anonymisierung ist in der Regel die Interessenabwägung gemäß Art. 6 Abs. 1 Satz 1 Buchst. f DS-GVO (ggf. in Verbindung mit Art. 6 Abs. 4 DS-GVO bei einer damit einhergehenden Zweckänderung).

15 Zu möglichen Anonymisierungstechniken siehe ausführlich Artikel-29-Datenschutzgruppe: Stellungnahme 5/2014 zu Anonymisierungstechniken v. 10.4.2014 (WP216) sowie den Praxisleitfaden für die Anonymisierung personenbezogener Daten vom Dezember 2022, abrufbar unter *https://stiftungdatenschutz.org/fileadmin/Redak-tion/Dokumente/Anonymisierung_personenbezogener_Daten/SDS_Studie_Praxisleitfaden-Anonymisieren-Web_01.pdf.*

3. Einordnung des Löschens in der DS-GVO

Die DS-GVO lässt sich wie eine Zwiebel in mehrere Schichten einteilen. Jede dieser Schichten beschreibt andere Datenschutzpflichten, die bei der Verarbeitung personenbezogener Daten zu beachten sind:

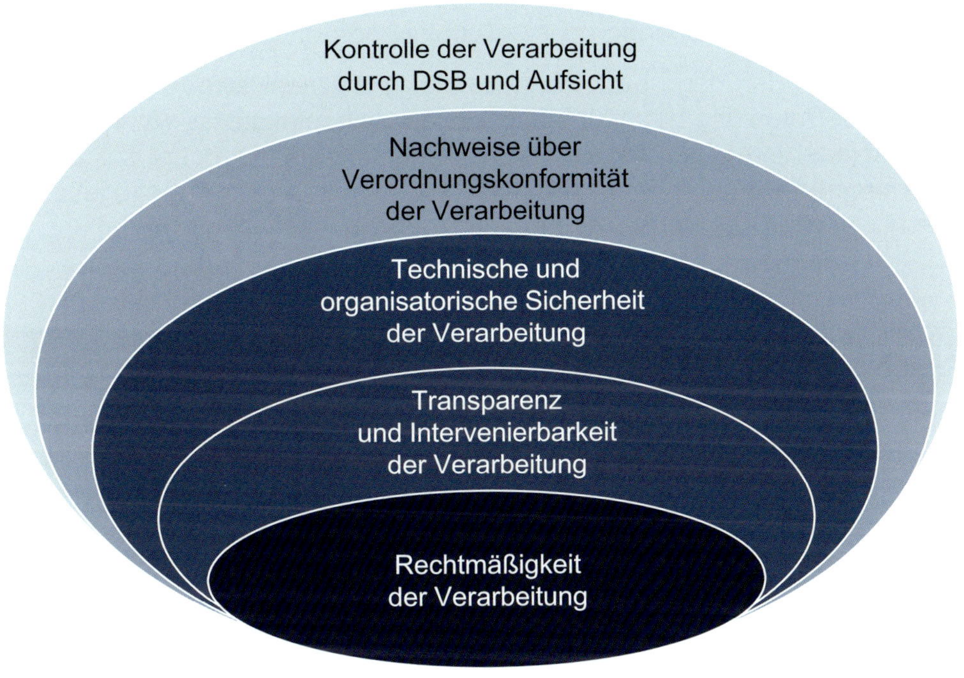

Abb. 6: Schutzschichten der DS-GVO

Auf jeder dieser Schichten lässt sich das Löschen systematisch verorten:

⇨ Fehlt es an einer Erlaubnis für die Verarbeitung aus Art. 6 DS-GVO oder einem anderen Gesetz, ist die Verarbeitung der personenbezogenen Daten unrechtmäßig erfolgt. Dann greift gemäß Art. 17 Abs. 1 Buchst. d DS-GVO die Löschpflicht.

⇨ Die Speicherdauer oder die Kriterien für die Festlegung der Speicherdauer sind gemäß Art. 13 Abs. 2 Buchst. a, Art. 14 Abs. 2 Buchst. a DS-GVO den betroffenen Personen als Teil der Datenschutzinformationen zur Verfügung stellen. Dadurch wird die Transparenz der Verarbeitung bis zur Löschung der personenbezogenen Daten gewährleistet.

⇨ Betroffene Personen können gemäß Art. 17 Abs. 1 DS-GVO vom Verantwortlichen verlangen, die sie betreffenden personenbezogenen Daten unverzüglich zu löschen, wenn die Voraussetzungen einer Löschung vorliegen. Das Löschrecht korrespondiert mit der Löschpflicht des Verantwortlichen, die Art. 17 Abs. 1 DS-GVO ebenfalls anordnet.

⇨ Die Löschung personenbezogener Daten ist eine technische Maßnahme, die ggf. durch organisatorische Maßnahmen flankiert wird. Diese Maßnahmen dienen der Sicherstellung und Dokumentation einer verordnungskonformen Verarbeitung i.S.d. Art. 24 Abs. 1 DS-GVO, der wirksamen Umsetzung der Grundsätze der Verarbeitung i.S.d. Art. 25 Abs. 1 DS-GVO („Datenschutz durch Technikgestaltung" oder „Data Protection by Design") sowie der Sicherheit der Verarbeitung i.S.d. Art. 32 Abs. 1 DS-GVO.

⇨ Löschkonzepte und die Dokumentation über deren Umsetzung sind Nachweise für die Einhaltung der Grundsätze aus Art. 5 Abs. 1 DS-GVO und dienen der Erfüllung der Rechenschaftspflicht des Verantwortlichen aus Art. 5 Abs. 2 DS-GVO.

⇨ Die Überwachung des Datenschutzbeauftragten gemäß Art. 39 Abs. 1 Buchst. b DS-GVO erstreckt sich neben der Einhaltung der DS-GVO auch auf die Strategien für den Schutz personenbezogener Daten, worunter auch die Erfüllung der Datenschutzpflichten im Zusammenhang mit dem Löschen personenbezogener Daten fällt.

⇨ Gleichermaßen erstrecken sich die Untersuchungs- und Abhilfebefugnisse der Aufsichtsbehörden aus Art. 58 Abs. 1, Abs. 2 DS-GVO auf die Überwachung der Anwendung der DS-GVO mit der Folge, dass alle vorgenannten Bezüge zu den Datenschutzpflichten beim Löschen in den Zuständigkeitsbereich der Aufsichtsbehörden fallen.

Die frühere Diskussion darüber, ob die fortgesetzte, nicht mehr zweckbezogene Speicherung personenbezogener Daten überhaupt datenschutzrechtlich relevant ist, war fehlgeleitet: Die DS-GVO verlangt auf jeder ihrer Schichten eine Löschung von insbesondere zur Zweckerreichung nicht (mehr) erforderlichen personenbezogenen Daten. Wer personenbezogene Daten gleichwohl nicht löscht, sondern weiterspeichert, handelt verordnungswidrig (zur Haftung und zu Sanktionen ausführlich unten).

Wichtig: Löschpflicht auch ohne Antrag

Die Löschpflicht aus Art. 17 Abs. 1 DS-GVO besteht in den dort genannten Fällen auch, wenn die betroffene Person keinen Antrag auf Löschung gestellt hat. Die Geltendmachung des Löschungsrechts ist keine Voraussetzung der Pflicht des Verantwortlichen, die Löschung bei Vorliegen eines der Gründe in Art. 17 Abs. 1 DS-GVO auch tatsächlich unverzüglich auszuführen. Das „und“ zwischen dem Löschrecht der betroffenen Personen (dazu ausführlich unten) und der Löschpflicht des Verantwortlichen ist kein „kumulatives und“, sondern ein „alternatives und“. Auch ohne Art. 17 Abs. 1 DS-GVO wäre der Verantwortliche zur Löschung personenbezogener Daten beim Fortfall des Verarbeitungszwecks oder der Rechtsgrundlage verpflichtet, denn anders können die Grundsätze aus Art. 5 Abs. 1 Buchst. a, Buchst. b, Buchst. c und Buchst. e DS-GVO nicht eingehalten werden.

4. Löschpflicht des Verantwortlichen

Die Löschpflicht des Verantwortlichen ergibt sich aus Art. 17 Abs. 1 DS-GVO: Der Verantwortliche ist verpflichtet, personenbezogene Daten unverzüglich zu löschen, wenn wegen der betroffenen Daten ein Löschgrund vorliegt, insbesondere sämtliche Verarbeitungszwecke entfallen sind.

Mit der Löschpflicht des Verantwortlichen korrespondiert das Recht der betroffenen Person aus Art. 17 Abs. 1 DS-GVO, von dem Verantwortlichen die unverzügliche Löschung der sie betreffenden personenbezogenen Daten zu verlangen, wenn einer der in Buchst. a bis Buchst. f bezeichneten Gründe vorliegt (dazu ausführlich unten). Allerdings besteht die Löschpflicht auch, wenn die betroffene Person eine Löschung (noch) nicht verlangt hat (siehe oben).

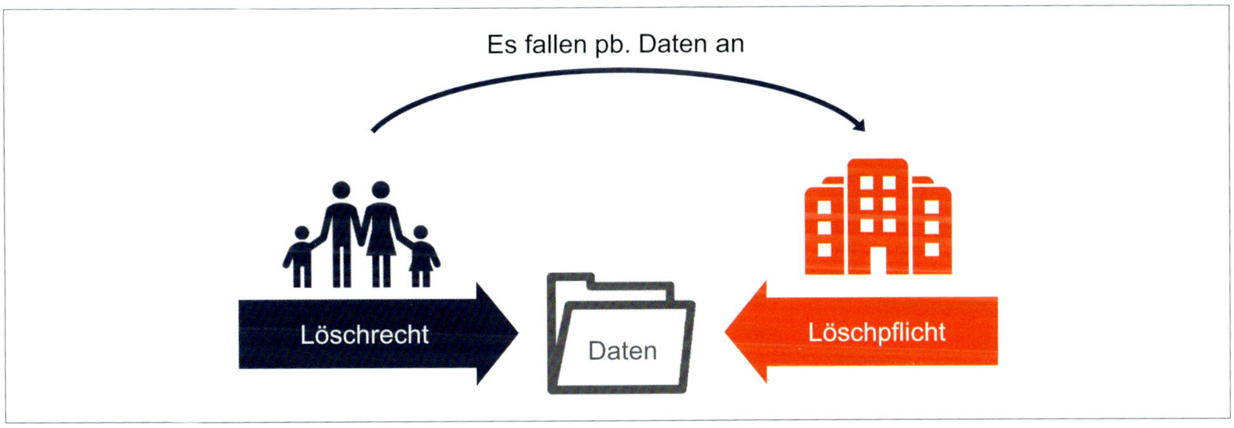

Abb. 7: Löschpflicht – Löschrecht (Löschanspruch)

4.1 Adressat der Löschpflicht

An einer Verarbeitung personenbezogener Daten können mehrere Stellen beteiligt sein, wenn die personenbezogenen Daten vom Verantwortlichen einem Empfänger i.S.d. Art. 4 Nr. 9 DS-GVO einschließlich Dritten i.S.d. Art. 4 Nr. 10 DS-GVO offengelegt werden.

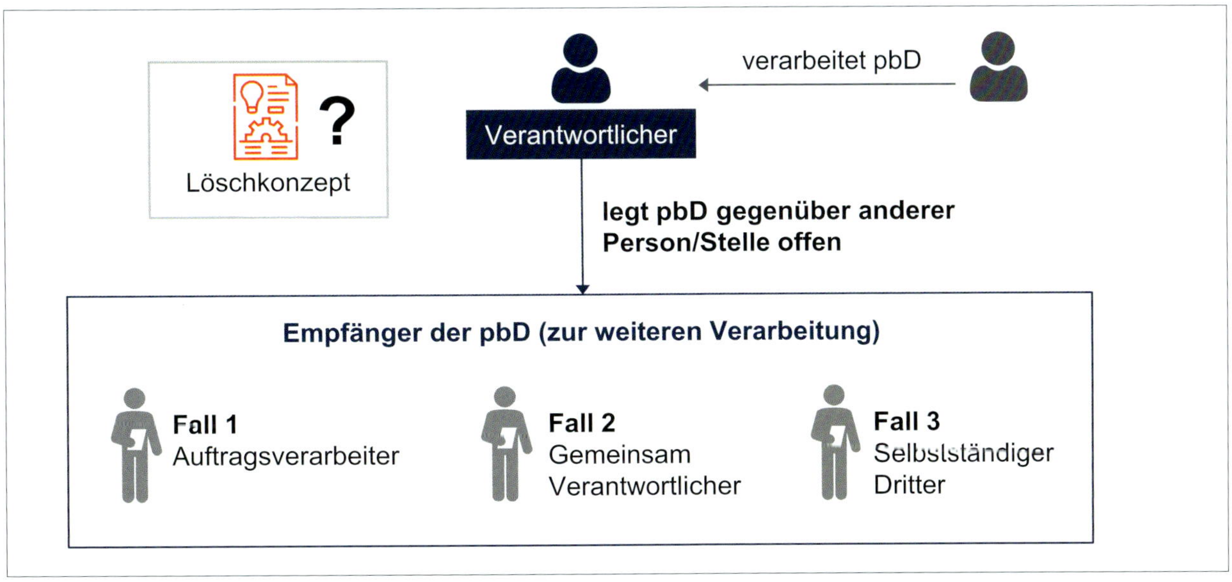

Abb. 8: Übersicht möglicher Adressaten der Löschpflicht

Bei dem Empfänger kann es sich um einen Auftragsverarbeiter des Verantwortlichen gemäß Art. 4 Nr. 8, Art. 28 Abs. 1 DS-GVO handeln (Fall 1), um einen gemeinsam Verantwortlichen gemäß Art. 4 Nr. 7, Art. 26 Abs. 1 Satz 1 DS-GVO (Fall 2) oder um einen anderen, ebenfalls allein Verantwortlichen (Fall 3). Die Abgrenzung zwischen allein Verantwortlichen, gemeinsam Verantwortlichen und Auftragsverarbeitern ist schwierig geworden, seitdem der EuGH mit drei Entscheidungen in den Jahren 2018 und 2019 den Anwendungsbereich der gemeinsamen Verantwortlichkeit deutlich vergrößert und die Eintrittsschwelle hierfür sehr niedrig gesetzt hat.[16] Wesentliches Unterscheidungskriterium ist hierbei, wer im Sinne des Art. 4 Nr. 7 DS-GVO über Zwecke und Mittel der Verarbeitung allein oder gemeinsam entscheidet (allein oder gemeinsam Verantwortliche) und wer ausschließlich weisungsgebunden ohne eigene Verarbeitungszwecke personenbezogene Daten verarbeitet (Auftragsverarbeiter).[17]

Verantwortlicher Art. 4 Nr. 7 DS-GVO	**Auftragsverarbeiter** Art. 4 Nr. 8, 28 DS-GVO	**Gemeinsam Verantwortliche** Art. 4 Nr. 7, 26 DS-GVO
• Entscheidet über Zwecke und Mittel der Verarbeitung („Ob“ und „Wie“) • Ist Adressat aller Datenschutzpflichten • Verarbeitet personenbezogene Daten weisungsfrei	• Entscheidet niemals über Zweck der Verarbeitung • Kann Entscheidung über Mittel der Verarbeitung vom Verantwortlichen übertragen bekommen • Ist Adressat einzelner Datenschutzpflichten, insb. aus Art. 28 DS-GVO • Verarbeitet personenbezogene Daten ausschließlich weisungsgebunden im Auftrag des Verantwortlichen	• Entscheiden gemeinsam über Zwecke und Mittel der Verarbeitung • Zumindest stillschweigende, wechselseitige Zustimmung zur Verarbeitung der anderen gemeinsam Verantwortlichen erforderlich • Sind gemeinsam Adressat aller Datenschutzpflichten • Können Datenschutzpflichten durch Vereinbarung untereinander aufteilen • Verarbeiten personenbezogene Daten auch im Verhältnis zueinander weisungsfrei

Abb. 9: Indizien zur Abgrenzung von Auftragsverarbeiter, allein Verantwortlichen und gemeinsam Verantwortlichen

Tipp: GDD-Praxishilfe XV „die gemeinsame Verantwortlichkeit“

Die im Dezember 2019 veröffentlichte 1. Auflage der GDD-Praxishilfe XV: „Die gemeinsame Verantwortlichkeit nach Art. 26 DS-GVO (Joint Controllership)“ enthält ausführliche Erläuterungen, gibt Antworten auf besonders relevante Praxisfragen und enthält ausführliche Checklisten zur Abgrenzung zwischen allein Verantwortlichen, gemeinsam Verantwortlichen und Auftragsverarbeitern.

Die Praxishilfe ist abrufbar unter *https://www.gdd.de/downloads/praxishilfen/GDDPraxishilfe_15_JointControllership_1.0.pdf.*

16 Zur gemeinsamen Verantwortlichkeit EuGH, Urteil vom 5.6.2018 – C-210/16 („Facebook Fanpages“), Urteil vom 10.7.2018 – C-25/17 („Zeugen Jehovas“), Urteil vom 29.7.2019 – C-40/17 („Fashion ID“); Bundesverwaltungsgericht (BverwG), Urteil vom 11.9.2019 – 6 C 15/18; ausführliche Darstellung durch *Kremer,* in Schwartmann/Jaspers/Thüsing/Kugelmann: DS-GVO/BDSG, 2. Aufl. 2020, Art. 26 Rn. 17 ff.

17 Ausführlich zur Abgrenzung Europäischer Datenschutzausschuss: Leitlinien 07/2020 zu den Begriffen „Verantwortlicher“ und „Auftragsverarbeiter“ in der DS-GVO (Version 2.0 vom 7.7.2021), abrufbar unter *https://edpb.europa.eu/system/files/2022-02/eppb_guidelines_202007_controllerprocessor_final_de.pdf*; Datenschutzkonferenz (DSK): Kurzpapier Nr. 16 – Gemeinsam für die Verarbeitung Verantwortliche, Art. 26 DS-GVO, vom 19.3.2018 (derzeit in Überarbeitung), abrufbar unter *https://www.datenschutzkonferenz-online.de/media/kp/dsk_kpnr_16.pdf.*

4.1.1 Verantwortlicher als Adressat

Die Löschpflicht obliegt ausschließlich dem Verantwortlichen, also demjenigen, der gemäß Art. 4 Nr. 7 DS-GVO über Zwecke und Mittel der Verarbeitung entscheidet. Kommt es zu einer Offenlegung personenbezogener Daten zwischen zwei allein Verantwortlichen im Sinne des Art. 4 Nr. 7 DS-GVO (z.B. bei der Übermittlung von Steuerdaten durch den Arbeitgeber an das zuständige Finanzamt), ist jeder der allein Verantwortlichen für die von ihm verarbeiteten personenbezogenen Daten selbst zur Löschung verpflichtet. Es muss mithin zwei Löschkonzepte (dazu unten) geben, eines für jeden allein Verantwortlichen.

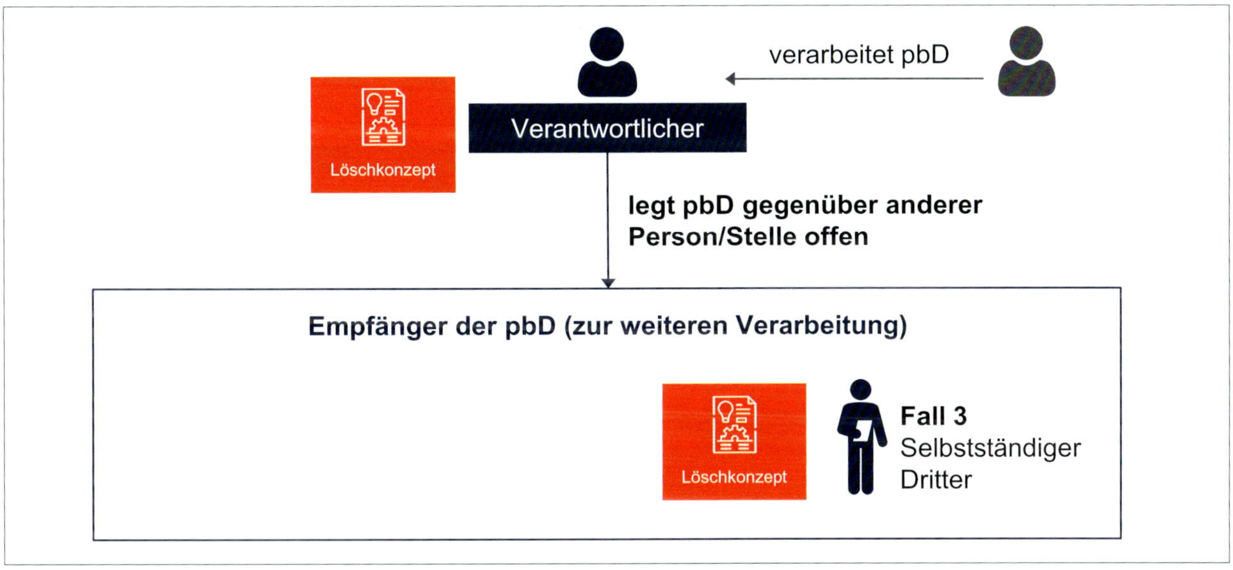

Abb. 10: Löschpflicht bei mehreren allein Verantwortlichen

Bei gemeinsam Verantwortlichen gem. Art. 4 Nr. 7, Art. 26 Abs. 1 Satz 1 DS-GVO sind alle gemeinsam Verantwortlichen zur Löschung verpflichtet. Eine Ausnahme besteht, wenn die gemeinsam Verantwortlichen in ihrer Vereinbarung gem. Art. 26 Abs. 1 Satz 2 DS-GVO die Löschpflicht einem der gemeinsam Verantwortlichen allein zugewiesen haben. Dann ist ausschließlich dieser gemeinsam Verantwortliche für die Löschung zuständig und i.S.d. Art. 5 Abs. 2 DS-GVO rechenschaftspflichtig. Die Details hierzu sind im Kapitel Löschen bei gemeinsam Verantwortlichen beschrieben.

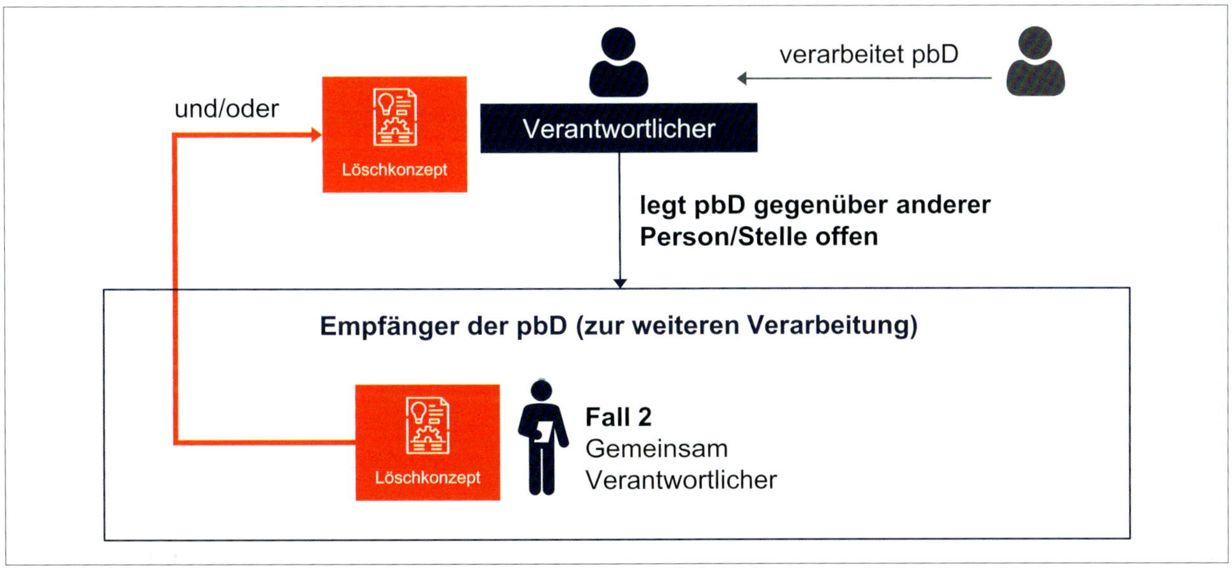

Abb. 11: Löschpflicht bei gemeinsam Verantwortlichen

Beispiel: Shared Services im Konzern

In einer Unternehmensgruppe von i.S.d. §§ 15 ff. Aktiengesetz (AktG) verbundenen Unternehmen werden Personalmanagement und IT-Infrastrukturleistungen von einer Konzerngesellschaft als Shared Services für gemeinsam Verantwortliche gemäß Art. 4 Nr. 7, Art. 26 Abs. 1 Satz 1 DS-GVO erbracht. Dabei haben die gemeinsam Verantwortlichen vereinbart, dass die Datenschutzpflichten aus Art. 17 DS-GVO ausschließlich von der mit Erbringung der Shared Services befassten Konzerngesellschaft erfüllt werden. Die anderen Konzerngesellschaften dürfen dann auf die Erfüllung der Löschpflicht durch die mit der Erbringung der Shared Services befassten Konzerngesellschaft vertrauen. Nur diese Gesellschaft ist zur Erstellung und Umsetzung eines Löschkonzepts zur Erfüllung der Löschpflicht aus Art. 17 Abs. 1 DS-GVO verpflichtet.

Google Ireland Ltd. ebenfalls tauglicher Adressat eines Löschbegehrens

Nach einer Entscheidung des LG Heidelberg vom 31.3.2023 – 6 S 1/22 ist auch die europäische Tochtergesellschaft von Google gemeinsam verantwortlich mit ihrem amerikanischen Mutterkonzern. Es sei unschädlich, dass die europäische Tochtergesellschaft lediglich die vom amerikanischen Mutterkonzern durch Verarbeitung erzielten Ergebnisse darstellt. Der weite Verarbeitungsbegriff der Art. 4 Nr. 2 DS-GVO erfasse auch die Anzeige einer Seite mit Suchmaschinenergebnissen. Diesbezüglich bestimme die Tochtergesellschaft die Zwecke und Mittel der Verarbeitung. Somit kann ein Löschbegehren betreffend Suchmaschineneinträge auch an die Google Ireland Ltd. gerichtet werden.

4.1.2 Auftragsverarbeiter als Adressat

Die Datenschutzpflichten aus der DS-GVO richten sich ausschließlich an den Verantwortlichen (siehe oben). Art. 28 Abs. 3 Satz 2 Buchst. g DS-GVO verlangt aber einen Vertrag (oder anderes Rechtsinstrument) zwischen dem Verantwortlichen und seinem Auftragsverarbeiter, mit dem vertraglich sichergestellt wird, dass der Auftragsverarbeiter nach Abschluss der Erbringung der Verarbeitungsleistungen alle personenbezogenen Daten nach Wahl des Verantwortlichen entweder zu löschen oder zurückzugeben sowie alle vorhandenen Kopien zu löschen hat, sofern nicht das EU-Recht oder das nationale Recht eine Verpflichtung zur Speicherung begründen. Die Details hierzu sind im Kapitel zum Löschen bei Auftragsverarbeitern beschrieben.

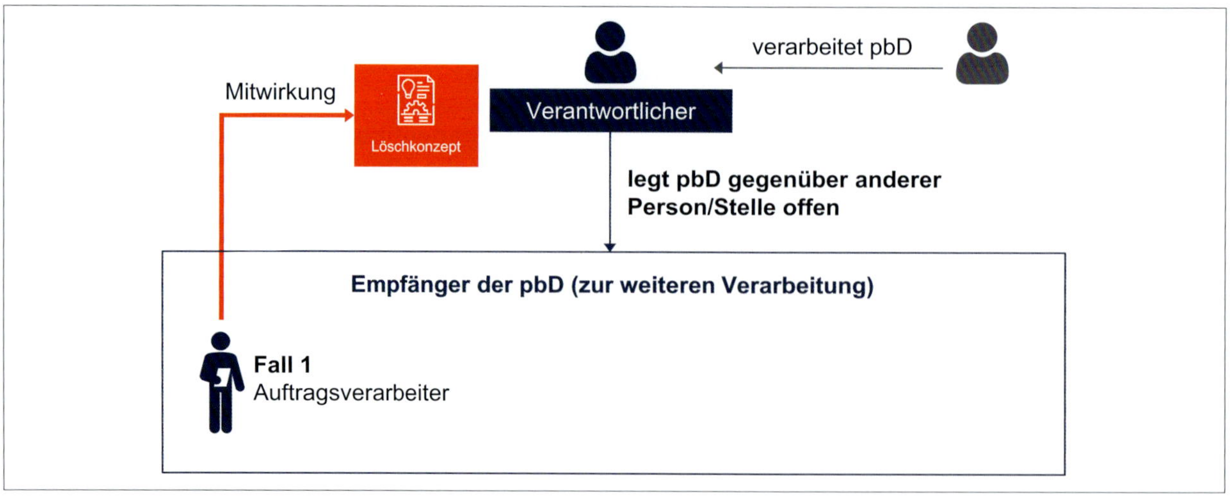

Abb. 12: Löschpflicht bei Beteiligung eines Auftragsverarbeiters

4.1.3 Systemhersteller und Lieferant als Adressat

Für die Verarbeitung personenbezogener Daten setzen Verantwortliche und Auftragsverarbeiter regelmäßig Hardware und Software als Mittel der Verarbeitung ein, die von deren Herstellern oder Lieferanten bezogen werden. Dabei kann es sich auch um "Software as a Service" aus der Cloud handeln. Weder der Systemhersteller (Software, Hardware) noch der Anbieter (z.B. in der Cloud) werden vom Anwendungsbereich der DS-GVO erfasst, solange diese nicht selbst an der jeweiligen Verarbeitung als (gemeinsam) Verantwortlicher oder Auftragsverarbeiter beteiligt sind. Datenschutzpflichten bezogen auf das Löschen personenbezogener Daten bestehen beim Systemhersteller, Lieferanten oder Anbieter also außerhalb einer Beteiligung an der Verarbeitung personenbezogener Daten nicht.

Tipp: Löschfähigkeit als Beschaffenheit vereinbaren

Ob ein Systemhersteller, Lieferant oder Anbieter bei einer nicht verordnungskonformen Verarbeitung personenbezogener Daten unter Nutzung der überlassenen Hardware, Software oder des Cloud-Services dem Verantwortlichen oder Auftragsverarbeiter gegenüber haften, richtet sich ausschließlich nach den zivilrechtlichen Verträgen über die Lieferung bzw. Überlassung des jeweiligen Produkts oder Services. Hierbei kann es sich um Kaufverträge, Mietverträge, Dienstverträge und ggf. auch Werkverträge oder Werklieferungsverträge handeln. Verantwortlicher oder Auftragsverarbeiter sollten stets darauf achten, dass sich aus dem Vertrag oder einer zugehörigen Leistungsbeschreibung ergibt, für welche Verarbeitungen die Produkte oder Services eingesetzt wird und welche Beschaffenheit diese mindestens wegen der Löschpflichten aus der DS-GVO aufweisen sollen (sog. Beschaffenheitsvereinbarung). Dann kann die Datenschutzrechtswidrigkeit als Mangel geltend gemacht und Nacherfüllung verlangt werden, ggf. auch Schadensersatz (z.B. für zu zahlende Bußgelder) und weitere Ansprüche.

Etwas anderes kann allerdings dann gelten, wenn der Hersteller, Lieferant oder Anbieter z.B. im Wartungs- oder Supportfall Zugang zu den Produkten oder Services bekommt und damit von den verarbeiteten personenbezogenen Daten Kenntnis erlangt. Dieser – vom ursprünglichen Verarbeiter eigentlich zu vermeidende – Fall betrifft insbesondere die Rücksendung von (Geräten mit) Datenträgern, bei denen eine Datenbereinigung nicht oder nicht ordnungsgemäß stattgefunden hat. Für diesen Fall hat der entgegennehmende Hersteller, Lieferant oder Anbieter sicherzustellen, dass vor einer etwaigen weiteren Verwendung der (Geräte mit) Datenträgern eine datenschutzkonforme Löschung der darauf noch gespeicherten Daten stattfindet.[18]

4.1.4 Sonderfall: Verarbeitungen im Konzern durch verbundene Unternehmen

In Konzernen erfolgt bei den im Sinne der §§ 15 ff. Aktiengesetz (AktG) verbundenen Unternehmen, insb. Tochtergesellschaften und Schwestergesellschaften, häufig eine insgesamt oder in Teilen zentralisierte Verarbeitung personenbezogener Daten. Das gilt vor allem bei der Bereitstellung sog. Shared Services (z.B. IT oder Personal), aber auch bei Einkaufs- oder Entwicklungsgemeinschaften im Konzern. Auch außerhalb von Konzernen kann es zu solchen zentralisierten Verarbeitungen kommen, etwa in Forschungsprojekten.

18 Zu solchen Fällen siehe die Datenschutzbeauftragte Sachsens, Tätigkeitsbericht 2021, S. 107 ff.; ferner den Landesdatenschutzbeauftragten Bayerns, Tätigkeitsbericht 2020, S. 172 f.

Bei derartig zentralisierten Verarbeitungen für mehrere Beteiligte ist zunächst zu ermitteln, wer (allein oder gemeinsam) Verantwortlicher ist und damit den Datenschutzpflichten beim Löschen unterfällt. Hierbei wird sich ggf. herausstellen, dass angenommene Auftragsverarbeitungen (z.B. der Konzernmutter für die verbundenen Unternehmen) aus verschiedenen Gründen nicht vorliegen und auch auf Ebene der Löschung nicht funktionieren: Denn in der Regel verfolgt die beherrschende Gesellschaft (z.B. für das Controlling oder das zentrale Personalmanagement) zumindest auch eigene Verarbeitungszwecke oder entscheidet über die Mittel der Verarbeitung, die den anderen Gesellschaften verbindlich vorgegeben werden.

Sodann ist zu prüfen, wie tatsächlich bei allen Verantwortlichen eine Löschung in allen datenführenden Systemen durchgesetzt werden kann. Hierbei sind dann eigene lokale Speicherungen personenbezogener Daten zu berücksichtigen: Diese können aus rechtlichen Gründen zwingend sein (z.B. in Russland oder China wegen der dortigen Vorschriften für die Speicherung personenbezogener Daten), aber auch technisch bedingt (z.B. zum Vorhalten eines von dem Vorhandensein einer Internetverbindung unabhängigen Zwischenbestands von Daten als Arbeitskopie). Dies ist dann bei der Erstellung des Löschkonzepts zu berücksichtigen (dazu unten).

4.1.5 Auskunfteien als Adressaten

Kaum eine Gruppe an Datenempfängern beschäftigt die Gerichte derzeit so intensiv wie diejenige der Auskunfteien. Bei Auskunfteien wie etwa der Schufa handelt es sich um Institutionen, deren Geschäftszweck darin besteht, den Informationsfluss über die Bonität von Personen insbesondere zwischen Unternehmen zu ermöglichen. Hierzu lassen sich Auskunfteien Informationen über die Zahlungswilligkeit und Zahlungsfähigkeit zuspielen, auf die dann wiederum andere (potenzielle) Gläubiger zugreifen können. Diese Informationen sind personenbezogene Daten i.S.d. Art. 4 Nr. 1 DS-GVO, welche die Auskunfteien als allein Verantwortliche im eigenen Interesse zur Realisierung ihres Geschäftszwecks verarbeiten. Die Rechtsgrundlage dieser Verarbeitungen ist meist Art. 6 Abs. 1 Satz 1 Buchst. f DS-GVO (Interessenabwägung), in besonderen Konstellationen auch Art. 6 Abs. 1 Satz 1 Buchst. a DS-GVO (Einwilligung).

Ein überwiegendes Interesse der Auskunftei zur Speicherung und Herausgabe von Informationen wird sich regelmäßig mit deren Geschäftszweck begründen lassen, der darin besteht, das Informationsdefizit der anfragenden Person gegenüber den angefragten Personen auszugleichen.

Dies gilt aber nur dann, wenn die anfragende Person in Vorleistung geht. Ist es vielmehr die angefragte Person, die in Vorleistung geht, besteht für die anfragende Person kein schützenswertes Eigeninteresse an der Erlangung einer Bonitätsauskunft. Die Herausgabe von personenbezogenen Daten, zu denen auch der individuelle „Score“ zählt, kann dann rechtswidrig sein.

Nichtsdestotrotz besteht seitens der Auskunfteien die Pflicht, die Verarbeitung der betroffenen Person gemäß Art. 14 DS-GVO anzuzeigen sowie diese auf ihre Rechte nach den Art. 15 ff. DS-GVO hinzuweisen, insbesondere auf ihr Widerspruchsrecht nach Art. 21 DS-GVO und das Recht zur Löschung gemäß Art. 17 Abs. 1 DS-GVO. Dabei kann sich die Auskunftei auch des Anfragenden bedienen; hält dieser jedoch die Informationen der betroffenen Person nicht ordnungsgemäß vor, so liegt eine datenschutzwidrige Verarbeitung durch die Auskunftei vor.

Löschbegehren seitens gelisteter Personen sind häufig Gegenstand gerichtlicher Entscheidungen, wenn diese einen negativen Einfluss auf die Vertragsfreiheit des Gelisteten hatten oder haben könnten.

Im Einzelnen wurde zu Löschansprüchen betroffener Personen gegen Auskunfteien Folgendes entschieden:

- ⇨ Die obergerichtliche Rechtsprechung steht überwiegend auf dem Standpunkt, dass die Information über eine Restschuldbefreiung bei Auskunfteien bis zu drei Jahre nach der Restschuldbefreiung vorgehalten werden darf. Dies nahmen jedenfalls in jüngerer Zeit das OLG Stuttgart mit Urteil vom 10.8.2022 – 9 U 24/22, das OLG Frankfurt a.M. mit Urteil vom 27.9.2022 – 7 U 16/22, das OLG Koblenz mit Urteil vom 29.9.2022 – 12 U 450/22, das OLG Hamburg mit Urteil vom 6.10.2022 – 6 U 6/22 sowie der 18. Zivilsenat des OLG München mit Endurteil vom 29.11.2022 – 18 U 1032/22 an. Die Gegenauffassung des OLG Schleswig, welches mit Urteil vom 2.7.2021 – 17 U 15/21 eine Koppelung der Speicherfristen mit denjenigen des Insolvenzrechts (§ 3 der InsoBekV) annahm, stieß auf Kritik, wurde aber jüngst vom 3. Zivilsenat des OLG München im Urteil vom 24.10.2022 – 3 U 2040/22 wieder aufgegriffen. Eine vollständige Klärung dieser Frage steht noch aus und ist Gegenstand der anhängigen Verfahren beim BGH (Az.: VI ZR 225/21) und der verbundenen Verfahren C-26/22 und C-64/22 vor dem EuGH. Der BGH hat seine Entscheidung mit Beschluss vom 28.3.2023 bis zur Klärung durch den EuGH ausgesetzt; eine Entscheidung des EuGH wird im Jahr 2024 erwartet.
- ⇨ Das OLG Düsseldorf hat mit Hinweisbeschluss vom 11.1.2022 – 16 U 130/21 bestätigt, dass eine Einmeldung offener Forderungen bei Auskunfteien auch noch 16 Jahre nach Titulierung zulässig sein kann, sofern dadurch der derzeitige Wirtschaftsverkehr geschützt wird. Die Auskunftei darf den von ihr ermittelten Wahrscheinlichkeitswert auch hierauf stützen. Die Verhinderung der Vollstreckung wegen § 294 InsO steht dem nicht entgegen.
- ⇨ Das LG Mainz hat mit Urteil vom 12.11.2021 – 3 O 12/20 entschieden, dass eine Einmeldung bei einem vorläufig vollstreckbaren Urteil jedenfalls dann unzulässig ist, wenn diese bereits vor Zustellung des Titels an den Schuldner erfolgt.

Die Entscheidungen zeigen, dass es bei der Interessenabwägung als Rechtsgrundlage einer Verarbeitung maßgeblich auf deren Begründung mit Blick auf den Verarbeitungszweck ankommt. Durch dokumentierte, nachvollziehbare Interessenabwägungen kann sich die Löschpflicht mithin zeitlich deutlich nach hinten verschieben lassen.

Achtung: Bußgeld bei Nichtlöschung fehlerhafter Zahlungsverzugseinträge

Die finnische Aufsichtsbehörde für den Datenschutz, die Tietosuojavaltuutetun toimisto, hat am 2.3.2023 ein Bußgeld in Höhe von 440 000 EUR gegen eine Auskunftei verhängt, die Suomen Asiakastieto Oy (nicht rechtskräftig), weil diese personenbezogene Daten auch nach Aufforderung zur Löschung seitens der Aufsichtsbehörde zumindest teilweise abrufbar in ihren Systemen weiterhin vorhielt. Die Umsetzung der Löschung muss ebenso wirksam sein, wie deren Planung mittels eines Löschkonzepts.

4.2 Gründe für Löschung

Art. 17 Abs. 1 Buchst. a bis f DS-GVO benennt die Gründe, bei deren Vorliegen der Verantwortliche zur Löschung verpflichtet ist. Diese Gründe stehen alle in einem engen Zusammenhang mit dem Zweckbindungsgrundsatz aus Art. 5 Abs. 1 Buchst. b DS-GVO:

> *Personenbezogene Daten müssen […] für festgelegte, eindeutige und legitime Zwecke erhoben werden und dürfen nicht in einer mit diesen Zwecken nicht zu vereinbarenden Weise weiterverarbeitet werden […] („Zweckbindung“);*

Aus Art. 17 Abs. 1 Buchst. a bis f DS-GVO ergeben sich dabei folgende Löschgründe, wobei es genügt, wenn einer der Gründe vorliegt:

- ⇨ Personenbezogene Daten sind für den Verarbeitungszweck nicht mehr notwendig (Buchst. a);
- ⇨ die betroffene Person hat eine frühere, gemäß Art. 6 Abs. 1 Satz 1 Buchst. a, Art. 9 Abs. 2 Buchst. a DS-GVO erteilte Einwilligung widerrufen und es gibt keine anderweitige Rechtsgrundlage für die weitere Verarbeitung (Buchst. b);
- ⇨ die betroffene Person hat aus Gründen, die sich aus ihrer besonderen Situation ergeben, der Verarbeitung gemäß Art. 21 Abs. 1 DS-GVO berechtigt widersprochen (Buchst. c);
- ⇨ die betroffene Person hat gemäß Art. 21 Abs. 2 DS-GVO einer Verarbeitung zum Betreiben von Direktwerbung widersprochen (Buchst. c);
- ⇨ personenbezogene Daten sind unrechtmäßig verarbeitet worden (Buchst. d);
- ⇨ es besteht eine rechtliche Verpflichtung des Verantwortlichen aus dem EU-Recht oder dem nationalen Recht, zu deren Erfüllung die Löschung der personenbezogenen Daten erforderlich ist (Buchst. e); oder
- ⇨ personenbezogene Daten beziehen sich auf ein Kind, das auf Grundlage einer Einwilligung gemäß Art. 6 Abs. 1 Satz 1 Buchst. a DS-GVO einen Dienst der Informationsgesellschaft nutzt (Buchst. f).

Hinweis: Löschen bei Zweckfortfall

Personenbezogene Daten sind immer zu löschen, wenn der Verarbeitungszweck entfallen ist und es keinen neuen Verarbeitungszweck gibt, der zulässigerweise an die Stelle des früheren Verarbeitungszwecks tritt (z.B. Verarbeitungszweck „Vertragserfüllung“ entfällt und wird ersetzt durch Verarbeitungszweck „Erfüllung gesetzlicher Aufbewahrungspflichten“). Meist gibt es eine Aneinanderreihung mehrerer Verarbeitungszwecke. Erst nach Wegfall des jeweils letzten Verarbeitungszwecks müssen die personenbezogenen Daten unverzüglich gelöscht werden.

Beispiel: Gesundheitsdaten am Arbeitsplatz nach Wegfall von „3G”

Der Landesdatenschutzbeauftragte von Sachsen-Anhalt[19] weist zutreffend darauf hin, dass mit dem Wegfall der sog. „3G-Regelung” am Arbeitsplatz zugleich die Verarbeitungsgrundlage des Art. 9 Abs. 2 Buchst. g DS-GVO für Impf-, Genesenen- oder Testbescheinigungen als Gesundheitsdaten weggefallen ist. Sofern keine weitere Verarbeitungsgrundlage nach Art. 9 Abs. 2 DS-GVO in Betracht kommt, sind alle in diesem Zusammenhang vom Arbeitgeber erhobenen personenbezogenen Daten zu löschen.

4.2.1 Fehlende Notwendigkeit für Verarbeitungszweck

Sind die personenbezogenen Daten für den jeweiligen, im Verzeichnis von Verarbeitungstätigkeiten gemäß Art. 30 Abs. 1 Buchst. b DS-GVO dokumentierten Verarbeitungszweck nicht mehr notwendig, ist der Verantwortliche gemäß Art. 17 Abs. 1 Buchst. a DS-GVO zu deren Löschung verpflichtet. Das entspricht der früheren Regelung in § 35 Abs. 2 Satz 1 Nr. 3 BDSG a.F. Hiermit wird dem Grundsatz der Zweckbindung aus Art. 5 Abs. 1 Buchst. b DS-GVO Rechnung getragen (siehe oben).

19 Der Hinweis ist abrufbar unter *https://datenschutz.sachsen-anhalt.de/informationen/hinweise*.

Beispiel: Löschen arbeitsrechtlicher Abmahnungen

Die Abmahnung dokumentiert eine Pflichtverletzung des Arbeitnehmers und ist meist Voraussetzung für eine spätere verhaltensbedingte Kündigung des Arbeitnehmers bei wiederholter Pflichtverletzung. Sind seit einer Abmahnung zwei Jahre vergangen, geht die arbeitsgerichtliche Rechtsprechung davon aus, dass die Abmahnung in der Regel keine Bedeutung mehr für das Anstellungsverhältnis hat und eine spätere Kündigung nicht mehr stützen kann. Deshalb wird von einer Regellöschfrist bei Abmahnungen in der Personalakte von zwei Jahren ausgegangen, weil die weitere Speicherung dann für den Verarbeitungszweck nicht mehr notwendig ist. Anders kann dies aber sein, wenn der Arbeitgeber die Abmahnung aus anderen Gründen als zur Aussprache einer Kündigung länger als zwei Jahre dokumentiert, z.B. um die persönliche Eignung eines Angestellten für eine angedachte Führungsposition später bewerten zu können.

Keine Löschpflicht besteht demgegenüber, wenn die Verarbeitung personenbezogener Daten zwar für den Ausgangszweck nicht mehr notwendig ist, ein anderer Verarbeitungszweck die weitere Speicherung aber erforderlich macht. Hierbei kann es sich entweder um einen gänzlich neuen, durch eine Erlaubnis gemäß Art. 6 Abs. 1 DS-GVO oder aus einem anderen Gesetz gedeckten Verarbeitungszweck handeln oder um eine zweckändernde Weiterverarbeitung ausgehend von der bisherigen Erlaubnis in den in Art. 6 Abs. 4 DS-GVO, § 24 BDSG benannten Fällen.

Beispiel: Weiterverarbeitung für Werbezwecke

Der Verantwortliche hat personenbezogene Daten eines Kunden zur Erfüllung eines mit diesem abgeschlossenen Kaufvertrags verarbeitet. Jetzt möchte der Verantwortliche diese Daten nach vollständiger Erfüllung des Vertrags für postalische Direktwerbung gegenüber dem Kunden nutzen. Solange kein Widerspruch des Kunden gemäß Art. 21 Abs. 2 DS-GVO erfolgt, ist mindestens die weitere Speicherung von Name und Anschrift des Kunden sowie ggf. der gekauften Produkte für den Werbezweck notwendig gemäß Art. 6 Abs. 1 Satz 1 Buchst. b, Abs. 4 DS-GVO (oder Art. 6 Abs. 1 Satz 1 Buchst. f DS-GVO). Eine Löschpflicht besteht daher nicht. Über die zweckändernde Weiterverarbeitung ist die betroffene Person gemäß Art. 13 Abs. 3, Art. 14 Abs. 4 DS-GVO rechtzeitig vorab zu informieren.

4.2.2 Widerruf der Einwilligung

Die Pflicht zur Löschung besteht, wenn die betroffene Person eine zuvor von ihr gemäß Art. 6 Abs. 1 Satz 1 Buchst. a, Art. 9 Abs. 2 Buchst. a DS-GVO erteilte Einwilligung widerruft. Erforderlich für den Eintritt der Löschpflicht ist der Zugang des Widerrufs der Einwilligung beim Verantwortlichen.

Hinweis: Unwirksame Einwilligung[20]

War die Einwilligung von vornherein unwirksam, weil sie unter Verstoß gegen eine der in Art. 4 Nr. 11, Art. 6 Abs. 1 Satz 1 Buchst. a, Art. 7, Art. 8 DS-GVO formulierten Bedingungen eingeholt worden ist, folgt die Löschpflicht nicht aus Art. 17 Abs. 1 Buchst. b DS-GVO, sondern

20 Dazu ausführlich der Europäische Datenschutzausschuss: Leitlinien 05/2020 zur Einwilligung gemäß Verordnung 2016/679 vom 4.5.2020, abrufbar unter *https://edpb.europa.eu/sites/default/files/files/file1/edpb_-guide-lines_202005_consent_de.pdf*.

aus Art. 17 Abs. 1 Buchst. d DS-GVO. Dann war die Verarbeitung mangels wirksamer Einwilligung von vornherein unrechtmäßig, wenn keine andere Erlaubnis zugunsten des Verantwortlichen greift. Das gilt etwa für unfreiwillig, unter Verstoß gegen das Kopplungsverbot aus Art. 7 Abs. 4 DS-GVO erteilte Einwilligungen oder für uninformierte Einwilligungen, bei denen nicht vollständig über den einwilligungsrelevanten Sachverhalt und die Rechtsfolgen unter Beachtung der Informationspflichten aus Art. 13, 14 DS-GVO aufgeklärt worden ist.

Nicht ausreichend ist, wenn seit der Erteilung der Einwilligung eine gewisse Zeit vergangen ist. Einwilligungen sind in ihrer Wirksamkeit zeitlich grundsätzlich nicht befristet, sondern gelten unbefristet bis zu ihrem Widerruf. Denkbar ist zwar, dass der Verantwortliche sich auch ohne Widerruf nicht mehr auf eine Einwilligung als Erlaubnis einer Verarbeitung stützen kann, wenn sich der Sachverhalt seit der Erteilung der Einwilligung erheblich verändert hat.[21] Wegen der früheren Verarbeitungen und der deswegen gespeicherten personenbezogenen Daten bleibt die Einwilligung jedoch wirksam. Eine Löschpflicht kann sich dann ausschließlich aus einem anderen der Löschgründe in Art. 17 Abs. 1 DS-GVO ergeben.

Folge des Widerrufs der Einwilligung ist, dass die auf Grundlage der Einwilligung gespeicherten personenbezogenen Daten vom Verantwortlichen vollständig zu löschen sind. Die Löschpflicht besteht jedoch nicht, wenn der Verantwortliche die weitere Speicherung der auf Grundlage der Einwilligung verarbeiteten personenbezogenen Daten auf eine andere Rechtsgrundlage stützen kann. Hierbei kommt jede andere Rechtsgrundlage in Betracht, insbesondere auch die Interessenabwägung gemäß Art. 6 Abs. 1 Satz 1 Buchst. f DS-GVO. Insoweit ist die Auffassung verschiedener Aufsichtsbehörden, wonach die Einwilligung den Rückgriff auf andere Erlaubnistatbestände sperre, jedenfalls wegen der Löschpflicht aus Art. 17 Abs. 1 DS-GVO unzutreffend, weil genau diesen Rückgriff die DS-GVO ausdrücklich erlaubt.

Beispiel: Weiterverarbeitung nach Widerruf

Der Verantwortliche hat an die betroffene Person personalisierte Direktwerbung nach deren Einwilligung per E-Mail gesendet und hierzu eine individuelle Historie zu den werblichen Kontakten angelegt. Nach dem Widerruf der betroffenen Person muss zwar diese Kontakthistorie gelöscht werden. Die erteilte Einwilligung, der Zeitpunkt der Einwilligung, die Dokumentation über die Erteilung der Einwilligung und die korrespondierenden Angaben zum Widerruf müssen jedoch vom Verantwortlichen trotz des Widerrufs der Einwilligung als Nachweis über die Rechtskonformität der früheren werblichen Ansprachen weiterhin gespeichert werden, Art. 6 Abs. 1 Satz 1 Buchst. c DS-GVO i.V.m. Art. 5 Abs. 2 DS-GVO. Hierbei ist die Speicherung für drei Jahren nach Widerruf der Einwilligung zulässig, also innerhalb der Verjährungsfristen für die Ahndung etwaiger Verstöße gegen das Datenschutzrecht.[22]

4.2.3 Widerspruch der betroffenen Person

Art. 21 DS-GVO spricht in zwei Fällen der betroffenen Person ein Widerspruchsrecht gegen die Verarbeitung ihrer personenbezogenen Daten zu. Gemäß Art. 21 Abs. 1 DS-GVO[23] kann die be-

21 Ausführlich dazu BGH, Urteil vom 1.2.2018 – III ZR 196/17; *Schneider*, K&R 2019, 8.

22 So der Landesbeauftragte für den Datenschutz und die Informationsfreiheit Thüringens, 4. Tätigkeitsbericht 2021, S. 170.

23 Ein vergleichbares Widerspruchsrecht gibt Art. 21 Abs. 6 DS-GVO bei einer Verarbeitung personenbezogener Daten zu wissenschaftlichen oder historischen Forschungszwecken oder zu statistischen Zwecken gemäß Art. 89 Abs. 1 DS-GVO.

troffene Person einer Verarbeitung ihrer personenbezogenen Daten auf Grundlage von Art. 6 Abs. 1 Satz 1 Buchst. e DS-GVO (Schutz lebenswichtiger Interessen) oder von Art. 6 Abs. 1 Satz 1 Buchst. f DS-GVO (Interessenabwägung) widersprechen

> *aus Gründen, die sich aus ihrer besonderen Situation ergeben. [...] Dies gilt auch für ein auf diese Bestimmungen gestütztes Profiling.*

Der Verantwortliche hat nach einem solchen Widerspruch eine **qualifizierte Interessenabwägung** vorzunehmen. Kann er hierbei keine zwingenden schutzwürdigen, die besondere Situation der betroffenen Person überwiegenden Interessen nachweisen und dient die Verarbeitung auch nicht der Geltendmachung, Ausübung oder Verteidigung von Rechtsansprüchen, ist die Verarbeitung auf einen solchen Widerspruch hin einzustellen, sodass die Löschpflicht aus Art. 17 Abs. 1 Buchst. c DS-GVO greift. Für die Dauer der Prüfung des Widerspruchs kann die betroffene Person die Einschränkung der Verarbeitung gemäß Art. 18 Abs. 1 Buchst. d DS-GVO verlangen (siehe oben).

⇨ Für einen solchen Widerspruch gemäß Art. 21 Abs. 1 DS-GVO kann sich die besondere Situation entweder auf die betroffene Person selbst beziehen oder, worauf Erwägungsgrund 69 hinweist, auf die von der Verarbeitung betroffenen personenbezogenen Daten der betroffenen Person:

> *Dürfen die personenbezogenen Daten möglicherweise rechtmäßig verarbeitet werden, [...] sollte jede betroffene Person trotzdem das Recht haben, Widerspruch gegen die Verarbeitung der sich aus ihrer besonderen Situation ergebenden personenbezogenen Daten einzulegen.*

Daneben gewährt Art. 21 Abs. 2 DS-GVO der betroffenen Person ein jederzeitiges, grundloses Widerspruchsrecht gegen eine Verarbeitung ihrer personenbezogenen Daten für Zwecke der Direktwerbung, einschließlich eines damit in Verbindung stehenden Profiling („Opt-out"-Recht der betroffenen Person aus der Direktwerbung). Macht die betroffene Person von diesem Widerspruchsrecht Gebrauch, ist die weitere Verarbeitung vom Verantwortlichen gemäß Art. 21 Abs. 3 DS-GVO zu unterlassen:

> *Widerspricht die betroffene Person der Verarbeitung für Zwecke der Direktwerbung, so werden die personenbezogenen Daten nicht mehr für diese Zwecke verarbeitet.*

Die zuvor für Zwecke der Direktwerbung verarbeiteten personenbezogenen Daten sind auf einen Widerspruch gemäß Art. 21 Abs. 2 DS-GVO vom Verantwortlichen gemäß Art. 17 Abs. 1 Buchst. c DS-GVO unverzüglich zu löschen, soweit kein anderer Verarbeitungszweck greift.

Hinweis: Fehlende Information über Widerspruchsrecht

Gemäß Art. 21 Abs. 4 DS-GVO muss die betroffene Person „spätestens zum Zeitpunkt der ersten Kommunikation mit ihr ausdrücklich" auf das Widerspruchsrecht gemäß Art. 21 Abs. 1, Abs. 2 DS-GVO in einer „verständlichen und von anderen Informationen getrennten Form" hingewiesen werden. Erfolgt dieser Hinweis nicht, folgt die Löschpflicht gleichwohl aus Art. 17 Abs. 1 Buchst. c DS-GVO, und nicht aus Art. 17 Abs. 1 Buchst. d DS-GVO. Denn dann war die Verarbeitung zwar mangels eines Hinweises auf das Widerspruchsrecht nicht DS-GVO-konform, aber gleichwohl rechtmäßig (siehe sogleich unten).

4.2.4 Unrechtmäßige Verarbeitung

Personenbezogene Daten sind gemäß Art. 17 Abs. 1 Buchst. d DS-GVO zu löschen, wenn diese unrechtmäßig verarbeitet wurden. Erforderlich ist aber stets der Bezug zu den Grundrechten der im einzelnen betroffenen Personen aus Art. 7, Art. 8 GRCh, wie sie durch Art. 5 ff. DS-GVO Ausdruck gefunden haben. Daher liegt eine solche unrechtmäßige Verarbeitung vor, wenn es für die Verarbeitung an einer Erlaubnis gemäß Art. 6 DS-GVO oder einem anderen Gesetz fehlt. Dabei ist zu beachten, dass der EuGH Art. 6 DS-GVO als „eine erschöpfende und abschließende Liste der Fälle […], in denen eine Verarbeitung personenbezogener Daten als rechtmäßig angesehen werden kann“ betrachtet. Aus Sicht des EuGH muss daher „eine Verarbeitung unter einen der in Art. 6 vorgesehenen Fälle subsumierbar sein, um als rechtmäßig angesehen werden zu können“.[24] Es sollte daher auch bei einer nationalen Regelung mindestens ergänzend dokumentiert sein, welche Erlaubnis aus Art. 6 DS-GVO für die jeweilige Verarbeitung greift.

Erlaubnisgründe des Art. 6 Abs. 1 DS-GVO im Überblick		
Buchstabe	**Art der Erlaubnis**	**Beispiel**
a	Einwilligung	Nicht erforderliche Cookies auf Websites
b	Vertragserfüllung	Kundenadresse bei Onlineshop-Bestellung
c	Gesetzliche Verarbeitungspflicht	Aufbewahrung von Geschäftsbüchern
d	Lebenswichtige Interessen	Gesundheitsdaten zu Epidemiebekämpfung
e	Öffentliche Aufgabenwahrnehmung	Vermögensauskünfte bei Daseinsvorsorge
f	Interessenabwägung	Verarbeitung zur Direktwerbung per Brief

Abb. 13: Erlaubnisgründe des Art. 6 Abs. 1 DS-GVO Übersicht

Beispiel: Zeiterfassung bei Kundenüberprüfung

Wer zur Kontrolle der Rechteinhaberschaft bei Einlass in einen nur exklusiv zugänglichen Bereich auf digitale Erfassungssystem setzt, muss darauf achten, dass nur die notwendigen Daten erfasst und gespeichert werden. Nicht erhoben werden darf etwa die Eintrittszeit der Kunden eines Fitnessstudios, wenn diese ein Dauerabonnement haben.[25] Anders ist dies immer dann, wenn das Nutzungsrecht zeitlich limitiert und folglich die genaue Zeiterfassung zur Überprüfung der Vertragseinhaltung erforderlich ist. Zu denken ist hier etwa an Schwimmbäder, die Stundentarife anbieten.

Nicht hingegen ausreichend ist nach dem EuGH ein Verstoß ausschließlich gegen die Vorgaben aus Art. 26 DS-GVO für gemeinsam Verantwortliche und aus Art. 30 DS-GVO betreffend die Pflicht zur Führung des Verzeichnisses von Verarbeitungstätigkeiten. Denn die Rechtmäßigkeit der Verarbeitung wird durch formale Verstöße gegen Art. 26, 30 DS-GVO nicht berührt.[26] Anders ist dies jedoch bei einem Auftragsverarbeiter, denn hier ist das Vorhandensein des Auftragsverarbeitungsvertrags (oder anderen Rechtsinstruments) Voraussetzung für eine rechtmäßige Offenlegung personenbezogener Daten durch den Verantwortlichen gegenüber dem Auftragsverarbeiter.

24 Siehe EuGH, Urteil vom 22.6.2021 – C-439/19, Rz. 99; Urteil vom 1.8.2022 – C-184/20, Rz. 67.
25 Dazu der Landesdatenschutzbeauftragte von Niedersachsen, Tätigkeitsbericht 2021, S. 142 f.
26 Siehe EuGH, Urteil vom 4.5.2023 – Az. C-60/22, Rz. 59 ff.

4.2.5 Rechtliche Verpflichtung des Verantwortlichen

Gemäß Art. 17 Abs. 1 Buchst. e DS-GVO sind personenbezogene Daten zu löschen, wenn der Verantwortliche einer rechtlichen Verpflichtung aus dem EU-Recht oder dem nationalen Recht unterliegt, die eine Löschung erforderlich macht. Eine solche Rechtspflicht zur Löschung kann sich nur aus einem Gesetz ergeben. Solche Fälle sind insbesondere bei der Verarbeitung personenbezogener Daten durch öffentliche Stellen möglich.

4.2.6 Kinder und Dienste der Informationsgesellschaft

Nach dem schwer verständlichen Wortlaut von Art. 17 Abs. 1 Buchst. f DS-GVO soll eine Löschpflicht des Verantwortlichen auch in folgendem Fall bestehen:

> *Die personenbezogenen Daten wurden in Bezug auf angebotene Dienste der Informationsgesellschaft gemäß Artikel 8 Absatz 1 erhoben.*

Art. 17 Abs. 1 Buchst. f DS-GVO nimmt Bezug auf Art. 8 Abs. 1 DS-GVO: Hiernach sind Kinder unter 16 Jahren bei der Nutzung des Angebots von Diensten der Informationsgesellschaft nur einwilligungsfähig, wenn dies im nationalen Recht angeordnet wird. Im Übrigen ist die Einwilligung durch die „Träger der elterlichen Verantwortung" zu erteilen, in der Regel also die Eltern gemeinschaftlich gemäß § 1629 Abs. 1 Satz 2 Halbsatz 1 BGB. Dienste der Informationsgesellschaft werden definiert in Art. 1 Abs. 1 Buchst. b der Richtlinie (EU) 2015/1535 über ein Informationsverfahren auf dem Gebiet der technischen Vorschriften und der Vorschriften für die Dienste der Informationsgesellschaft.[27] Darunter fällt vereinfacht jede in der Regel gegen Entgelt erbrachte elektronische Dienstleistung, insbesondere also die Bereitstellung von Angeboten und Plattformen im Internet einschließlich sozialer Netzwerke.

Erwägungsgrund 65 verdeutlicht die Löschpflicht ein wenig:

> *Dieses Recht ist insbesondere wichtig in Fällen, in denen die betroffene Person ihre Einwilligung noch im Kindesalter gegeben hat und insofern die mit der Verarbeitung verbundenen Gefahren nicht in vollem Umfang absehen konnte und die personenbezogenen Daten – insbesondere die im Internet gespeicherten – später löschen möchte. Die betroffene Person sollte dieses Recht auch dann ausüben können, wenn sie kein Kind mehr ist.*

Art. 17 Abs. 1 Buchst. f DS-GVO formuliert damit ein Recht der betroffenen Person auf einen „datenspurenfreien Eintritt in die Volljährigkeit", um Kinder vor den Folgen einer unkontrollierten Datenverarbeitung insbesondere bei Diensten im Internet und sozialen Netzwerken zu schützen.

Erfasst von der Löschpflicht werden diejenigen personenbezogenen Daten, die von einem Kind auf Grundlage einer Einwilligung rechtmäßig vom Verantwortlichen für einen Dienst der Informationsgesellschaft verarbeitet wurden. Deren weitere Verarbeitung ist von der betroffenen Person gleich aus welchem Grund nicht mehr gewollt, weshalb die betroffene Person auch nach Eintritt in die Volljährigkeit ein Löschrecht haben soll. Dieses Löschrecht besteht unabhängig von einem etwaigen Widerspruchsrecht der betroffenen Person aus Art. 21 Abs. 1 DS-GVO (dazu oben).

---

27 Volltext der Richtlinie abrufbar unter *https://eur-lex.europa.eu/legal-content/DE/ALL/?uri=CELEX%3A32015L1535.*

Wichtig: Löschrecht statt Löschpflicht

Art. 17 Abs. 1 Buchst. f DS-GVO ist der einzige Fall in Art. 17 Abs. 1 DS-GVO, bei dem die Löschpflicht des Verantwortlichen nur besteht, wenn die betroffene Person zuvor ihr Löschrecht ausgeübt hat. Eine vom Verlangen der betroffenen Person auf Löschung unabhängige, selbstständige Löschpflicht des Verantwortlichen gibt es hier nicht. Das folgt unmittelbar aus Erwägungsgrund 65, der die Löschung in diesem Fall von einem Löschwunsch der betroffenen Person abhängig macht.

4.3 Zu löschende personenbezogene Daten und Umfang der Löschpflicht

Besteht eine Löschpflicht des Verantwortlichen aus Art. 17 Abs. 1 DS-GVO, sind die vom jeweiligen Löschgrund gemäß Buchst. a bis Buchst. f betroffenen personenbezogenen Daten vollständig zu löschen.

Beispiel: Weihnachtsgrüße

Bei der Löschung ist auch auf Verarbeitungen zu achten, die mit der eigentlichen Tätigkeit des Verarbeiters wenig zu tun haben. Insbesondere Adresslisten für Grüße aller Art stellen ein beliebtes „Fettnäpfchen" im unternehmerischen Verkehr dar.[28]

Zu löschen sind die jeweils löschpflichtigen personenbezogenen Daten, für die (mindestens) ein Löschgrund gemäß Art. 17 Abs. 1 DS-GVO vorliegt (siehe oben). Die Löschpflicht gilt auch für pseudonymisierte Daten (siehe oben) und erstreckt sich auf alle Kopien der zu löschenden Daten (zu denkbaren Ausnahmen unten im Abschnitt zum Löschen in Backups). Ausnahmen von der Löschpflicht wegen des hiermit verbundenen Aufwands oder „Übergangsfristen" für die Löschung kennen Art. 17 DS-GVO und § 35 BDSG nicht (dazu unten).

Art und Weise der Durchführung der Löschung ergeben sich aus dem Löschkonzept (dazu unten).

4.4 Zeitpunkt der Löschung

Die Löschung muss „unverzüglich" erfolgen, wenn sämtliche Speicherzwecke für die betroffenen personenbezogenen Daten entfallen sind. Zu diesem Zweck sind Speicherdauer und Löschfrist vom Verantwortlichen zu ermitteln und festzulegen (dazu unten). Damit der Verantwortliche seiner Löschpflicht nachkommen kann, muss er also wissen,

- ⇨ wann personenbezogene Daten gelöscht werden müssen, weil Speicherdauer und Löschfrist abgelaufen sind, und
- ⇨ mit welchen technischen und organisatorischen Maßnahmen die Löschung tatsächlich erfolgt.

Diese Angaben ergeben sich vollständig aus dem Löschkonzept des Verantwortlichen (dazu unten). Fehlt es an der Festlegung von Speicherdauer und Löschfristen (ggf. schon im Verzeichnis

---

28 So hat etwa der Landesdatenschutzbeauftragte Brandenburgs unter anderem wegen dieses Faux-pas eine Geldbuße im vierstelligen Bereich verhängt, siehe dazu den Tätigkeitsbericht 2021, S. 54 ff.

von Verarbeitungstätigkeiten gem. Art. 30 Abs. 1 Buchst. f DS-GVO, siehe oben) und liegt kein Löschkonzept vor, ist keine datenschutzkonforme Löschung möglich.

„**Unverzüglich**“ meint in der DS-GVO ebenso wie in § 121 Abs. 1 BGB ein Handeln des Verantwortlichen ohne schuldhaftes Zögern. Das ist etwas anderes als eine Löschung, die „sofort“ erfolgt. Denn zwischen Ablauf der Löschfrist und dem Eintritt der Löschpflicht des Verantwortlichen aus Art. 17 Abs. 1 DS-GVO sowie der tatsächlichen Löschung der personenbezogenen Daten kann auch eine längere Zeitspanne liegen, solange diese Zeitspanne nur „ohne schuldhaftes Zögern“ des Verantwortlichen vergangen ist.

Abb. 14: Löschfrist Überblick

Es genügt für eine unverzügliche Löschung daher, wenn der Verantwortliche mit Entstehen der Löschpflicht alles zur Löschung Erforderliche veranlasst, auch wenn bis zur vollständigen Löschung dann ggf. noch Wochen, Monate oder Jahre vergehen. Dies hängt maßgeblich vom Umfang der Löschpflicht und der Komplexität des Löschvorgangs ab (dazu unten).

4.5 Löschen in Backups

Eine besondere Herausforderung stellt das Löschen in Backups dar.[29] Denn bei Backups kollidieren mehrere den Verantwortlichen unmittelbar aus der DS-GVO treffende Datenschutzpflichten.

4.5.1 Pflicht des Verantwortlichen zur Erstellung von Backups

Der Verantwortliche muss gemäß Art. 25 Abs. 1 DS-GVO („Datenschutz durch Technikgestaltung“ oder „Data Protection by Design“) alle geeigneten technischen und organisatorischen Maßnahmen treffen,

> *die dafür ausgelegt sind, die Datenschutzgrundsätze wie etwa Datenminimierung wirksam umzusetzen und die notwendigen Garantien in die Verarbeitung aufzunehmen, um den Anforderungen dieser Verordnung zu genügen und die Rechte der betroffenen Personen zu schützen.*

29 Vergleichbare Fragen wie bei Backups stellen sich bei automatisch systemseitig oder auf Veranlassung des Verantwortlichen erstellten Schattenkopien, Versionierungen von Inhalten, Anfertigen von Snapshots der Systeme, Protokolldateien (Logfiles) und anderen technischen Verfahren, welche die Verfügbarkeit und Integrität personenbezogener Daten, anderer Informationen, Systeme und Dienste sicherstellen sollen. Die nachfolgenden Ausführungen zu Backups gelten hier entsprechend.

Sodann muss der Verantwortliche (und ggf. der Auftragsverarbeiter, dazu unten) gemäß Art. 32 Abs. 1 DS-GVO alle geeigneten technischen und organisatorischen Maßnahmen treffen,

> *um ein dem Risiko angemessenes Schutzniveau zu gewährleisten.*

Diese Maßnahmen müssen gemäß Art. 32 Abs. 1 Buchst. c DS-GVO die Fähigkeit einschließen,

> *die* **Verfügbarkeit der personenbezogenen Daten** *und den Zugang zu ihnen bei einem physischen oder technischen Zwischenfall rasch wiederherzustellen;*

Zudem hat der Verantwortliche bei der Beurteilung des angemessenen Schutzniveaus gemäß Art. 32 Abs. 2 DS-GVO

> *insbesondere die Risiken zu berücksichtigen, die mit der Verarbeitung – insbesondere durch* **Vernichtung, Verlust oder Veränderung, ob unbeabsichtigt oder unrechtmäßig**, *oder unbefugte Offenlegung von beziehungsweise unbefugten Zugang zu personenbezogenen Daten, die übermittelt, gespeichert oder auf andere Weise verarbeitet wurden – verbunden sind.*

Die Etablierung geeigneter, auch den Stand der Technik berücksichtigender Backups der personenbezogenen Daten gehört deshalb nach allgemeiner Auffassung zu den zwingend vom Verantwortlichen zu treffenden technischen und organisatorischen Maßnahmen. Art und Umfang der Backups sind dabei gemäß Art. 25 Abs. 1, Art. 32 Abs. 1 DS-GVO insbesondere abhängig von

> *[…] Art, [Umfang] und [Zwecken] der Verarbeitung sowie der unterschiedlichen Eintrittswahrscheinlichkeit und Schwere des Risikos für die Rechte und Freiheiten natürlicher Personen.*

Meist gehören hierzu tägliche, wöchentliche, monatliche und jährliche Sicherungen der personenbezogenen Daten und anderer Informationen. Die Sicherungen in Backups erfolgen, auch mit Blick auf die Erfüllung von Pflichten des Verantwortlichen aus der Informationssicherheit oder aufsichtsrechtlicher Vorgaben etwa bei Kreditinstituten und Versicherern, nicht zwingend separat nach einzelnen Datenkategorien, sondern nach IT-Systemen, um ggf. die schnelle Wiederherstellbarkeit der für die Verarbeitung erforderlichen Systeme und damit auch der personenbezogenen Daten zu gewährleisten. Denn auch hierzu ist der Verantwortliche gemäß Art. 32 Abs. 1 Buchst. b DS-GVO verpflichtet:

> *[…] diese Maßnahmen schließen gegebenenfalls unter anderem Folgendes ein […] b) die Fähigkeit, die* **Vertraulichkeit, Integrität, Verfügbarkeit und Belastbarkeit der Systeme und Dienste im Zusammenhang mit der Verarbeitung auf Dauer sicherzustellen**.

Tipp: Sorgfältige Trennung von Backups vornehmen

Unterschiedliche Systeme mit unterschiedlichen Löschfristen dürfen ohne sachlichen Grund i.S.d. Art. 25 Abs. 1, Art. 32 Abs. 1 DS-GVO nicht in einem einheitlichen Backup zusammengeführt werden, wenn dadurch eine frühere Löschung von personenbezogenen Daten aus einem der Systeme verhindert wird. Ein solches Backupverfahren wäre nicht geeignet i.S.d. Art. 25 Abs. 1, Art. 32 Abs. 1 DS-GVO.

Dies unterstützend normiert Art. 5 Abs. 1 Buchst. f DS-GVO den Grundsatz der Integrität der Verarbeitung:

> *Personenbezogene Daten müssen […] f) in einer Weise verarbeitet werden, die eine angemessene Sicherheit der personenbezogenen Daten gewährleistet,* **einschließlich Schutz** *vor unbefugter oder unrechtmäßiger Verarbeitung und* **vor unbeabsichtigtem Verlust, unbeabsichtigter Zerstörung oder unbeabsichtigter Schädigung durch geeignete technische und organisatorische Maßnahmen** (*„Integrität und Vertraulichkeit“).*

Wichtig: Backups und Archive müssen löschfähig sein

Archivsysteme zur Erfüllung gesetzlicher oder anderer Aufbewahrungspflichten (dazu unten) sind nicht mit Backups zu verwechseln. In Archivsystemen werden Informationen einschließlich personenbezogener Daten vorgehalten, die im Produktivsystem nicht mehr benötigt werden, z.B. Informationen zur Erfüllung gesetzlicher Aufbewahrungspflichten, die der Verantwortliche bis zum Ablauf der jeweiligen Speicherdauer aufzubewahren hat. Auch von diesen Archivsystemen sind Backups zu erstellen für den Fall, dass ein Archivsystem ausfällt. Dabei müssen Archivsystem und Backups wegen der darin gespeicherten personenbezogenen Daten grundsätzlich löschfähig sein. Die Pflicht zur „Revisionssicherheit" der aufzubewahrenden Daten und Informationen aus dem Handelsrecht und Steuerrecht steht dem nicht entgegen. Denn § 239 Abs. 3 Handelsgesetzbuch (HGB) und § 146 Abs. 4 Abgabenordnung (AO) verlangen für die Revisionssicherheit keine Unveränderlichkeit der aufzubewahrenden Informationen, sondern lediglich die Feststellbarkeit der nach Eintritt der Aufbewahrungspflicht vorgenommenen Veränderungen.

Achtung: Entsprechend müssen personenbezogene Daten ggf. auch aus solchen Unterlagen gelöscht werden. Wer etwa aufgrund einer Namensidentität versehentlich einen falschen, vermeintlichen Schuldner kontaktiert, muss für diesen Fall technische und organisatorische Maßnahmen vorsehen, um die mit dieser Person verbundenen Daten zumindest in den Unterlagen schwärzen zu können.[30]

4.5.2 Kollision mit Pflicht zur unverzüglichen Löschung

Mit der Pflicht zur Erstellung von Backups, die u.a. die Verfügbarkeit der für die Verarbeitung erforderlichen Systeme und Dienste sicherstellen sowie den Verantwortlichen auch vor einer unbeabsichtigten Veränderung oder Verlust personenbezogener Daten schützen sollen, also gerade auch dem Fall einer fälschlicherweise erfolgten Löschung noch vorzuhaltender personenbezogener Daten, kollidiert die Pflicht zur unverzüglichen Löschung der personenbezogenen Daten aus Art. 17 Abs. 1 DS-GVO: Denn diese Pflicht erstreckt sich auf alle Kopien der personenbezogenen Daten, also auch Kopien in Backups.

Hinweis: Erneutes Löschen nach Wiederherstellung

Werden aus einem Backup Daten wiederhergestellt, z.B. nach einem unbeabsichtigten Datenverlust, müssen zunächst auf den wiederhergestellten Datenbestand stets die für das jeweilige System im Löschkonzept beschriebenen technischen und organisatorischen Maßnahmen zur Löschung durchlaufen werden. Nur so ist sichergestellt, dass über ein wiederhergestelltes Backup nicht bereits in dem wiederherzustellenden System gelöschte Daten ungewollt wieder verarbeitet werden.

Der Verantwortliche steckt in einem Dilemma, wie folgende Abbildung verdeutlicht:

30 OLG Dresden, Urteil vom 14.12.2021 – 4 U 1278/21; dazu auch die Datenschutzbeauftragte Sachsens, Tätigkeitsbericht 2021, S. 212 f.

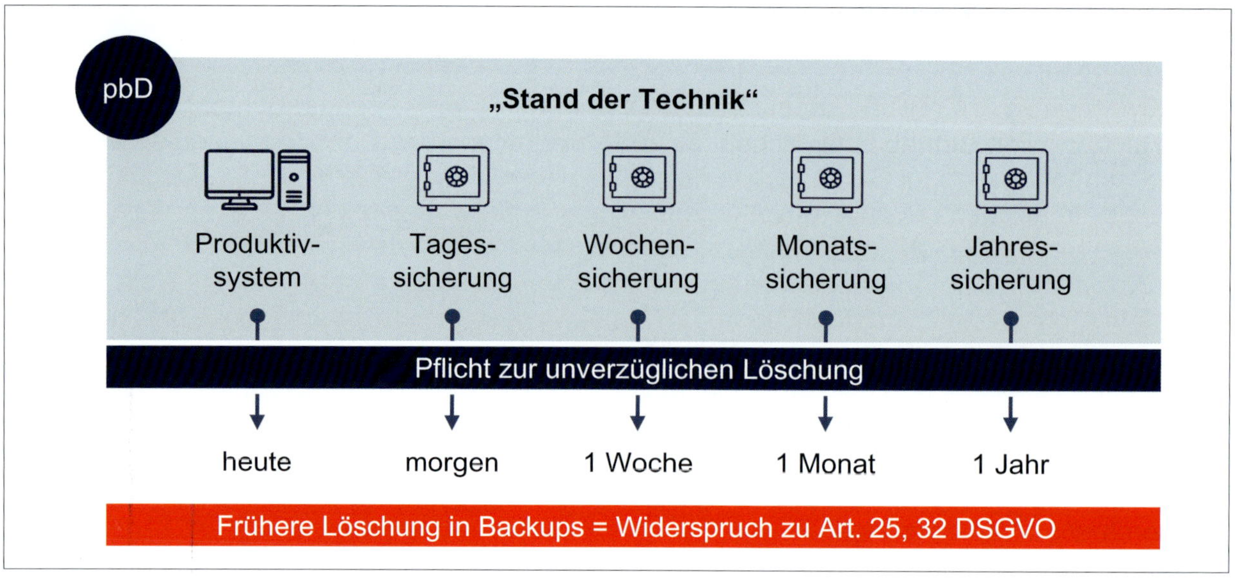

Abb. 15: Übersicht Löschen in Backups

Hat der Verantwortliche ein den Anforderungen aus Art. 25 Abs. 1, Art. 32 Abs. 1 DS-GVO entsprechendes Backupkonzept implementiert, greift er in diese geeigneten technischen und organisatorischen Maßnahmen ein und verletzt die ihm insoweit auferlegten Datenschutzpflichten einschließlich des Grundsatzes aus Art. 5 Abs. 1 Buchst. f DS-GVO, wenn er selektiv in Backups zur Erfüllung seiner Löschpflicht einzelne personenbezogene Daten unwiderruflich löscht und damit die Integrität oder sonst die Eignung der Backups für ihren gesetzlich in der DS-GVO vorgegebenen Zweck beeinträchtigt oder gar aufhebt.

Wahrt der Verantwortliche die Unversehrtheit der Backups, erfüllt er zwar seine Pflichten aus Art. 25 Abs. 1, Art. 32 Abs. 1 DS-GVO, jedoch nicht seine Löschpflicht aus Art. 17 Abs. 1 DS-GVO. Von den sich widersprechenden Rechtsanwendungsbefehlen in der DS-GVO kann der Verantwortliche damit nur einen befolgen.

Vorsicht: Geeignetheit des Backupverfahrens dokumentieren

Die Geeignetheit des Backupverfahrens zur Erfüllung der Datenschutzpflichten aus Art. 5 Abs. 1 Buchst. f, Art. 25 Abs. 1, Art. 32 Abs. 1 DS-GVO sollte vom Verantwortlichen dokumentiert werden. Aus der Dokumentation muss deutlich werden, warum ein anderes, weniger mit der Löschpflicht kollidierendes Verfahren nicht geeignet ist.[31] Das Auswahlermessen obliegt dabei dem Verantwortlichen und kann von der Aufsichtsbehörde ausschließlich auf sog. Ermessensfehler überprüft werden. Ebenso sollte dokumentiert sein, wie und in welcher Zeit die Löschung personenbezogener Daten in den Backups nach Eintritt der Löschpflicht aus Art. 17 Abs. 1 DS-GVO erfolgt.

4.5.3 Auflösung der kollidierenden Pflichten bei Backups

Es gibt (mindestens) zwei Möglichkeiten, um die Kollision der den Verantwortlichen treffenden, miteinander konkurrierenden Datenschutzpflichten aus Art. 5 Abs. 1 Buchst. f, Art. 25 Abs. 1, Art. 32 Abs. 1 DS-GVO einerseits und Art. 17 Abs. 1 DS-GVO andererseits aufzulösen:

31 Im Einzelnen dazu der Landesdatenschutzbeauftragte Bayerns, Tätigkeitsbericht 2020, S. 162 ff.

4.5.3.1 Eigener Verarbeitungszweck Datensicherheit

Die unverzügliche Löschung i.S.d. Art. 17 Abs. 1 DS-GVO durch den Verantwortlichen ist in dem Moment bewirkt, in dem der Verantwortliche alle Kopien der zu löschenden personenbezogenen Daten in seinen im Betrieb befindlichen, für die Verarbeitung genutzten Systemen gelöscht hat (etwa Produktivsystem, Testsystem und Entwicklungssystem). Die weitere Verarbeitung der Kopien der personenbezogenen Daten in den Backups ist bis zum Durchlaufen der regulären „Überschreibzyklen" für die Backups bei einem Art. 5 Abs. 1 Buchst. f, Art. 25 Abs. 1, Art. 32 Abs. 1 DS-GVO entsprechenden Backupverfahren gerechtfertigt.

Die Erlaubnis für diesen Verarbeitungszweck folgt aus Art. 6 Abs. 4 DS-GVO (ggf. i.V.m. Art. 6 Abs. 1 Satz 1 Buchst. c DS-GVO) als zweckändernde Weiterverarbeitung, der auch zweckändernde Weiterverarbeitungen besonderer Kategorien personenbezogener Daten im Sinne des Art. 9 Abs. 1 DS-GVO gestattet (in der Fachliteratur strittig). Alternativ wäre an eine Erlaubnis aus Art. 6 Abs. 1 Satz 1 Buchst. c DS-GVO (i.V.m. Art. 25 Abs. 1, Art. 32 Abs. 1 DS-GVO) oder Art. 6 Abs. 1 Satz 1 Buchst. f DS-GVO zu denken, die jedoch für sich genommen besondere Kategorien personenbezogener Daten im Sinne des Art. 9 Abs. 1 DS-GVO in Backups nicht abbilden könnten.

4.5.3.2 Unverzügliche Löschung trotz Durchlaufen des Backupzyklus

Alternativ lässt sich argumentieren, dass die Löschung der personenbezogenen Daten in Erfüllung der Löschpflicht aus Art. 17 Abs. 1 DS-GVO auch dann noch „unverzüglich" erfolgt ist, wenn zunächst unverzüglich die Löschung in den in Betrieb befindlichen, für die Verarbeitung genutzten Systemen durch den Verantwortlichen erfolgt ist und hiernach in den Backups die weitere Löschung sich automatisch vollzieht, so wie dies in den technischen und organisatorischen Maßnahmen mit den Festlegungen zum Backupverfahren sowie im Löschkonzept beschrieben ist.

Denn auch dann hat der Verantwortliche unverzüglich, also „ohne schuldhaftes Zögern" (siehe oben) seiner Löschpflicht genügt. Das zeitversetzte Löschen in den Backups geschieht nicht schuldhaft verzögert durch den Verantwortlichen, sondern in Erfüllung der ihm durch Art. 5 Abs. 1 Buchst. f, Art. 25 Abs. 1, Art. 32 Abs. 1 DS-GVO ebenfalls auferlegten Datenschutzpflichten (siehe oben). Ergänzend dürften dann jedoch als weitere technische und organisatorische Maßnahmen ein strenges, dokumentiertes Rollen- und Berechtigungskonzept für die Backups und eine Sperrung der dort gespeicherten personenbezogenen Daten für die weitere Verarbeitung (siehe oben) erforderlich sein.

Hinweis: Informationspflichten wegen Backups beachten

Gemäß Art. 13 Abs. 2 Buchst. a, Art. 14 Abs. 2 Buchst. b DS-GVO hat der Verantwortliche betroffene Personen über die Speicherdauer oder die Kriterien für deren Festlegung zu informieren (dazu unten). Hier ist sicherzustellen, dass dies auch wegen der weiteren Speicherung in Backups geschieht. Die Speicherdauer der personenbezogenen Daten bis zu deren vollständiger Löschung kann sich dadurch ggf. deutlich verlängern.

4.5.4 Anforderungen an ein datenschutzkonformes Backup-System

Der Bayerische Landesdatenschutzbeauftragte hat sich ausführlich mit der datenschutzkonformen Nutzung eines Backup-Systems für personenbezogene Daten auseinandergesetzt[32] und

32 Landesdatenschutzbeauftragter Bayerns, Tätigkeitsbericht 2020, S. 163 f.

sechs Voraussetzungen hervorgehoben, unter denen die daraus resultierende Verarbeitung der personenbezogenen Daten legitimiert ist:

- ⇨ Technische Unzumutbarkeit oder Unmöglichkeit gleichzeitiger Löschung aus Primärdatensatz und Backup-System;
- ⇨ Angepasste Löschfrequenz im Backup-System je nach Schutzbedarf der personenbezogenen Daten;
- ⇨ Löschkonzept mit Erläuterungen zur Methode des Sicherungsverfahrens;
- ⇨ Angemessene technische und organisatorische Maßnahmen zum Schutz des Backup-Systems vor unrechtmäßiger Wiederherstellung der personenbezogenen Daten;
- ⇨ Bei erforderlicher Wiederherstellung von Daten aus dem Backup-System dürfen nicht zugleich bereits im Primärsystem aus Datenschutzgründen gelöschte Daten wiederhergestellt werden. Ist dies technisch unmöglich, so muss ein Mechanismus implementiert sein, dass diese Daten unverzüglich erneut gelöscht werden (siehe oben);
- ⇨ Dokumentation des Verarbeitungsvorgangs "Backup-System verwenden" unter Angabe des Wiederherstellungsgrundes und der etwaigen Erforderlichkeit einer erneuten Löschung.

4.6 Angaben zur Löschfrist im Verzeichnis von Verarbeitungstätigkeiten

Der Verantwortliche ist verpflichtet, ein Verzeichnis von Verarbeitungstätigkeiten zu führen („VVT", im BDSG a.F. als „Verfahrensverzeichnis" bezeichnet).[33]

Hinweis: Vertreter meint nicht den gesetzlichen Vertreter

Bei einem nicht in der Union niedergelassenen Verantwortlichen, der wegen Art. 3 Abs. 2 DS-GVO trotzdem in den räumlichen Anwendungsbereich der DS-GVO fällt, muss auch der Vertreter des Verantwortlichen gemäß Art. 27 Abs. 1 DS-GVO das Verzeichnis von Verarbeitungstätigkeiten führen. Es handelt sich hierbei um einen Sonderfall. Nicht gemeint ist der gesetzliche Vertreter des Verantwortlichen, also etwa der Geschäftsführer bei einer GmbH. Das gilt ebenso für die Angabe von Namen und Kontaktdaten des Vertreters gemäß Art. 30 Abs. 1 Buchst. a DS-GVO im Verzeichnis von Verarbeitungstätigkeiten; gemeint ist auch hier ausschließlich der Vertreter gemäß Art. 27 Abs. 1 DS-GVO.

Das Verzeichnis von Verarbeitungstätigkeiten des Verantwortlichen muss dabei gemäß Art. 30 Abs. 1 Buchst. f DS-GVO für die Verarbeitungstätigkeiten

wenn möglich, die vorgesehenen Fristen für die Löschung der verschiedenen Datenkategorien

angeben.

Mit dem Zusatz „wenn möglich" ist dabei nicht gemeint, dass es dem Verantwortlichen freisteht, ob er Angaben zur Löschfrist in seinem Verzeichnis von Verarbeitungstätigkeiten macht oder

33 Ausführliche Erläuterungen zum Verzeichnis von Verarbeitungstätigkeiten für Verantwortliche mit Mustern gibt die GDD-Praxishilfe DS-GVO Va: Verzeichnis von Verarbeitungstätigkeiten – Verantwortlicher vom März 2020, abrufbar unter *https://www.gdd.de/downloads/praxishilfen/GDD-Praxishilfe_DS-GVO_5_a_V2.pdf*.

nicht. Vielmehr muss für jede Verarbeitungstätigkeit eine Angabe zur Löschfrist im Verzeichnis enthalten sein.

Die Eingrenzung „wenn möglich" bezieht sich allein darauf, wie detailliert die Löschfrist vom Verantwortlichen anzugeben ist. Lässt sich die Löschfrist nicht konkret benennen, weil die Verarbeitungstätigkeit eine Vielzahl unterschiedlicher Sachverhalte erfasst, genügt auch

⇨ eine Angabe der gesetzlichen Grundlage, z.B. Art. 17 Abs. 1 Buchst. b DS-GVO bei der Löschung nach dem Widerruf der Einwilligung durch die betroffene Person, *oder*

⇨ die Benennung der Löschfrist nebst dem Zeitpunkt für den Beginn der Frist, etwa „sechs Monate nach Abschluss des jeweiligen Bewerbungsverfahrens" bei der Verarbeitung von Bewerberdaten.

Tipp: Angabe der Löschfrist vereinfacht Löschkonzept

Für das Löschkonzept ist die Ermittlung der Löschfrist zwingend erforderlich (dazu unten). Es gibt mithin keinen Grund, auf die Angabe im Verzeichnis von Verarbeitungstätigkeiten zu verzichten. Mit der Führung des Verzeichnisses werden damit wertvolle Vorarbeiten für die Erstellung des Löschkonzepts geleistet. Das gilt auch für die weiteren Angaben zu den Zwecken der Verarbeitung (Art. 30 Abs. 1 Buchst. b DS-GVO), zu den Kategorien personenbezogener Daten (Art. 30 Abs. 1 Buchst. c DS-GVO) sowie zu den Empfängern (Art. 30 Abs. 1 Buchst. d DS-GVO). Eine separate Bestandsaufnahme für die Erstellung der Löschkonzepte kann dann meist entfallen. Im Übrigen genügt jedoch auch der Verweis auf das dokumentierte Löschkonzept im Verzeichnis von Verarbeitungstätigkeiten, um der Pflicht aus Art. 30 Abs. 1 Buchst. f DS-GVO zu genügen.

4.7 Informationspflicht über Speicherdauer

Die dem Verantwortlichen durch Art. 13, 14 DS-GVO auferlegten Informationspflichten bedingen, dass der Verantwortliche zuvor seine Löschpflichten geprüft und im Verzeichnis von Verarbeitungstätigkeiten gemäß Art. 30 Abs. 1 DS-GVO dokumentiert hat (dazu oben).

Art. 13 Abs. 2 Buchst. a DS-GVO verpflichtet den Verantwortlichen, zum Zeitpunkt der Erhebung der personenbezogenen Daten den betroffenen Personen Informationen zur Verfügung zu stellen betreffend

> *die Dauer, für die die personenbezogenen Daten gespeichert werden oder, falls dies nicht möglich ist, die Kriterien für die Festlegung dieser Dauer; [...].*

Diese Pflicht besteht bei der Direkterhebung der personenbezogenen Daten bei der betroffenen Person.

Ebenso sieht Art. 14 Abs. 2 Buchst. a DS-GVO eine wegen Art. 14 Abs. 3 DS-GVO nachgelagerte Bereitstellung der Informationen zur Speicherdauer bei einer Fremderhebung personenbezogener Daten vor, die ohne Beteiligung der betroffenen Person erfolgt.[34]

34 Ausführliche Hinweise zum Inhalt der Datenschutzinformationen gemäß Art. 13, Art. 14 DS-GVO mit Beispielen gibt die GDD-Praxishilfe DS-GVO VII: Transparenzpflichten bei der Datenverarbeitung vom April 2018, abrufbar unter *https://www.gdd.de/downloads/praxishilfen/GDD-Praxishilfe_DS-GVO_7.pdf*; englische Version verfügbar unter *https://www.gdd.de/downloads/praxishilfen/gdpr-good-practices-7.pdf* (Version 1.0 vom Juni 2020). Ein Unterstützungstool für Vereine und kleine Unternehmen bietet der Landesbeauftragte für den Datenschutz und die Informationsfreiheit Baden-Württembergs, abrufbar unter *https://www.baden-wuerttemberg.datenschutz.de/ds-gvo.clever/*.

5. Recht auf Löschung („Recht auf Vergessenwerden“)

Ein absolutes, jederzeitiges „Recht auf Vergessenwerden“ gibt es nicht, auch wenn die Überschrift von Art. 17 DS-GVO das Gegenteil verspricht. Das „Recht auf Vergessenwerden“ beschränkt sich auf ein Recht auf Löschung der betroffenen Person gemäß Art. 17 Abs. 1 DS-GVO ausschließlich in den dort benannten Fällen sowie auf eine Informationspflicht des Verantwortlichen gemäß Art. 17 Abs. 2 DS-GVO. Diese Grenzen des Löschrechts der betroffenen Personen beschreibt auch Erwägungsgrund 65:

> *Eine betroffene Person sollte ein Recht auf Berichtigung der sie betreffenden personenbezogenen Daten besitzen sowie ein „Recht auf Vergessenwerden“,* **wenn die Speicherung ihrer Daten gegen diese Verordnung oder gegen das Unionsrecht oder das Recht der Mitgliedstaaten, dem der Verantwortliche unterliegt, verstößt**. *[...]*

Das Gegenstück zum Löschrecht der betroffenen Person ist die Löschpflicht des Verantwortlichen:

Verlangt die betroffene Person die Löschung der personenbezogenen Daten in einem der in Art. 17 Abs. 1 DS-GVO benannten Fälle, muss der Verantwortliche diese Daten unverzüglich löschen. Aber auch unabhängig von einem solchen Verlangen ist der Verantwortliche in den in Art. 17 Abs. 1 Buchst. a bis Buchst. e DS-GVO genannten Fällen zur unverzüglichen Löschung der personenbezogenen Daten verpflichtet (siehe oben). Ausnahmen greifen nur dort, wo die DS-GVO oder das nationale Recht diese ausdrücklich vorsehen (dazu unten).

Hinweis: Löschung in Suchmaschinen

Ein „Recht auf Vergessenwerden“ wurde seit einem Urteil des EuGH aus 2014 im Zusammenhang mit der Löschung von identifizierenden Treffern in den Ergebnislisten von Suchmaschinen intensiv diskutiert.[35] Dieser Sachverhalt darf aber nicht mit dem Recht auf Vergessenwerden gemäß Art. 17 DS-GVO verwechselt werden. Die Löschung in den Ergebnislisten von Suchmaschinen betrifft nur den kleinen, besonderen Teilausschnitt von Art. 17 Abs. 3 Buchst. a DS-GVO (dazu unten).

5.1 Rechte betroffener Personen in der DS-GVO

Das Löschrecht der betroffenen Person aus Art. 17 Abs. 1 DS-GVO, genauer das von der betroffenen Person an den Verantwortlichen gerichtete Verlangen, die sie betreffenden personenbezogenen Daten unverzüglich zu löschen (häufig auch als „Löschanspruch“, „Löschverlangen“, „Löschantrag“ oder „Löschbegehren“ bezeichnet) ist nur eines der Rechte betroffener Personen aus den Art. 15 ff. DS-GVO gegenüber dem Verantwortlichen.[36]

Weitere Rechte der betroffenen Person sind das

35 Siehe EuGH, Urteil vom 13.5.2014 – C-131/12 („Google Spain“); Urteil vom 8.12.2022 – C-460/20.

36 Ausführlich dazu *Gola/Jaspers/Müthlein/Schwartmann*: Datenschutz-Grundverordnung im Überblick, 3. Auflage 2018, Kapitel 5.4 und 5.5; ausführlich zum Prozess zur Wahrung der Rechte betroffener Personen *Herweg/Müthlein*: Die Überwachungsaufgabe des Datenschutzbeauftragten nach DS-GVO, 1. Auflage 2020, Kapitel 10.3.1.

- ⇨ Auskunftsrecht, einschließlich dem Recht auf eine Kopie der personenbezogenen Daten (Art. 15 DS-GVO),[37]
- ⇨ Recht auf Berichtigung (Art. 16 DS-GVO),[38]
- ⇨ Recht auf Einschränkung der Verarbeitung (Art. 18 DS-GVO, siehe oben),
- ⇨ Recht auf Datenübertragbarkeit (Art. 20 DS-GVO), und
- ⇨ Widerspruchsrecht (Art. 21 DS-GVO, siehe oben).

Hinzu kommt das Recht auf Beschwerde bei einer Aufsichtsbehörde gemäß Art. 79 Abs. 1 DS-GVO,

> *wenn die betroffene Person der Ansicht ist, dass die Verarbeitung der sie betreffenden personenbezogenen Daten gegen diese Verordnung verstößt.*

Hinweis: Information über Rechte betroffener Personen

Über die Rechte betroffener Personen muss der Verantwortliche die betroffenen Personen gemäß Art. 13 Abs. 2 Buchst. b, Buchst. d DS-GVO und Art. 14 Abs. 2 Buchst. c, Buchst. e DS-GVO informieren (zur Information über das Löschrecht siehe oben).

Grob lassen sich die Rechte betroffener Personen unter Einbeziehung der Informationspflichten des Verantwortlichen in drei Kategorien von Rechten und Pflichten einteilen, die den Zwecken (a) Transparenz der Verarbeitung, (b) Ordnungsgemäßheit der Verarbeitung und (c) Beschränkung der Verarbeitung dienen und damit die Beachtung der Grundsätze aus Art. 5 Abs. 1 DS-GVO absichern.

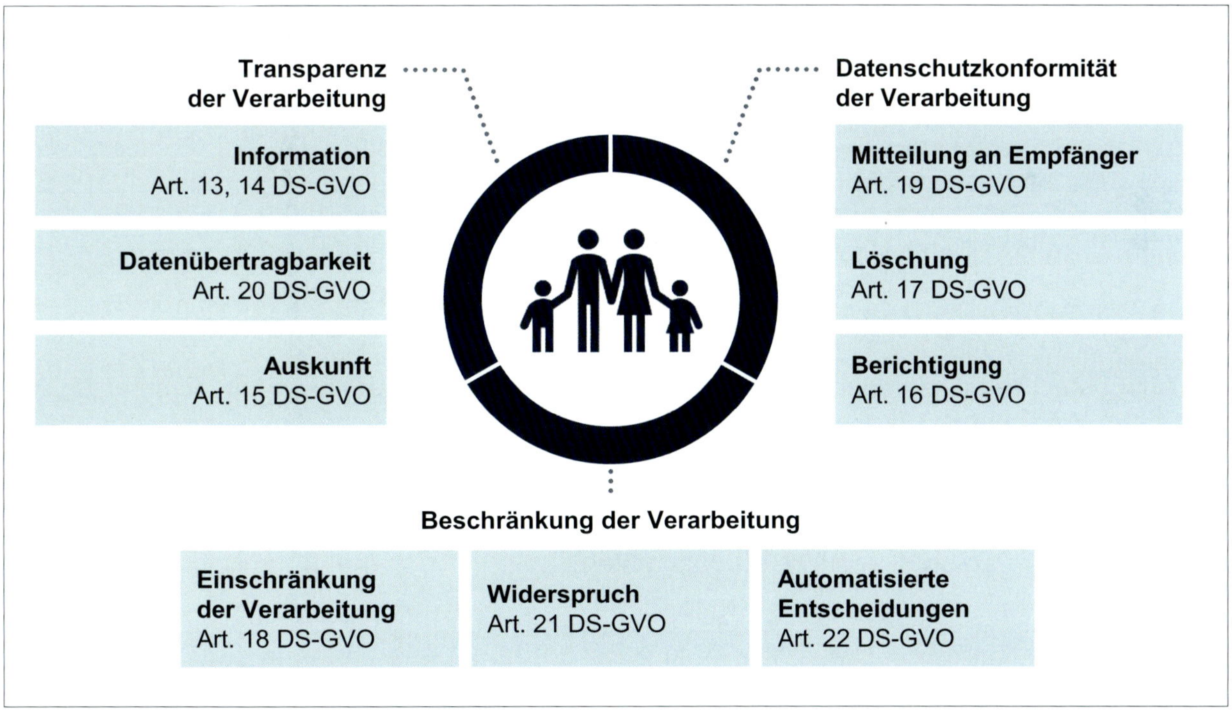

Abb. 16: Rechte betroffener Personen

37 Zu verschiedenen Aspekten des Auskunftsrechts zuletzt EuGH, Urteil vom 4.5.2023 – C-487/21; Urteil vom 22.6.2023 – C-579/21; Urteil vom 12.1.2023 – C-154/21.

38 Zum Berichtigungsanspruch, insbesondere der Beweislast betreffend die Unrichtigkeit der verarbeiteten Daten, siehe BVerwG, Urteil vom 2.3.2022 – 6 C 7/20.

In Art. 23 Abs. 1 DS-GVO ist eine Öffnungsklausel für die Mitgliedstaaten vorgesehen, mit denen die Rechte betroffener Personen beschränkt werden können, wenn die in Art. 23 Abs. 1, Abs. 2 DS-GVO hierfür vorgegebenen Bedingungen beachtet werden. Der deutsche Gesetzgeber hat hiervon insbesondere in den §§ 29, 32 bis 37 BDSG Gebrauch gemacht. Werden Daten von betroffenen Personen aus mehreren Mitgliedstaaten verarbeitet, sind diese nationalen Sonderregeln bei der Bearbeitung von Anträgen betroffener Personen zu beachten.[39]

5.2 Löschen als Recht der betroffenen Person

Art. 17 Abs. 1 DS-GVO normiert das Recht der betroffenen Person, von dem Verantwortlichen die unverzügliche Löschung der sie betreffenden personenbezogenen Daten zu verlangen, wenn einer der in Art. 17 Abs. 1 Buchst. a bis Buchst. f DS-GVO aufgeführten Löschgründe vorliegt (siehe oben). Liegt kein Löschgrund vor oder kann sich der Verantwortliche auf eine der Ausnahmen in Art. 17 Abs. 3 DS-GVO oder im nationalen Recht berufen (dazu unten), muss er die personenbezogenen Daten nicht löschen und dies der betroffenen Person mitteilen. Die Details zum Vorgehen bei der Bearbeitung eines Antrags auf Löschung ergeben sich aus Art. 12 DS-GVO.

Tipp: Darlegungs- und Beweislast bei Löschverlangen

Kommt es zu einer Auseinandersetzung zwischen Verantwortlichem und betroffener Person darüber, ob ein Löschverlangen begründet ist, trägt die betroffene Person im Zivilprozess die Darlegungs- und Beweislast für die Verarbeitung ihrer personenbezogenen Daten durch den jeweiligen Verantwortlichen. Da der EuGH aus der Rechenschaftspflicht gemäß Art. 5 Abs. 2 DS-GVO eine Beweislast des Verantwortlichen für die Einhaltung der Grundsätze aus Art. 5 Abs. 1 DS-GVO abgeleitet hat (siehe oben), muss sodann der Verantwortliche beweisen, dass wegen der verarbeiteten Daten kein Löschgrund aus Art. 17 Abs. 1 DS-GVO oder aber eine Ausnahme aus Art. 17 Abs. 3 DS-GVO greift. Das gilt nach dem EuGH gleichermaßen bei Auseinandersetzungen zwischen dem Verantwortlichen und einer Aufsichtsbehörde, auch wenn bislang ungeklärt ist, wie sich dies zum Amtsermittlungsgrundsatz und Art. 31 DS-GVO verhält.

5.2.1 Ausübung des Löschrechts

Die Ausübung des Löschverlangens durch die betroffene Person erfolgt, indem diese einen **Antrag beim Verantwortlichen** stellt, mit dem die Löschung aller oder bestimmter personenbezogener Daten von dieser betroffenen Person verlangt wird. Der Begriff „Antrag“ findet sich etwa in Art. 12 Abs. 3 Satz 1 DS-GVO, aber auch in Art. 28 Abs. 3 Satz 2 Buchst. e DS-GVO, der den Auftragsverarbeiter zur Unterstützung des Verantwortlichen bei der „Beantwortung von Anträgen“ betroffener Personen verpflichtet (dazu unten).

Wichtig: Bezeichnung als „Antrag“ nicht erforderlich

Wie die betroffene Person ihren Antrag nennt und ob irgendeiner oder sogar der richtige Artikel aus der DS-GVO angegeben wird, ist für die Handlungspflicht des Verantwortlichen ohne Bedeutung. Solange der Verantwortliche erkennen kann, dass die betroffene Person ein Betroffenenrecht ausüben will, setzt dies das Vorgehen nach Art. 12 DS-GVO und die Bearbei-

39 Ausnahmen von den Rechten betroffener Personen außerhalb einer gesetzlichen Anordnung sind ausgeschlossen, siehe für den Auskunftsanspruch ausdrücklich EuGH, Urteil vom 22.6.2023 – C-579/21, Rz. 85 f.

tung des jeweils geltend gemachten Antrags in Gang. Auch ist es möglich, dass die betroffene Person mehrere Rechte miteinander kombiniert, z.B. Auskunft und Löschung verlangt oder den Widerruf einer Einwilligung mit einem Löschverlangen kombiniert. In Bezug auf Letzteres hat der EuGH jüngst entschieden, dass ein Löschverlangen zugleich auch den Widerruf einer etwaigen Einwilligung einschließt.[40]

Der Verantwortliche ist gemäß Art. 12 Abs. 2 Satz 1 DS-GVO verpflichtet, der betroffenen Person die Ausübung ihrer Rechte gemäß Art. 15 ff. DS-GVO zu erleichtern, was auch für das Löschrecht gilt. In der Regel verbietet es sich daher, für den Antrag der betroffenen Person eine bestimmte Form vorzusehen. Nach Möglichkeit soll die betroffene Person Anträge elektronisch oder im Self Service stellen können (z.B. in einem Onlineportal des Verantwortlichen), wie Erwägungsgrund 59 verdeutlicht:

> *Es sollten Modalitäten festgelegt werden, die einer betroffenen Person die Ausübung der Rechte, die ihr nach dieser Verordnung zustehen, erleichtern, darunter auch Mechanismen, die dafür sorgen, dass sie unentgeltlich insbesondere Zugang zu personenbezogenen Daten und deren Berichtigung oder Löschung beantragen und gegebenenfalls erhalten oder von ihrem Widerspruchsrecht Gebrauch machen kann. So sollte der Verantwortliche auch dafür sorgen, dass Anträge elektronisch gestellt werden können, insbesondere wenn die personenbezogenen Daten elektronisch verarbeitet werden.*

Der Antrag kann damit mündlich, per Post, per E-Mail, über ein Kontaktformular auf der Website oder über jede andere sonst mögliche Kommunikationsform mit dem Verantwortlichen gestellt werden (z.B. über einen Messenger wie WhatsApp-Business, wenn der Verantwortliche einen solchen Messenger zur Kundenkommunikation nutzt). Der Verantwortliche sollte erläutern, etwa auf seiner Website oder in einer anderen Kundeninformation, wie die betroffene Person Anträge gemäß Art. 15 ff. DS-GVO stellen kann und wie das Verfahren hierzu beim Verantwortlichen ausgestaltet ist.

Tipp: Ansprechpartner für Löschanträge benennen

Art. 13 Abs. 1 Buchst. a, Buchst. b DS-GVO und Art. 14 Abs. 1 Buchst. a, Buchst. b DS-GVO verlangen nur die Angabe von Namen und Kontaktdaten des Verantwortlichen sowie der Kontaktdaten des Datenschutzbeauftragten. Zugleich ist gemäß Art. 13 Abs. 2 Buchst. b DS-GVO und Art. 14 Abs. 2 Buchst. c, Buchst. e DS-GVO die betroffene Person über ihre Rechte gemäß Art. 15 ff. DS-GVO zu informieren (siehe oben). Es empfiehlt sich, zusätzlich den Ansprechpartner oder die Stelle beim Verantwortlichen zu benennen, die für die Bearbeitung von Anfragen betroffener Personen zuständig ist. Dies dient der Erleichterung der Antragstellung gemäß Art. 12 Abs. 2 Satz 1 DS-GVO und stellt zugleich einen einheitlichen Eingangskanal für Anfragen betroffener Personen beim Verantwortlichen sicher.

5.2.2 Identifizierung der betroffenen Person

Es gibt eine Vielzahl von Verarbeitungen personenbezogener Daten, für die eine Identifizierung der betroffenen Person nicht erforderlich ist. So genügt es etwa für die Nachverfolgung des Nutzerverhaltens auf einer Website, wenn der Nutzer erkannt, ihm eine zufällige Kennnummer („Identifier" oder „ID") zugewiesen und hiernach dessen Aktionen zu der Kennnummer protokolliert werden. Die betroffene Person ist dann über die Kennnummer identifizierbar, aber vom Ver-

40 EuGH, Urteil vom 27.10.2022 – C-129/21, Rz. 66 f.

antwortlichen nicht identifiziert, solange er nicht über Zusatzwissen verfügt, das auch eine Identifizierung erlaubt.

Art. 11 Abs. 1 DS-GVO stellt daher klar, dass bei solchen Verarbeitungen die DS-GVO nicht verlangt, für die Bearbeitung von Anfragen betroffener Personen oder aus anderen Gründen die zur Identifizierung erforderlichen Daten trotzdem zu verarbeiten. Eine Pflicht zur Vorratsdatenspeicherung identifizierender Informationen zur Erfüllung von Datenschutzpflichten gibt es in der DS-GVO nicht, wie der Wortlaut von Art. 11 Abs. 1 DS-GVO bestätigt:

> *Ist für die Zwecke, für die ein Verantwortlicher personenbezogene Daten verarbeitet, die Identifizierung der betroffenen Person durch den Verantwortlichen nicht oder nicht mehr erforderlich, so ist dieser nicht verpflichtet, zur bloßen Einhaltung dieser Verordnung zusätzliche Informationen aufzubewahren, einzuholen oder zu verarbeiten, um die betroffene Person zu identifizieren.*

Ist die betroffene Person identifizierbar, verarbeitet der Verantwortliche aber gleichwohl personenbezogene Daten im Sinne der Art. 4 Nr. 1, Nr. 2 DS-GVO, da hierfür die Identifizierbarkeit ausreichend ist (siehe oben). Geht dann beim Verantwortlichen die Anfrage einer betroffenen Person auf Löschung ihrer personenbezogenen Daten ein, kann der Verantwortliche diesen Antrag nicht bearbeiten, weil ihm die Zuordnung des Antrags zu einem konkreten Datensatz nicht möglich ist.

Dafür sieht Art. 11 Abs. 2 Satz 1 DS-GVO vor, dass der Verantwortliche die betroffene Person hierüber zu unterrichten und ggf. die fehlende Identifizierungsmöglichkeit wegen Art. 12 Abs. 2 Satz 2 DS-GVO glaubhaft zu machen hat.

Beispiel: Unterrichtung über fehlende Identifizierungsmöglichkeit

Eine Unterrichtung über die fehlende Möglichkeit zur Identifizierung der betroffenen Person könnte wie folgt formuliert werden: „Ausgehend von den von Ihnen zu Ihrer Person mitgeteilten Informationen sind wir leider nicht in der Lage, Sie zu identifizieren. Unsere Systeme erlauben keine Suche nach personenbezogenen Daten anhand der von Ihnen mitgeteilten Informationen. Daher können wir nicht feststellen, ob wir personenbezogene Daten von Ihnen verarbeiten, die ggf. zu löschen sind. Gerne prüfen wir Ihre Anfrage nochmals und möchten Sie dazu darum bitten, uns folgende Informationen über Sie mitzuteilen, mit denen uns eine Identifizierung Ihrer Person in unseren Daten möglich ist: [Auflistung der durchsuchbaren Datenkategorien]“.[41]

Die betroffene Person ist dann gemäß Art. 11 Abs. 2 Satz 2 DS-GVO berechtigt, dem Verantwortlichen zusätzliche Informationen zur Verfügung stellen, die deren Identifizierung ermöglichen:

> *Kann der Verantwortliche [...] nachweisen, dass er nicht in der Lage ist, die betroffene Person zu identifizieren, so unterrichtet er die betroffene Person hierüber, sofern möglich. In diesen Fällen finden die Artikel 15 bis 20 keine Anwendung, es sei denn, die betroffene Person stellt zur Ausübung ihrer in diesen Artikeln niedergelegten Rechte zusätzliche Informationen bereit, die ihre Identifizierung ermöglichen.*

41 Formulierungsvorschlag mit geringen Anpassungen übernommen aus dem Mustertext von *Kremer/Sander*, Antwort auf Auskunftsverlangen mit Recht auf Kopie (Art. 15 DS-GVO), in: Koreng/Lachenmann, Formularhandbuch Datenschutzrecht, 3. Auflage 2021.

Hinweis: Mitteilung der Identifizierungsmerkmale

Die betroffene Person weiß in der Regel nicht, welche zusätzlichen Informationen erforderlich sind, damit dem Verantwortlichen die Identifizierung ermöglicht wird. Deshalb ist der Verantwortliche entsprechend Art. 15 Abs. 1 Buchst. b DS-GVO verpflichtet, der betroffenen Person die Datenkategorie zu benennen, über die eine Identifizierung möglich ist. Auch das folgt aus der Pflicht des Verantwortlichen, der betroffenen Person gemäß Art. 12 Abs. 2 Satz 1 DS-GVO die Ausübung ihrer Rechte zu erleichtern.

Stellt die betroffene Person keine zusätzlichen Informationen zur Verfügung, die dem Verantwortlichen die Identifizierung ermöglichen, muss der Verantwortliche den Löschantrag nicht bearbeiten, das aber gemäß Art. 12 Abs. 4 DS-GVO der betroffenen Person mitteilen (dazu unten).

Beispiel: Identifizierbarkeit über Tracking-ID

Der Anbieter eines Tracking-Tools weist den mit dem Tracking erfassten Nutzern eine ID zu, die auf dem jeweiligen Endgerät in einem Cookie gespeichert wird. Weitere identifizierende Informationen liegen dem Anbieter nicht vor. Die betroffene Person A verlangt vom Anbieter Löschung ihrer personenbezogenen Daten. Der Anbieter teilt mit, dass er die Person nicht identifizieren könne, weil er nur über die ID aus dem Cookie verfüge. Daraufhin ermittelt A aus dem Cookie die ID und teilt diese dem Anbieter mit. Damit ist die Identifizierung von A durch den Anbieter möglich und das Löschverlangen kann weiterbearbeitet werden.

5.2.3 Identitätsprüfung der betroffenen Person

Die Antwort des Verantwortlichen auf den Antrag einer betroffenen Person gemäß den Art. 15 ff. DS-GVO hat gemäß Art. 12 Abs. 1 Satz 1 DS-GVO ausschließlich gegenüber der betroffenen Person zu erfolgen, sofern diese keinen anderen Adressaten benannt hat.

Eine ausdrückliche Pflicht zur Identitätsprüfung kennt Art. 12 DS-GVO nicht. Allerdings verlangt Art. 12 Abs. 1 Satz 3 DS-GVO bei der mündlichen Beantwortung der Anfrage einer betroffenen Person, dass zuvor

> *die Identität der betroffenen Person in anderer Form nachgewiesen wurde.*

Außerdem berechtigt Art. 12 Abs. 6 DS-GVO den Verantwortlichen, bei begründeten Zweifeln an der Identität der den Antrag stellenden natürlichen Person, weitere Informationen zur Bestätigung von deren Identität anzufordern:

> *Hat der Verantwortliche begründete Zweifel an der Identität der natürlichen Person, die den Antrag […] stellt, so kann er […] zusätzliche Informationen anfordern, die zur Bestätigung der Identität der betroffenen Person erforderlich sind.*

Aus dem Zusammenspiel dieser Regelungen ergibt sich, dass der Verantwortliche vor der Beantwortung der Anfrage einer betroffenen Person und der Übermittlung von diesbezüglichen Informationen sich von der Identität der anfragenden natürlichen Person zu überzeugen hat und bei begründeten Zweifeln zusätzliche Informationen zur Bestätigung der Identität verlangen kann. Anderenfalls wäre die Beantwortung der Anfrage gegenüber einem anderen auch eine rechtswidrige Offenlegung personenbezogener Daten der betroffenen Person gegenüber diesem anderen und damit eine Verletzung des Schutzes personenbezogener Daten gemäß Art. 4 Nr. 12 DS-GVO (Datenschutzverletzung), die ggf. gemäß Art. 33 Abs. 1 DS-GVO der Aufsichtsbehörde zu melden ist.

Beispiel: Begründete Zweifel an der Identität

Begründete Zweifel an der Identität des Antragstellers bestehen, wenn diese von einer dem Verantwortlichen unbekannten oder nicht durch den Verantwortlichen verifizierten E-Mail-Adresse gestellt werden, ebenso, wenn der Antragsteller unter einer anderen Anschrift auftritt als bei dem Verantwortlichen bekannt (z.B. nach einem Umzug). Keine begründeten Zweifel bestehen mit Blick auf Erwägungsgrund 57 demgegenüber, wenn der Antrag nach der gesicherten Anmeldung (z.B. mit Benutzername und Kennwort) in einem Online-Portal gestellt wird, selbst wenn vor der Registrierung im Online-Portal keine Identifizierung erfolgt ist. Das gilt genauso, wenn die Betroffenenanfrage per Post unter der beim Verantwortlichen bekannten Anschrift der betroffenen Person gestellt wird.

Gemäß Erwägungsgrund 64 soll der Verantwortliche für die Identitätsprüfung

alle vertretbaren Mittel

nutzen. Eine pauschale Antwort auf die Frage, wie eine Identitätsprüfung zu erfolgen hat, gibt es damit nicht. Es kommt vielmehr auf die Umstände des Einzelfalls an. Der Verantwortliche muss unter Beachtung der verkehrsüblichen Sorgfalt alle erforderlichen und angemessenen Maßnahmen ergreifen, um eine Übermittlung von Informationen auf Anfragen betroffener Personen gemäß Art. 15 ff. DS-GVO an unberechtigte Dritte zu vermeiden.

Vorsicht: Keine zwingende Kopie vom Personalausweis

Der Personalausweis kann gemäß § 20 Abs. 1 Personalausweisgesetz (PAuswG) vom Inhaber als Identitätsnachweis gegenüber öffentlichen und nichtöffentlichen Stellen verwendet werden. Gemäß § 20 Abs. 2 PAuswG muss eine Kopie jedoch eindeutig und dauerhaft als solche gekennzeichnet sein und personenbezogene Daten aus dem Personalausweis dürfen nur mit Einwilligung des Ausweisinhabers erhoben oder verarbeitet werden. Die Einwilligung ist gemäß Art. 4 Nr. 11 DS-GVO freiwillig zu erteilen. Das steht einer Pflicht zur Identitätsfeststellung über eine Kopie des Personalausweises zur Geltendmachung von Rechten betroffener Personen entgegen. Wenn die Identitätsprüfung durch Einsendung einer Kopie des Personalausweises erfolgen soll, kann dies deshalb immer nur eine von mehreren, freiwillig auszuwählenden Optionen durch den Ausweisinhaber sein. Zudem muss sichergestellt sein, dass über die zur Prüfung der Identität erforderlichen Angaben hinausgehende Merkmale auf dem Personalausweis entweder auf der Kopie geschwärzt oder vom Verantwortlichen nicht weiterverarbeitet werden (etwa Ausweisnummer, ggf. das Geburtsdatum). Das gilt entsprechend für die Nutzung anderer amtlicher Dokumente zur Identitätsprüfung wie dem Führerschein. Andererseits muss beachtet werden, dass die nicht geschwärzten Angaben auf dem Ausweisdokument geeignet sein müssen, die Zweifel an der Identität auszuräumen. Wenn etwa eine Identitätskontrolle stattfinden soll, so wird dies durch eine Schwärzung des Passbildes unmöglich gemacht. Dann dürfen aber auch andere ungeschwärzte Daten mangels Zweckrelevanz nicht verarbeitet werden.[42]

42 Hierzu LSG Berlin-Brandenburg, Urteil vom 30.4.2019 – L 26 AS 2621/17, Rz. 29.

Achtung: Bußgeld bei unzulässiger Anforderung des Personalausweises zu Identifikationszwecken

Die spanische Aufsichtsbehörde für den Datenschutz, die Agencia española protección datos (AEPD), hat am 20.09.2022 ein Bußgeld in Höhe von 42 000 EUR gegen eine spanische Bank (BANCO BILBAO VIZCAYA ARGENTARIA, S.A.) verhängt, weil diese zur Identifikation eines Kunden die Übersendung einer Personalausweiskopie forderte. Die spanische Aufsichtsbehörde erkannte darin einen Verstoß gegen den Grundsatz der Datenminimierung nach Art. 5 Abs. 1 Buchst. c DS-GVO. Das zunächst angesetzte Bußgeld in Höhe von 70 000 EUR wurde aufgrund der Kooperation der Bank um 40% gesenkt.[43]

5.2.4 Bearbeitung des Löschverlangens

Ist der Antrag einer natürlichen Person mit dem Löschverlangen dem Verantwortlichen zugegangen, die betroffene Person in den eigenen Datenbeständen identifiziert und sodann eine ggf. erforderliche Identitätsprüfung vorgenommen worden, erfolgt die Bearbeitung des Löschverlangens durch den Verantwortlichen.

Wichtig: Prozess für Anfragen betroffener Personen etablieren

An der Bearbeitung eines Löschverlangens sind häufig mehrere Bereiche oder Abteilungen des Verantwortlichen und ggf. auch der Datenschutzbeauftragte beteiligt. Um Fehler bei der Bearbeitung und damit eine Verletzung von Datenschutzpflichten des Verantwortlichen zu vermeiden, ist ein Prozess für die Bearbeitung von Anfragen betroffener Personen gemäß Art. 15 ff. DS-GVO zu etablieren, der auch bei einem Löschverlangen gemäß Art. 17 Abs. 1 DS-GVO greift. Dieser Prozess sollte neben den konkreten Prozessschritten beim Verantwortlichen insbesondere auch die Zuständigkeit(en) festlegen.[44] Die Etablierung eines solchen Prozesses ist eine organisatorische Maßnahme zur Sicherstellung einer verordnungskonformen Verarbeitung gemäß Art. 24 Abs. 1 DS-GVO.

Die Bearbeitung des Löschverlangens durch den Verantwortlichen vollzieht sich in folgenden Schritten:

- ⇨ Prüfung, ob wegen der personenbezogenen Daten der betroffenen Person ein Löschgrund gemäß Art. 17 Abs. 1 DS-GVO vorliegt (siehe oben).
- ⇨ Prüfung, ob wegen der personenbezogenen Daten der betroffenen Personen eine Ausnahme von der Löschpflicht gemäß Art. 17 Abs. 3 DS-GVO greift (dazu unten).
- ⇨ Unverzügliche Löschung der personenbezogenen Daten gemäß dem Löschkonzept (dazu unten), wenn ein Löschgrund gemäß Art. 17 Abs. 1 DS-GVO vorliegt und keine Ausnahme gemäß Art. 17 Abs. 3 DS-GVO greift.
- ⇨ Fristgerechte Information der betroffenen Person über die auf ihren Antrag hin getroffenen Maßnahmen gemäß Art. 12 Abs. 3 Satz 1 DS-GVO oder fristgerechte Unterrichtung über das Nichttätigwerden des Verantwortlichen gemäß Art. 12 Abs. 4 DS-GVO.

---

43 Die Entscheidung der spanischen Aufsichtsbehörde ist abrufbar unter *https://www.aepd.es/documento/ps-00170-2022.pdf*.

44 Ausführlich zur Gestaltung des Prozesses zur Wahrung der Rechte betroffener Personen *Herweg/Müthlein*: Die Überwachungsaufgabe des Datenschutzbeauftragten nach DS-GVO, 1. Auflage 2020, Kapitel 10.3.1.

⇨ Bei öffentlich gemachten personenbezogenen Daten und Bestehen einer Löschpflicht aus Art. 17 Abs. 1 DS-GVO die Information anderer Verantwortlicher über das Löschungsverlangen gemäß Art. 17 Abs. 2 DS-GVO (dazu unten).

⇨ Ggf. Mitteilung gemäß Art. 19 DS-GVO über durchgeführte Löschung an alle Empfänger, denen der Verantwortliche die gelöschten personenbezogenen Daten offengelegt hat (dazu unten).

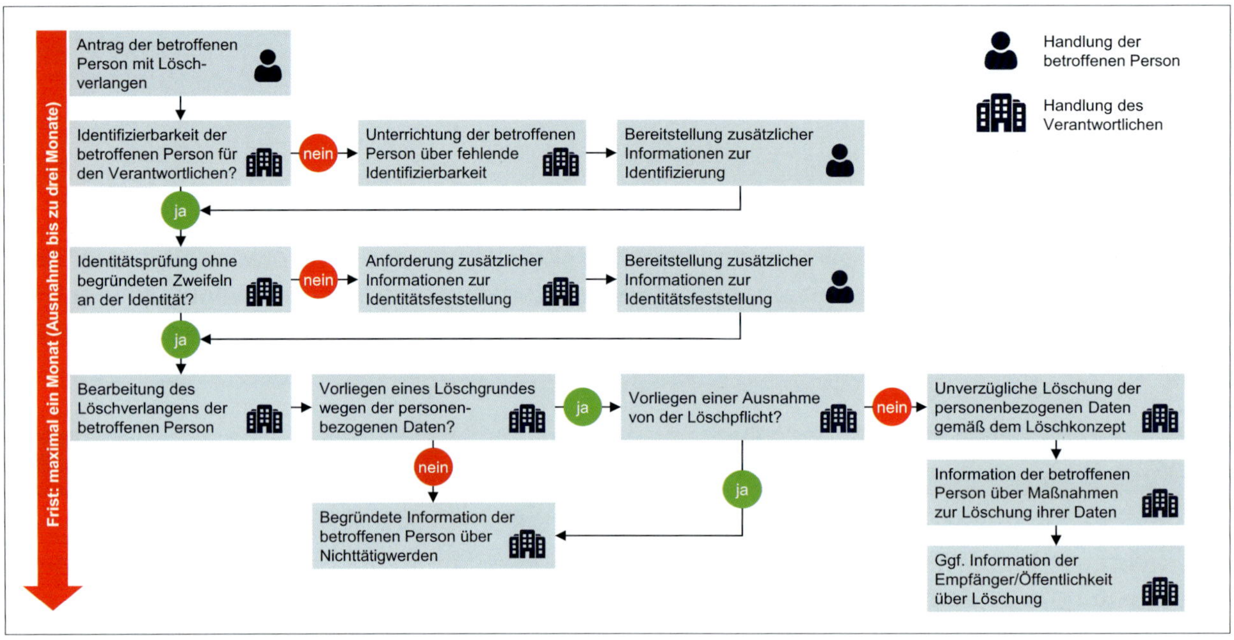

Abb. 17: Prozess zur Bearbeitung von Löschanträgen

Tipp: Delegation der Bearbeitung an Dritte

Der Verantwortliche ist nicht verpflichtet, die Anfragen betroffener Personen selbst zu bearbeiten. Er kann sich hierbei auch Dritter als Erfüllungsgehilfen bedienen, die für den Verantwortlichen die Bearbeitung der Anfragen übernehmen. Wegen der mit der Bearbeitung verbundenen Offenlegung personenbezogener Daten gegenüber dem Dritten wird es sich hierbei entweder um einen anderen gemeinsam Verantwortlichen handeln (dazu unten) oder um einen Auftragsverarbeiter. Werden die Vorgaben aus Art. 28 DS-GVO beachtet, ist die Delegation der Bearbeitung an den Auftragsverarbeiter ohne Weiteres möglich (dazu unten).

Die Prüfung des Verantwortlichen kann ergeben, dass

⇨ er zur Löschung der personenbezogenen Daten gemäß Art. 17 Abs. 1 DS-GVO verpflichtet ist und das Löschverlangen begründet ist,

⇨ eine Löschpflicht des Verantwortlichen gemäß Art. 17 Abs. 1 DS-GVO zwar besteht, aber eine der Ausnahmen von der Löschpflicht gemäß Art. 17 Abs. 3 DS-GVO oder aus dem nationalen Recht greift und deshalb das Löschverlangen unbegründet ist (dazu unten), oder

⇨ eine Löschpflicht des Verantwortlichen gemäß Art. 17 Abs. 1 DS-GVO schon gar nicht besteht und deshalb das Löschverlangen unbegründet ist.

5.2.4.1 Begründetes Löschverlangen

Ist das Löschverlangen der betroffenen Person begründet, müssen die sie betreffenden personenbezogenen Daten vom Verantwortlichen gemäß Art. 17 Abs. 1 DS-GVO unverzüglich gelöscht werden. Das Vorgehen entspricht demjenigen beim Bestehen einer Löschpflicht des Verantwortlichen (siehe oben).

Außerdem muss der Verantwortliche der betroffenen Person gemäß Art. 12 Abs. 3 Satz 1 DS-GVO

> *Informationen über die auf Antrag gemäß den Artikeln 15 bis 22 ergriffenen Maßnahmen*

zur Verfügung stellen.

Ist das Löschverlangen elektronisch beantragt worden, ist die betroffene Person gemäß Art. 12 Abs. 3 Satz 4 DS-GVO

> *nach Möglichkeit auf elektronischem Weg zu unterrichten, sofern sie nichts anderes angibt.*

Zudem sieht Art. 12 Abs. 1 Satz 1 DS-GVO vor, dass die Informationen an die betroffene Person

> *in präziser, transparenter, verständlicher und leicht zugänglicher Form in einer klaren und einfachen Sprache zu übermitteln*

sind.

Aus dem Zusammenspiel von Art. 12 Abs. 1, Abs. 3 DS-GVO ergibt sich, dass die Information der betroffenen Person über die bei einem begründeten Löschverlangen vom Verantwortlichen ergriffenen Maßnahmen nach Möglichkeit in der von der betroffenen Person gewünschten Form bereitzustellen sind, wegen Art. 12 Abs. 1 Satz 3 DS-GVO ggf. auch mündlich (sofern eine Identitätsüberprüfung dann möglich ist, siehe oben).

Die von dem Verantwortlichen auf ein begründetes Löschverlangen hin ergriffene Maßnahme ist zunächst die unverzügliche Löschung der personenbezogenen Daten der betroffenen Person (siehe oben). Hierüber ist die betroffene Person vom Verantwortlichen zu informieren. Nicht erforderlich ist eine konkrete Benennung der zur Löschung im Einzelnen ergriffenen Maßnahmen, da es sich hierbei wie beim Löschkonzept insgesamt regelmäßig um Geschäftsgeheimnisse im Sinne des § 2 Nr. 1 des Gesetzes zum Schutz von Geschäftsgeheimnissen (GeschGehG) handeln wird.

Anzugeben ist außerdem, ob bei vom Verantwortlichen öffentlich gemachten personenbezogenen Daten Maßnahmen gemäß Art. 17 Abs. 2 DS-GVO ergriffen wurden (dazu unten) und ob ggf. Empfänger, denen die Daten offengelegt wurden, über die Löschung vom Verantwortlichen gemäß Art. 19 Satz 1 DS-GVO unterrichtet wurden oder warum dies nicht geschehen ist (auch dazu unten). Die konkreten Empfänger sind dabei gemäß Art. 19 Satz 2 DS-GVO nur zu benennen, wenn die betroffene Person dies in ihrem Antrag oder später verlangt hat.

Beispiel: Information über durchgeführte Löschung

Eine Information über die durchgeführte Löschung bei einem begründeten Löschverlangen könnte wie folgt formuliert werden: „Ihren Antrag vom [Datum] haben wir geprüft. Dabei haben wir festgestellt, dass wir zu Ihrer Person Daten gespeichert haben, die gemäß Art. 17 Abs. 1 DS-GVO zu löschen sind, weil [Angabe Löschgrund Buchst. a bis Buchst. f]. Auf Ihren Antrag haben wir deshalb unverzüglich die Löschung dieser personenbezogenen Daten durchgeführt. [optional]: Außerdem haben wir gemäß Art. 19 Satz 1 DS-GVO alle Empfänger, denen wir ihre personenbezogenen Daten offengelegt haben, über die Löschung informiert. Eine allgemeine Übersicht über die Empfänger finden Sie in unseren Datenschutzinformationen, die Sie jederzeit auf unserer Website unter [URL] abrufen können / die wir Ihnen bei Erhebung Ihrer Daten zur Verfügung gestellt haben / die als Anlage diesem Schreiben beigefügt sind."

5.2.4.2 Unbegründetes Löschverlangen

Ist das Löschverlangen der betroffenen Person unbegründet, werden die personenbezogenen Daten der betroffenen Person nicht gelöscht. Da der Verantwortliche in diesem Fall keine Maßnahmen ergreift, also auf den Antrag der betroffenen Person hin untätig bleibt, muss er gemäß Art. 12 Abs. 4 DS-GVO die betroffene Person

> *über die Gründe hierfür*

unterrichten und über die Möglichkeit,

> *bei einer Aufsichtsbehörde Beschwerde einzulegen oder einen gerichtlichen Rechtsbehelf einzulegen.*

Im Übrigen gelten die Ausführungen über die Form der Information bei einem begründeten Löschverlangen auch für die Unterrichtung bei einem unbegründeten Löschverlangen. Die unterschiedlichen Begriffe „Informationen zur Verfügung stellen“ in Art. 12 Abs. 3 Satz 1 DS-GVO und „unterrichten“ in Art. 12 Abs. 4 DS-GVO sind nur sprachliche, aber keine inhaltlichen Unterschiede.

Die Angabe der Gründe für das Untätigbleiben des Verantwortlichen, also die Nichtlöschung der personenbezogenen Daten, umfasst die Information darüber, ob kein Löschgrund im Sinne des Art. 17 Abs. 1 DS-GVO vorlag oder aber die Löschung nicht erfolgt ist, weil sich der Verantwortliche auf eine Ausnahme gemäß Art. 17 Abs. 3 DS-GVO oder eine Regelung im nationalen Recht beruft. Dabei sollte das Ergebnis zur Vermeidung weiterer Auseinandersetzungen kurz und verständlich begründet werden, z.B. durch Angabe des Verarbeitungszwecks, der einer Löschung gemäß Art. 17 Abs. 1 Buchst. a DS-GVO entgegensteht, oder Benennung der rechtlichen Verpflichtung, wegen der gemäß Art. 17 Abs. 3 Buchst. b DS-GVO die Löschpflicht nicht greift.

Beispiel: Unterrichtung über Untätigbleiben

Eine Unterrichtung über die nicht durchgeführte Löschung bei einem unbegründeten Löschverlangen könnte wie folgt formuliert werden: „Ihren Antrag vom [Datum] haben wir geprüft. Dabei haben wir festgestellt, dass wir zu Ihrer Person personenbezogene Daten gespeichert haben. Allerdings besteht wegen dieser personenbezogenen Daten keine Löschpflicht, weil [Begründung]. Allgemeine Angaben zur Speicherdauer oder den Kriterien für deren Festlegung finden Sie in unseren Datenschutzinformationen, die Sie jederzeit auf unserer Website unter [URL] abrufen können / die wir Ihnen bei Erhebung Ihrer Daten zur Verfügung gestellt haben / die als Anlage diesem Schreiben beigefügt sind. Sollten Sie der Auffassung sein, dass unsere Bewertung unzutreffend ist und die Verarbeitung der Sie betreffenden personenbezogenen Daten gegen das Datenschutzrecht verstößt, können Sie sich bei der für uns zuständigen Aufsichtsbehörde im Datenschutz beschweren: [Kontaktdaten der Aufsichtsbehörde]. Es steht Ihnen frei, sich auch bei einer anderen Aufsichtsbehörde im Datenschutz zu beschweren. Außerdem können Sie Ihr Löschverlangen vor den Zivilgerichten gegen uns geltend machen, wenn Sie der Ansicht sind, dass die Ablehnung der Löschung Ihrer personenbezogenen Daten durch uns Sie in Ihrem Recht aus Art. 17 Abs. 1 DS-GVO verletzt.“

5.2.5 Fristen für die Bearbeitung

Die DS-GVO hat bei der Bearbeitung von Anträgen betroffener Personen erstmals zwingende Fristen eingeführt. Diese Fristen gelten unabhängig davon, dass der Verantwortliche zur unverzüglichen Löschung verpflichtet ist, wenn ein Löschgrund gemäß Art. 17 Abs. 1 DS-GVO vorliegt (siehe oben).

Hinweis: Fristlauf bei begründeten Zweifeln an der Identität der betroffenen Person

Die DS-GVO legt nicht fest, was mit einer Frist passiert, wenn Mitwirkungen der betroffenen Person erforderlich sind, z.B. die Überprüfung von deren Identität bei begründeten Zweifeln hieran (siehe oben). Um diese Lücke zu schließen, bietet es sich an, eine ggf. erforderliche Mitwirkung der betroffenen Person bereits als möglichen Schritt im Prozess zur Bearbeitung von Anfragen betroffener Personen zu berücksichtigen, sodass gleichwohl die Frist noch gewahrt werden kann. Reagiert eine betroffene Person sodann erst sehr spät oder gar nicht, kann der Verantwortliche das Löschverlangen nicht bearbeiten und muss deshalb zum Ende der „Monatsfrist“ (dazu unten) der betroffenen Person mitteilen, warum eine Löschung nicht passiert ist, nämlich wegen der ausgebliebenen Mitwirkung der betroffenen Person.

Bei einem begründeten Löschverlangen hat die Information über die vom Verantwortlichen auf den Antrag der betroffenen Person ergriffenen Maßnahmen (siehe oben) gemäß Art. 12 Abs. 3 Satz 1 DS-GVO

unverzüglich, in jedem Fall aber innerhalb eines Monats nach Eingang des Antrags

zu erfolgen.

Für die Unterrichtung über die Nichtdurchführung der Löschung bei einem unbegründeten Löschverlangen (siehe oben) sieht Art. 12 Abs. 4 DS-GVO vor, dass der Verantwortliche die betroffene Person

ohne Verzögerung, spätestens aber innerhalb eines Monats nach Eingang des Antrags

unterrichtet.

Auch hier handelt es sich bei den unterschiedlichen Formulierungen nicht um inhaltliche, sondern ausschließlich um sprachliche Unterschiede. Die betroffene Person ist auf ihren Antrag **unverzüglich, spätestens aber innerhalb eines Monats** nach dem Eingang des Antrags beim Verantwortlichen zu informieren bzw. zu unterrichten.

Vorsicht: Monatsfrist ist maximale Obergrenze

Die DS-GVO kennt entgegen häufig zu findenden falschen Aussagen keine Regelfrist von einem Monat für die Bearbeitung von Anfragen betroffener Personen. Vielmehr ist die Bearbeitung innerhalb von einem Monat die maximale Obergrenze (zu den sehr seltenen Ausnahmen bei begründeten Anträgen unten). Im Übrigen hat die Bearbeitung unverzüglich zu erfolgen, also ohne schuldhaftes Zögern beim Verantwortlichen (siehe oben). Insbesondere bei einfach gelagerten Sachverhalten kann dies eine Bearbeitung innerhalb weniger Tage verlangen. Solche Sachverhalte sind etwa die leicht zu treffende Feststellung, dass über die betroffene Person keine personenbezogenen Daten gespeichert sind, ebenso die auf den Widerspruch gegen Direktwerbung gemäß Art. 21 Abs. 2 DS-GVO (siehe oben) erforderliche Löschung der personenbezogenen Daten gemäß Art. 17 Abs. 1 Buchst. c DS-GVO (siehe oben). Wird die Bearbeitungsfrist von einem Monat trotzdem ausgereizt, ist das eine sanktionierbare Verletzung von Rechten der betroffenen Person (dazu unten). Das OLG München, Urteil vom 22.3.2022 – 18 U 1697/21, orientierte sich für ein Löschungsverlangen gegenüber Suchmaschinenbetreibern an der Frist von sieben Tagen aus § 3 Abs. 2 Satz 1 Nr. 3 Netzwerkdurchsetzungsgesetz (NetzDG).

Mit dem Eingang des Antrags beim Verantwortlichen ist der zivilrechtliche Zugang im Sinne des § 130 Abs. 1 Satz 1 BGB gemeint. Wird der Antrag von der betroffenen Person mündlich gestellt (z.B. am Telefon), ist der Zugang sofort erfolgt. Bei Anträgen per Post, Fax, E-Mail, Messaging oder elektronischen Formularen in Online-Portalen erfolgt der Zugang am Tag der Zustellung beim Verantwortlichen, also dem Tag, an dem der Brief im Briefkasten oder Postfach des Verantwortlichen eingelegt worden ist oder die elektronische Nachricht in den „Posteingang“ auf dem Server des Verantwortlichen gelangt ist. Auf die tatsächliche Kenntnisnahme durch den Verantwortlichen kommt es nicht an, solange er nur unter gewöhnlichen Umständen die Möglichkeit hierzu hatte.

Tipp: Eingang des Löschantrags bestätigen

Ist absehbar, dass die maximale Frist von einem Monat erforderlich ist zur Bearbeitung der Anfrage, sollte der Verantwortliche der betroffenen Person den Eingang des Löschantrags bestätigen und dabei auch den zuständigen Ansprechpartner beim Verantwortlichen für etwaige weitere Fragen angeben. Hierzu ist der Verantwortliche nicht verpflichtet, es erleichtert aber der betroffenen Person die Ausübung ihrer Rechte im Sinne des Art. 12 Abs. 2 Satz 1 DS-GVO (siehe oben) und vermeidet zugleich weitere Löschanträge der betroffenen Person (zu exzessiven Anträgen unten).

Eine Verlängerung der maximalen Frist für die Bearbeitung des Antrags einer betroffenen Person von einem Monat um weitere zwei Monate, also auf insgesamt maximal drei Monate, kommt **ausschließlich bei begründeten Anträgen** in Betracht und gemäß Art. 12 Abs. 3 Satz 2 DS-GVO nur dann,

> *wenn dies unter Berücksichtigung der Komplexität und der Anzahl von Anträgen erforderlich ist.*

Über eine Fristverlängerung und die Gründe für die verzögerte Bearbeitung hat der Verantwortliche die betroffene Person innerhalb eines Monats nach Eingang des Antrags gemäß Art. 12 Abs. 3 Satz 3 DS-GVO zu unterrichten. Nicht ausreichend für eine Verlängerung ist es, wenn nur die Komplexität oder die Anzahl der Anträge dies erforderlich macht. Beide Voraussetzungen – Komplexität und Anzahl der Anträge – müssen kumulativ vorliegen.

Die Verlängerung greift damit nur in den wenigen Fällen, in denen der Verantwortliche unerwartet mit einer höheren Anzahl komplexer Anfragen befasst wird, die er in dem von ihm implementierten, geeigneten Regelprozess für deren Bearbeitung (siehe oben) nicht bearbeiten kann. Denkbar ist dies insbesondere nach dem Bekanntwerden einer Verletzung des Schutzes personenbezogener Daten gemäß Art. 4 Nr. 12, Art. 33 Abs. 1 DS-GVO („Datenschutzverletzung“, dazu unten).

Muss der Verantwortliche demgegenüber mit einer höheren Anzahl von auch komplexen Anträgen rechnen, etwa nach der Einführung neuer, datenintensiver Funktionen in den von ihm angebotenen Diensten, muss dies im Regelprozess abgefangen werden können; anderenfalls wäre dieser als organisatorische Maßnahme zur Sicherstellung einer verordnungskonformen Verarbeitung ungeeignet (siehe oben).

5.2.6 Unentgeltlichkeit der Bearbeitung

Die Bearbeitung von Anträgen betroffener Personen durch den Verantwortlichen muss nicht nur fristgerecht, sondern gemäß Art. 12 Abs. 5 Satz 1 DS-GVO auch unentgeltlich erfolgen:

> *[... Alle] Mitteilungen und Maßnahmen gemäß den Artikeln 15 bis 22 [...] werden unentgeltlich zur Verfügung gestellt.*

Der betroffenen Person gegenüber dürfen damit weder unmittelbar noch mittelbar Kosten oder Aufwendungen im Zusammenhang mit der Bearbeitung des Antrags durch den Verantwortlichen anfallen.

Wichtig: Kosten der betroffenen Person muss diese selbst tragen

Die Unentgeltlichkeit gilt wegen des eindeutigen Verweises in Art. 12 Abs. 5 Satz 1 DS-GVO auf Mitteilungen und Maßnahmen gemäß den Art. 15 ff. DS-GVO nicht für etwaige Aufwendungen, die der betroffenen Person durch die Bereitstellung von zusätzlichen Informationen zur Identifizierung gemäß Art. 11 Abs. 2 DS-GVO entstehen oder im Zusammenhang mit einer Identitätsüberprüfung gemäß Art. 12 Abs. 5 DS-GVO anfallen. Auch die der betroffenen Person durch das Stellen ihres Antrags anfallenden Aufwendungen, z.B. das Porto für den Brief mit dem Antrag an den Verantwortlichen, sind von ihr zu tragen, ohne dass dies der Unentgeltlichkeit der Bearbeitung des Antrags durch den Verantwortlichen entgegensteht.

Von der Unentgeltlichkeit der Bearbeitung von Löschverlangen kennt die DS-GVO nur einzelne Ausnahmen in den in Art. 12 Abs. 5 Satz 2 DS-GVO abschließend benannten Fällen:

> *Bei offenkundig unbegründeten oder – insbesondere im Fall von häufiger Wiederholung – exzessiven Anträgen einer betroffenen Person kann der Verantwortliche entweder a) ein angemessenes Entgelt verlangen, bei dem die Verwaltungskosten für die Unterrichtung oder die Mitteilung oder die Durchführung der beantragten Maßnahme berücksichtigt werden, oder b) sich weigern, aufgrund des Antrags tätig zu werden.*

Ob der Verantwortliche die Bearbeitung des Antrags in diesen Fällen verweigert (und hierüber die betroffene Person gemäß Art. 12 Abs. 4 DS-GVO unterrichtet, siehe oben) oder ein angemessenes Entgelt für die Bearbeitung verlangt, unterliegt dem Wahlrecht des Verantwortlichen, was dieser nach eigenem, billigem Ermessen entsprechend § 315 Abs. 1 BGB für jeden Antrag erneut ausüben kann.

Hinweis: Nachweispflicht trägt Verantwortlicher

Gemäß Art. 12 Abs. 5 Satz 3 DS-GVO hat der Verantwortliche „den Nachweis für den offenkundig unbegründeten oder exzessiven Charakter des Antrags zu erbringen". Er trägt damit die Darlegungs- und Beweislast dafür, dass er ein angemessenes Entgelt für die Bearbeitung des Antrags verlangen oder sich weigern darf, aufgrund des Antrags tätig zu werden. Die DS-GVO vermutet damit, dass Anträge betroffener Personen nicht missbräuchlich gestellt werden. Eines besonderen Grundes bedarf die betroffene Person für das Stellen von Löschanträgen also nicht.

5.2.6.1 Offenkundig unbegründeter Antrag

Offenkundig unbegründet ist ein Löschantrag einer betroffenen Person nur, wenn diese bereits Kenntnis davon hat, dass

- ⇨ wegen sämtlicher oder wegen der vom Löschantrag konkret umfassten personenbezogenen Daten zum Zeitpunkt der Antragstellung kein Löschgrund gemäß Art. 17 Abs. 1 DS-GVO besteht oder eine Ausnahme von der Löschpflicht gemäß Art. 17 Abs. 3 DS-GVO greift, oder
- ⇨ vom Verantwortlichen über die betroffene Person keine personenbezogenen Daten verarbeitet werden.

Eine solche Kenntnis der betroffenen Person von der offensichtlichen Unbegründetheit liegt beispielsweise vor, wenn zuvor ein Auskunftsanspruch gemäß Art. 15 DS-GVO geltend gemacht worden ist und die betroffene Person wegen der ihr vom Verantwortlichen erteilten Auskunft weiß, dass ein Löschantrag unbegründet ist. Nicht ausreichend für einen unbegründeten Antrag dürfte es sein, wenn die betroffene Person mit ihrem Antrag sachfremde Ziele verfolgt, insbesondere beim Verantwortlichen Aufwand für die Bearbeitung zu verursachen (im Einzelnen strittig).

Tipp: Information über Löschfrist erteilen

Wird eine Löschung personenbezogener Daten vom Verantwortlichen abgelehnt, weil der Löschantrag unbegründet ist (siehe oben) oder beantragt die betroffene Person eine Auskunft gemäß Art. 15 DS-GVO über die vom Verantwortlichen gespeicherten personenbezogenen Daten, empfiehlt es sich, in der Antwort an die betroffene Person Angaben zur Speicherdauer oder den Kriterien für deren Festlegung aufzunehmen. Dies kann ggf. auch durch einen Verweis auf die Datenschutzinformationen gemäß Art. 13, 14 DS-GVO erfolgen (siehe oben). Stellt die betroffene Person dann trotzdem in kurzen Abständen Löschanträge beim Verantwortlichen, obwohl sie Kenntnis davon hat, dass die Speicherdauer noch nicht abgelaufen ist, handelt es sich hierbei um offenkundig unbegründete Anträge.

5.2.6.2 Exzessive Anträge

Exzessive Anträge liegen nur vor, wenn einer oder mehrere Anträge einer betroffenen Person über das Maß hinaus geltend gemacht werden, was zur Durchsetzung des Löschanspruchs aus Art. 17 Abs. 1 DS-GVO erforderlich ist. Nicht ausreichend ist es, wenn mehrere betroffene Personen für sich genommen nicht exzessive Anträge stellen, die jedoch in ihrem Zusammenspiel exzessiv werden. Dann liegt allenfalls ein Grund für eine Verlängerung der maximalen Bearbeitungsfrist auf drei Monate gemäß Art. 12 Abs. 3 Satz 2 DS-GVO vor (siehe oben).

Als Beispiel für exzessive Anträge nennt Art. 12 Abs. 5 Satz 2 DS-GVO den Fall einer „häufigen Wiederholung". Wann eine solche häufige Wiederholung vorliegt, lässt sich der DS-GVO nicht entnehmen und ist abhängig vom konkreten Einzelfall. Nicht ausreichend ist jedenfalls, dass die betroffene Person die Löschung mehrfach verlangt, was Erwägungsgrund 63 für das Auskunftsrecht auch ausdrücklich klarstellt:

> *Eine betroffene Person sollte ein Auskunftsrecht hinsichtlich der sie betreffenden personenbezogenen Daten […] problemlos und in angemessenen Abständen wahrnehmen können, um sich der Verarbeitung bewusst zu sein und deren Rechtmäßigkeit überprüfen zu können.*

Beispiel: Neue Löschanträge während Bearbeitung eines früheren Antrags

Stellt eine betroffene Person einen Löschantrag und schießt noch während der Bearbeitung dieses Löschantrags durch den Verantwortlichen weitere Löschanträge wegen desselben Sachverhalts nach, kann es sich hierbei um exzessive Anträge handeln. Dies gilt insbesondere, wenn der Verantwortliche der betroffenen Person den Eingang des Antrags und dessen Bearbeitung zuvor bestätigt hat. Ebenso kann ein exzessiver Antrag vorliegen, wenn der wirtschaftliche Aufwand für die Entsprechung des Antrags ein außergewöhnliches Ausmaß erreicht.[45] Dies ist aber bei einem Löschungsantrag kaum denkbar, da der Verantwortliche ohnehin früher oder später die Löschung der Daten vornehmen muss, sich entsprechend der Mehraufwand für eine etwaig frühere Löschung in Grenzen halten dürfte.

45 Siehe dazu LG Heidelberg, Urteil vom 21.2.2020 – 4 O 6/19, Rz. 24 f.

5.3 Recht auf Vergessenwerden als Informationspflicht des Verantwortlichen

Was genau das „Recht auf Vergessenwerden" (oder „right to be forgotten") sein soll, ist unklar. In der Rechtsprechung wird damit oft das Recht der betroffenen Person auf Löschung gemeint, so wie es jetzt in Art. 17 DS-GVO insgesamt beschrieben ist.

5.3.1 Idee: Löschpflicht des Verantwortlichen auch bei Dritten

Ein engeres Verständnis erfasst unter dem Recht auf Vergessenwerden lediglich die in Art. 17 Abs. 2 DS-GVO normierte Informationspflicht. Hintergrund ist, dass im Gesetzgebungsverfahren in Art. 17 Abs. 2 DS-GVO eine Pflicht des Verantwortlichen vorgesehen war, auch bei Dritten i.S.d. Art. 4 Nr. 10 DS-GVO die Löschung personenbezogener Daten auf Antrag der betroffenen Person zu erzwingen, ohne dass sich diese selbst an jeden Dritten wenden muss. Damit sollten insbesondere Suchmaschinen wie Google verpflichtet werden, auf Hinweise von Verantwortlichen (z.B. Betreibern von Zeitungswebsites) ihren Suchindex und die Suchergebnisse zu bereinigen.[46] So sollte dem Kontrollverlust der betroffenen Personen bei im Internet in den öffentlichen Umlauf gelangten personenbezogenen Daten effektiv entgegengewirkt werden.

Hinweis: Keine Schutzlosigkeit ohne Informationspflicht

Besteht keine Informationspflicht aus Art. 17 Abs. 2 DS-GVO, ist die betroffene Person nicht gänzlich schutzlos gestellt. Die betroffene Person selbst kann über das ihr aus Art. 15 Abs. 1 DS-GVO zustehende Auskunftsrecht verlangen, dass der Verantwortliche mitteilt, welchen Empfängern oder Kategorien von Empfängern ihre personenbezogenen Daten offengelegt worden sind oder zukünftig noch offengelegt werden. Hierzu hat der EuGH bereits entschieden, dass die betroffene Person grundsätzlich auch einen Anspruch auf die strukturierte Angabe der konkreten einzelnen Empfänger hat.[47] Zudem obliegt dem Verantwortlichen gegenüber Empfängern der gelöschten Daten eine Mitteilungspflicht aus Art. 19 Satz 1 DS-GVO, wobei auf Verlangen der betroffenen Person diese über die Empfänger der beim Verantwortlichen gelöschten Daten gemäß Art. 19 Satz 2 DS-GVO zu informieren ist (dazu unten). Gegenüber diesen Empfängern kann die betroffene Person dann selbst ihr Löschverlangen geltend machen.

5.3.2 Umsetzung: Informationspflicht bei öffentlich gemachten personenbezogenen Daten

Von der radikalen Idee einer Löschpflicht des Verantwortlichen auch bei Dritten ist in der DS-GVO lediglich eine eng umgrenzte Informationspflicht zulasten des Verantwortlichen übriggeblieben. Diese Informationspflicht greift gemäß Art. 17 Abs. 2 DS-GVO nur,

- ⇨ wenn der Verantwortliche die personenbezogenen Daten öffentlich gemacht hat,
- ⇨ der Verantwortliche gemäß Art. 17 Abs. 1 DS-GVO zur Löschung der öffentlich gemachten personenbezogenen Daten verpflichtet ist, und

46 Ausgangspunkt war ein Urteil des EuGH gegen Google Spain und den Suchmaschinenbetreiber Google, siehe EuGH, Urteil vom 13.5.2014 – C-131/12.

47 EuGH, Urteil vom 12.1.2023 – C-154/21, Rz. 39.

⇨ die betroffene Person gegenüber dem Verantwortlichen verlangt hat, dass auch bei anderen Verantwortlichen die Löschung aller Links zu diesen personenbezogenen Daten oder von Kopien oder Replikationen dieser personenbezogenen Daten erfolgt.

Diese drei Voraussetzungen müssen kumulativ vorliegen.

5.3.2.1 Öffentlich gemachte personenbezogene Daten

Immer dann, wenn einem unbestimmten Personenkreis der Zugang zu personenbezogenen Daten möglich ist, sind diese vom Verantwortlichen öffentlich gemacht i.S.d. Art. 17 Abs. 2 DS-GVO.[48]

Beispiel: öffentlich gemachte personenbezogene Daten

Von durch den Verantwortlichen öffentlich gemachten personenbezogenen Daten spricht man etwa bei Suchmaschinen, öffentlich zugänglichen Websites, Fanpages, Profilen in sozialen Netzwerken oder Büchern. Gibt es eine Zugangsbeschränkung, kommt es darauf an, ob diese Zugangsbeschränkung tatsächlich die Öffentlichkeit ausschließt (z.B. bei einer geschlossenen Benutzergruppe in einem sozialen Netzwerk) oder sich jederzeit Personen für den Zugriff registrieren können, auch wenn diese bestimmte Eigenschaften aufweisen müssen (z.B. Nutzung nur durch Rechtsanwälte mit der Möglichkeit, dass jeder Rechtsanwalt Zugriff erlangt).

5.3.2.2 Verlangen der Löschung bei anderen Verantwortlichen

Das Verlangen der betroffenen Person gegenüber dem Verantwortlichen, dass auch bei anderen Verantwortlichen die Löschung aller Links zu diesen personenbezogenen Daten oder von Kopien oder Replikationen dieser personenbezogenen Daten erfolgen soll, muss ebenso wie der Löschantrag selbst (siehe oben) nicht ausdrücklich erklärt werden. Es genügt, wenn die betroffene Person deutlich macht, dass ihre personenbezogenen Daten überall gelöscht werden sollen, unabhängig davon, wer Verantwortlicher für die Verarbeitung ist.

5.3.2.3 Umfang der Informationspflicht

Besteht die Informationspflicht, muss der Verantwortliche

> *unter Berücksichtigung der verfügbaren Technologie und der Implementierungskosten angemessene Maßnahmen auch technischer Art*

treffen,

> *um für die Datenverarbeitung Verantwortliche, die die personenbezogenen Daten verarbeiten, darüber zu informieren*[49]*, dass eine betroffene Person von ihnen die Löschung aller Links zu diesen personenbezogenen Daten oder von Kopien oder Replikationen dieser personenbezogenen Daten verlangt hat.*

---

48 Art. 9 Abs. 2 Buchst. e DS-GVO verlangt demgegenüber, dass die personenbezogenen Daten von der betroffenen Person selbst „offensichtlich öffentlich gemacht“ worden sind. Hierunter versteht der EuGH, dass die betroffene Person die Absicht hatte, die betroffenen Daten ausdrücklich und durch eine eindeutig bestätigende Handlung der breiten Öffentlichkeit zugänglich machen zu wollen, siehe das Urteil vom 4.7.2023 – C-252/21, Rz. 74 ff.

49 Ein Mustertext mit Erläuterungen für eine solche Information bei öffentlich gemachten personenbezogenen Daten ist verfügbar von *Koreng*, Informationspflicht an Dritte bei einem Löschungsersuchen (Art. 17 Abs. 2 DS-GVO), in: Koreng/Lachenmann, Formularhandbuch Datenschutzrecht, 3. Auflage 2021.

Wichtig: Zusätzliche Mitteilungspflicht aus Art. 19 DS-GVO

Unabhängig von der Informationspflicht aus Art. 17 Abs. 2 DS-GVO muss der Verantwortliche gemäß Art. 19 DS-GVO alle Empfänger, denen er die gelöschten Daten offengelegt, also übermittelt oder sonst weitergegeben hat, von der Löschung in Kenntnis setzen (dazu unten). Art. 17 Abs. 2 DS-GVO und Art. 19 DS-GVO begründen mithin zwei unterschiedliche Pflichten des Verantwortlichen.

Welche Maßnahmen auch technischer Art zur Information anderer Verantwortlicher angemessen sind, beurteilt sich zunächst objektiv unter Berücksichtigung des Stands der Technik („unter Berücksichtigung der verfügbaren Technologien“).[50] Stand der Technik kann dabei definiert werden

> *als die im Waren- und Dienstleistungsverkehr verfügbaren Verfahren, Einrichtungen oder Betriebsweisen, deren Anwendung die Erreichung der jeweiligen gesetzlichen Schutzziele am wirkungsvollsten gewährleisten kann.*[51]

Die vom Verantwortlichen zu treffenden Maßnahmen müssen diesem auch subjektiv zumutbar, also mit einem vertretbaren Aufwand realisierbar sein („unter Berücksichtigung der Implementierungskosten“).

Berücksichtigt werden können bei der Prüfung der Angemessenheit etwa die folgenden Aspekte:

- ⇨ Persönliche und geografische Reichweite der Verbreitung der öffentlich gemachten personenbezogenen Daten,
- ⇨ Art und Kritikalität der öffentlich gemachten personenbezogenen Daten für die betroffene Person, insbesondere die Eintrittswahrscheinlichkeit und Schwere eines drohenden Schadens für die Rechte und Freiheiten der betroffenen Person, *sowie die*
- ⇨ Technische Ausstattung und wirtschaftliche Leistungsfähigkeit des Verantwortlichen.

Beispiel: Angemessene Maßnahmen zur Information anderer Verantwortlicher

Angemessen kann es z.B. sein bei einem Presseverlag, der sämtliche Beiträge aus seinen Zeitungen und Zeitschriften auch im Internet veröffentlicht, dass dieser automatisiert die relevanten Suchmaschinenbetreiber und andere auf dessen Inhalte referenzierende Portale darüber in Kenntnis setzt, dass personenbezogene Daten gemäß Art. 17 Abs. 1 DS-GVO von dem Presseverlag auf dessen Website(s) gelöscht wurden. Wurden die personenbezogenen Daten über einen Verteiler öffentlich gemacht (z.B. für den Versand von Pressemitteilungen durch ein Unternehmen oder eine Behörde), kann es auch angemessen sein, den Verteiler über die Löschung der personenbezogenen Daten gemäß Art. 17 Abs. 1 DS-GVO zu informieren.

Stützt sich das Öffentlichmachen personenbezogener Daten einzig auf die Einwilligung der betroffenen Person gemäß Art. 6 Abs. 1 Satz 1 Buchst. a DS-GVO, etwa im Falle freiwilliger

---

50 Eine ausführliche Erläuterung zum Begriff „Stand der Technik“ gibt es vom Bundesverband IT-Sicherheit e.V. („Teletrust“): IT-Sicherheitsgesetz und Datenschutz-Grundverordnung: Handreichung zum „Stand der Technik“ technischer und organisatorischer Maßnahmen, Stand Mai 2023, abrufbar unter *https://www.teletrust.de/publikationen/broschueren/stand-der-technik/* (verfügbar in Deutsch, Englisch und Niederländisch).

51 Eine ausführliche Erläuterung zum Begriff „Stand der Technik“ gibt es vom Bundesverband IT-Sicherheit e.V. („Teletrust“): IT-Sicherheitsgesetz und Datenschutz-Grundverordnung: Handreichung zum „Stand der Technik“ technischer und organisatorischer Maßnahmen, Stand Mai 2023, abrufbar unter *https://www.teletrust.de/publikationen/broschueren/stand-der-technik/* (verfügbar in Deutsch, Englisch und Niederländisch).

öffentlicher Verzeichnisse, hat der Verarbeiter technische und organisatorische Maßnahmen zu ergreifen, die sicherstellen, dass weitere Verarbeiter über ein diesbezügliches Löschungsgesuch informiert werden. Der Widerruf der Einwilligung und seine Folgen müssen sich für den Betroffenen genauso einfach realisieren lassen wie die (Folgen der) Erteilung der Einwilligung.[52]

Hinweis: Information von Suchmaschinenbetreibern

Einige Suchmaschinenbetreiber haben mittlerweile Kommunikationskanäle eingerichtet, um ein Löschungsgesuch zu adressieren. Diese können auch von Verantwortlichen genutzt werden, um ihrer Informationspflicht gemäß Art. 17 Abs. 2 DS-GVO nachzukommen.[53]

52 EuGH, Urteil vom 27.10.2022 – C-129/21, Rz. 82 ff., insb. Rz. 87.

53 Eine Liste mit Links ist abrufbar unter *https://www.oesterreich.gv.at/themen/bildung_und_neue_medien/internet_und_handy___sicher_durch_die_digitale_welt/2/Seite.1720450.html*.

6. Ausnahmen von Löschpflicht und Löschrecht

Art. 17 Abs. 3 DS-GVO benennt Fälle, in denen die Rechte der betroffenen Person und Pflichten des Verantwortlichen aus Art. 17 Abs. 1, Abs. 2 DS-GVO ausnahmsweise nicht bestehen. Ergänzt wird Art. 17 Abs. 3 DS-GVO durch § 35 BDSG, der unter Nutzung der Öffnungsklausel in Art. 23 DS-GVO weitere Ausnahmen aufführt.

Sämtliche Ausnahmen von den Rechten und Pflichten aus Art. 17 Abs. 1, Abs. 2 DS-GVO sind **eng auszulegen**, da sie die anderenfalls bestehenden Pflichten des Verantwortlichen und das Löschrecht der betroffenen Personen aushebeln. Eine weite, für den Verantwortlichen großzügige Auslegung wäre mit den Grundsätzen der Verarbeitung aus Art. 5 Abs. 1 DS-GVO unvereinbar.

Hinweis: Unterrichtung über Nichtlöschung

Greift eine Ausnahme von der Löschpflicht, muss der Verantwortliche die personenbezogenen Daten der betroffenen Person nicht löschen, auch wenn die betroffene Person deren Löschung gemäß Art. 17 Abs. 1 DS-GVO verlangt hat. Über die Nichtlöschung hat der Verantwortliche die betroffene Person gemäß Art. 12 Abs. 4 DS-GVO unverzüglich, spätestens innerhalb von einem Monat unentgeltlich zu unterrichten (siehe oben).

6.1 Ausnahmen aus der DS-GVO

Die Rechte der betroffenen Person und Pflichten des Verantwortlichen aus Art. 17 Abs. 1, Abs. 2 DS-GVO bestehen nicht, wenn eine der in Art. 17 Abs. 3 DS-GVO benannten Ausnahmen greift. Die Ausnahmen gelten, wenn die Verarbeitung erforderlich ist

- ⇨ zur Ausübung des Rechts auf freie Meinungsäußerung und Information (Buchst. a),
- ⇨ zur Erfüllung einer rechtlichen Verpflichtung, welche die Verarbeitung nach dem EU-Recht oder dem nationalen Recht erfordert (Buchst. b),
- ⇨ zur Wahrnehmung einer Aufgabe, die im öffentlichen Interesse liegt oder in Ausübung öffentlicher Gewalt erfolgt, die dem Verantwortlichen übertragen wurde (Buchst. b),
- ⇨ aus Gründen des öffentlichen Interesses im Bereich der öffentlichen Gesundheit gemäß Art. 9 Abs. 2 Buchst. h, Buchst. i, Art. 9 Abs. 3 DS-GVO (Buchst. c),
- ⇨ für im öffentlichen Interesse liegende Archivzwecke, wissenschaftliche oder historische Forschungszwecke oder für statistische Zwecke gemäß Art. 89 Abs. 1 DS-GVO, falls durch die Löschung die Verwirklichung der Verarbeitungsziele unmöglich gemacht oder ernsthaft beeinträchtigt wird (Buchst. d), <u>oder</u>
- ⇨ zur Geltendmachung, Ausübung oder Verteidigung von Rechtsansprüchen (Buchst. e).

Hinweis: Anwendungsbereich der Ausnahmen

Die in Art. 17 Abs. 3 DS-GVO genannten Ausnahmen von der Löschpflicht betreffen z.T. auch Fälle, in denen schon gar keine Löschpflicht besteht. So ist etwa die Erfüllung von Aufbewahrungspflichten nach dem Handelsgesetzbuch (HGB) und der Abgabenordnung (AO) eine rechtliche Verpflichtung, die gemäß Art. 17 Abs. 3 Buchst. b DS-GVO der Löschpflicht entgegensteht. Zugleich ist die Speicherung für den Zweck „Nachweis ordnungsgemäßer Buchführung" notwendig, sodass gemäß Art. 17 Abs. 1 Buchst. a DS-GVO ohnehin keine Löschpflicht besteht. Ob der Verantwortliche seine Löschpflicht dann wegen Art. 17 Abs. 1 Buchst. a DS-GVO oder wegen Art. 17 Abs. 3 Buchst. b DS-GVO verneint, ist für die Praxis ohne Bedeutung, weil in beiden Fällen keine Löschpflicht besteht.

6.1.1 Recht auf freie Meinungsäußerung und Information

Ist eine Verarbeitung zur Ausübung des Rechts auf freie Meinungsäußerung und Information erforderlich (Art. 11 Abs. 1 GRCh), bestehen gemäß Art. 17 Abs. 3 Buchst. a DS-GVO die Rechte und Pflichten aus Art. 17 Abs. 1, Abs. 2 DS-GVO nicht. Der Schutz personenbezogener Daten gemäß Art. 8 Abs. 1, Abs. 2 GRCh soll damit bei für die Meinungsäußerung und Information erforderlichen Datenverarbeitungen zurücktreten, so wie es in Erwägungsgrund 65 auch ausdrücklich festgehalten ist.

6.1.1.1 Voraussetzung: Verhältnismäßigkeit

Voraussetzung für den Ausschluss von Art. 17 Abs. 1, Abs. 2 DS-GVO ist, dass die Verarbeitung der personenbezogenen Daten für die Ausübung des Rechts auf freie Meinungsäußerung und Information erforderlich ist. Zu klären ist in jedem Einzelfall, ob der Meinungsäußerung und Information auch ohne Verarbeitung der personenbezogenen Daten gleichermaßen vom Verantwortlichen nachgekommen werden kann. Dies bewertet die Rechtsprechung im Rahmen einer Verhältnismäßigkeitsprüfung unter Abwägung der widerstreitenden Grundrechte der Beteiligten.

Beispiel: Streitfälle beim Recht auf freie Meinungsäußerung und Information

Art. 17 Abs. 3 Buchst. a DS-GVO wird beispielsweise herangezogen, wenn es um die namentliche Nennung von Straftätern in Pressearchiven geht, öffentlich zugängliche Berichte mit früheren Vorwürfen gegenüber Unternehmern, Politikern oder Prominenten (gleich ob diese Vorwürfe sich am Ende bestätigt haben oder nicht), oder bei Bewertungen in Onlineportalen z.B. über Ärzte, Lehrer oder Rechtsanwälte.

6.1.1.2 Zu beachtende Umstände in der Güterabwägung

Der BGH hat die bei der Güterabwägung zu berücksichtigenden Umstände 2020[54] und 2022[55] im Anschluss an die Vorgaben des Bundesverfassungsgerichts (BVerfG) aus dem Jahr 2019[56] konkretisiert.

Zu beachten ist zusammengefasst Folgendes:

⇨ Allein der **Zeitablauf** zwischen der Veröffentlichung der personenbezogenen Daten im Internet und der Geltendmachung der Löschansprüche durch die betroffene Person (im Verfahren VI ZR 405/18 fast zehn Jahre; im Verfahren VI ZR 832/20 sogar über 30 Jahre) führt nicht automatisch zu einem Vorrang des Datenschutzes.

⇨ Ist die Veröffentlichung des Beitrags im Internet auch unter Berücksichtigung des Zeitablaufs weiterhin zulässig (z.B. Bericht auf Website einer regionalen Tageszeitung), gilt dies regel-

54 Ausführlich BGH, Urteil vom 27.7.2020 – VI ZR 405/18; Beschluss vom 27.7.2020 – VI ZR 476/18.

55 BGH, Urteil vom 2.5.2022 – VI ZR 832/20, Rz. 17 ff.

56 Ausführlich BVerfG, Beschluss vom 6.11.2019 – 1 BvR 276/17 = Recht auf Vergessen II; Beschluss vom 6.11.2019 – 1 BvR 16/13 = Recht auf Vergessen I.

mäßig auch für die Nennung dieses Beitrags in den Ergebnislisten einer Suchmaschine wie Google. Ein sog. **Auslistungsbegehren** hat dann keinen Erfolg, so der BGH im Verfahren VI ZR 405/18. Jedenfalls für die Anzeige von Vorschaubildern hat der EuGH im Verfahren C-460/20 nunmehr festgehalten, dass es irrelevant ist, in welchem Kontext die Erstveröffentlichung stattgefunden hat.[57] Entscheidend sind für den EuGH allein die angezeigten Informationen. Entsprechend hat der BGH im Verfahren VI ZR 476/18 hiernach festgehalten, dass eine Suchmaschine kontextlos dargestellte Vorschaubilder auf Anfrage der betroffenen Person entfernen muss, da hierdurch keine journalistische Aussage vermittelt wird.[58]

⇨ Es ist stets eine **umfassende Grundrechtsabwägung** vorzunehmen auf Grundlage aller relevanten Umstände des Einzelfalls und unter Berücksichtigung der Schwere des Eingriffs in die Grundrechte der betroffenen Person einerseits (Art. 7, 8 GRCh), der Grundrechte des die personenbezogenen Daten verarbeitenden Verantwortlichen sowie ggf. der Interessen Dritter, z.B. der Nutzer einer Suchmaschine oder der Öffentlichkeit (Art. 11, 16 GRCh). Dabei gibt es, wie von der DS-GVO vorgesehen (siehe oben), keinen allgemeinen Vorrang des Schutzes personenbezogener Daten. Die Unrichtigkeit der veröffentlichten Informationen führt aber in aller Regel zum Bestehen eines Löschanspruchs. Jedoch trägt die Beweislast hierfür nach den Ausführungen des EuGH die betroffene Person.[59]

Wichtig: Vorrang der DS-GVO beachten

Der BGH hat im Urteil vom 27.7.2020 – VI ZR 405/18 ausdrücklich klargestellt, dass Art. 17 DS-GVO bei der Beurteilung von Löschungsansprüchen Vorrang gegenüber anderen Regelungen im deutschen Recht hat, z.B. Unterlassungsansprüchen aus §§ 1004, 823 Abs. 1 BGB (analog). Besteht kein Löschrecht aus Art. 17 Abs. 1 DS-GVO, helfen auch andere Rechtsbehelfe ausgehend von Vorschriften im nationalen Recht der betroffenen Person nicht weiter. Das OLG München hat ebenso wie wiederholt das OLG Frankfurt a.M. betont, dass für etwaige Unterlassungsansprüche auf Löschung personenbezogener Daten aus dem nationalen Recht allein Art. 17 Abs. 1 DS-GVO die richtige Anspruchsgrundlage ist.[60]

6.1.1.3 Öffnungsklausel in Art. 85 DS-GVO

Art. 85 Abs. 1, Abs. 2 DS-GVO enthalten eine Öffnungsklausel für nationale Sonderregelungen zum sog. Medienprivileg (vormals unter anderem §§ 41, 42 BDSG a.F.). Diese Öffnungsklausel erlaubt Abweichungen und Ausnahmen auch von den Regelungen aus Art. 17 Abs. 1, Abs. 2 DS-GVO wegen der Löschung personenbezogener Daten bei einer Verarbeitung personenbezogener Daten zu journalistischen Zwecken.

Voraussetzung ist gemäß Art. 85 Abs. 2 DS-GVO, dass die Ausnahmen und Abweichungen von Art. 17 Abs. 1, Abs. 2 DS-GVO erforderlich sind,

um das Recht auf Schutz der personenbezogenen Daten mit der Freiheit der Meinungsäußerung und der Informationsfreiheit in Einklang zu bringen.

57 EuGH, Urteil vom 8.12.2022 – C-460/20.

58 BGH, Urteil vom 23.05.2023 – VI ZR 476/18.

59 EuGH, Urteil vom 8.12.2022 – C-460/20, Rz. 68.

60 OLG München, Urteil vom 22.3.2022 – 18 U 1697/21; OLG Frankfurt am Main, Urteil vom 2.3.2022 – 13 U 206/20; OLG Frankfurt am Main, Urteil vom 30.3.2023 – 16 U 22/22; andere Ansicht OLG Dresden, Urteil vom 14.12.2021 – 4 U 1278/21, Rn. 29; insgesamt zum Komplex Unterlassungsansprüche neben der DS-GVO siehe *Koetsier/Kremer*, CR 2023, 359.

Von dieser Öffnungsklausel haben die Bundesländer in § 12, § 23 Medienstaatsvertrag (MStV) Gebrauch gemacht für die Verarbeitung personenbezogener Daten zu journalistischen Zwecken durch die in der ARD zusammengeschlossenen Landesrundfunkanstalten, das ZDF, das Deutschlandradio, private Rundfunkveranstalter oder Unternehmen und Hilfsunternehmen der Presse als Anbieter von Telemedien, jeweils einschließlich der den vorgenannten Stellen zugehörigen Hilfs- und Beteiligungsunternehmen.

Dabei schließen § 12 Abs. 1 Satz 4, § 23 Abs. 1 Satz 4 MStV die Anwendbarkeit der Art. 12 ff. DS-GVO vollständig aus. Stattdessen werden eigene Betroffenenrechte in § 12 Abs. 3, § 23 Abs. 2 MStV geregelt, die kein Löschrecht der betroffenen Person kennen. Soweit eine der vorgenannten Stellen personenbezogene Daten also zu journalistischen Zwecken verarbeitet, gilt Art. 17 DS-GVO insgesamt nicht. § 12 Abs. 3 Satz 4 und § 23 Abs. 2 Satz 4 MStV schreiben lediglich fest, dass

> *Die weitere Speicherung der personenbezogenen Daten [rechtmäßig ist], wenn dies für die Ausübung des Rechts auf freie Meinungsäußerung und Information oder zur Wahrnehmung berechtigter Interessen erforderlich ist.*

Liegen diese Voraussetzungen für eine weitere Speicherung nicht vor, wäre diese rechtswidrig mit der Folge, dass die personenbezogenen Daten auch dann zu löschen wären. In der Wirkung dürfte dieses Regelungskonstrukt Art. 17 Abs. 1 Buchst. d DS-GVO i.V.m. Art. 17 Abs. 3 Buchst. a DS-GVO entsprechen.

6.1.2 Erfüllung rechtlicher Verpflichtung

Die Rechte und Pflichten aus Art. 17 Abs. 1, Abs. 2 DS-GVO greifen gemäß Art. 17 Abs. 3 Buchst. b DS-GVO nicht, wenn die Verarbeitung erforderlich ist zur Erfüllung einer rechtlichen Verpflichtung, welche die Verarbeitung nach dem EU-Recht oder dem vom Verantwortlichen zu beachtenden nationalen Recht erfordert.

Diese Ausnahme greift insbesondere dort, wo sich aus dem Gesetz zulasten des Verantwortlichen **Speicherpflichten oder Übermittlungspflichten** ergeben, die zugunsten Dritter wirken, insbesondere zu Gunsten öffentlicher Stellen (z.B. Sozialversicherungsträger, Finanzämter, Strafverfolgungsbehörden).

Beispiele sind Speicher- und Übermittlungspflichten

⇨ im Arbeitsrecht,

⇨ im Sozialrecht, sowie

⇨ im Steuer-, Handels- und Gesellschaftsrecht, dort insbesondere die Aufbewahrungspflichten aus § 257 Handelsgesetzbuch (HGB) und § 147 Abgabenordnung (AO).

Das Bundessozialgericht nimmt eine solche Speicherpflicht bzw. ein Speicherrecht, welches eine Aufbewahrung von Kontoauszügen von Leistungsempfängern für eine Dauer von bis zu zehn Jahren ermöglicht, sogar in Ermangelung einer ausdrücklichen Anordnung im Sozialrecht an. Dies wird mit der allgemeinen Aufgabe der Sozialbehörden im Hinblick auf die (auch nachträgliche) Überprüfung der Rechtmäßigkeit von Leistungsbezügen begründet und im Übrigen auf die Möglichkeit der Rücknahme von rechtswidrigen, begünstigenden Verwaltungsakten bis zu zehn Jahre nach deren Bewilligung gemäß § 45 Abs. 3 Satz 3 SGB X verwiesen.[61] Der Beauftragte für den Datenschutz und Informationsfreiheit Berlins[62] weist in diesem Zusammenhang jedoch daraufhin, dass die Sozialversicherungsträger die Höchstfristen zur Speicherung aus seiner Sicht

61 BSG, Urteil vom 14.5.2020 – B 14 AS 7/19 R, Rz. 29.

62 Jahresbericht 2021, S. 89 f.

gerade nicht als Speicherpflichten begreifen dürften; es sei stets eine individuelle Prüfung erforderlich.

Wichtig: Radierverbot im Handels- und Steuerrecht

§ 239 Abs. 3 HGB und § 146 Abs. 4 AO ordnen ein sog. Radierverbot an. Hiernach dürfen aufbewahrungspflichtige Buchungen oder Aufzeichnungen nicht so verändert werden, dass der ursprüngliche Inhalt nicht mehr feststellbar ist. Dieses Radierverbot gilt auch für die in Buchungen oder Aufzeichnungen enthaltenen personenbezogenen Daten, selbst wenn diese für die Erreichung des Verarbeitungszwecks nicht mehr notwendig sind (z.B. Angabe eines namentlich benannten Ansprechpartners für Rückfragen in einem Geschäftsbrief). Daher besteht auch insoweit wegen Art. 17 Abs. 3 Buchst. b DS-GVO keine Löschpflicht des Verantwortlichen.

6.1.3 Wahrnehmung von Aufgaben im öffentlichen Interesse oder in Ausübung öffentlicher Gewalt

Art. 17 Abs. 3 Buchst. b DS-GVO enthält weitere Ausnahmen von den Rechten und Pflichten aus Art. 17 Abs. 1, Abs. 2 DS-GVO, soweit die Verarbeitung zur Wahrnehmung einer Aufgabe erforderlich ist, die im öffentlichen Interesse liegt, *oder* in Ausübung öffentlicher Gewalt erfolgt, die dem Verantwortlichen übertragen wurde.

Die Ausnahme in Art. 17 Abs. 3 Buchst. b DS-GVO knüpft an den Erlaubnistatbestand aus Art. 6 Abs. 1 Satz 1 Buchst. e DS-GVO an: Überall dort, wo eine Verarbeitung auf Art. 6 Abs. 1 Satz 1 Buchst. e DS-GVO gestützt wird, sollen die Rechte und Pflichten aus Art. 17 Abs. 1, Abs. 2 DS-GVO die Erfüllung öffentlicher Aufgaben nicht behindern oder gar verhindern.

Ob und wann personenbezogene Daten bei einer auf Art. 6 Abs. 1 Satz 1 Buchst. e DS-GVO gestützten Verarbeitung zu löschen sind, ergibt sich damit nicht aus Art. 17 DS-GVO, sondern ausschließlich aus dem jeweils auf die Verarbeitungstätigkeit anwendbaren EU-Recht oder nationalen Recht. Art. 17 Abs. 3 Buchst. b DS-GVO wirkt insoweit wie eine Öffnungsklausel.

6.1.4 Bereich der öffentlichen Gesundheit

Art. 17 Abs. 3 Buchst. c DS-GVO schließt die Rechte und Pflichten aus Art. 17 Abs. 1, Abs. 2 DS-GVO aus, soweit die Verarbeitung aus Gründen des öffentlichen Interesses im Bereich der öffentlichen Gesundheit gemäß Art. 9 Abs. 2 Buchst. h, Buchst. i, Art. 9 Abs. 3 DS-GVO erforderlich ist.

Die Wirkung von Art. 17 Abs. 3 Buchst. c DS-GVO entspricht derjenigen von Art. 17 Abs. 3 Buchst. b DS-GVO: Überall dort, wo sich die Erlaubnis für die Verarbeitung besonderer Kategorien personenbezogener Daten aus Art. 9 Abs. 2 Buchst. h, Buchst. i, Art. 9 Abs. 3 DS-GVO ergibt, sind stets die Rechte und Pflichten aus Art. 17 Abs. 1, Abs. 2 DS-GVO ausgeschlossen.

Ob und wann besondere Kategorien personenbezogener Daten bei einer auf Art. 9 Abs. 2 Buchst. h, Buchst. i, Art. 9 Abs. 3 DS-GVO gestützten Verarbeitung zu löschen sind, ergibt sich damit nicht aus Art. 17 DS-GVO, sondern ausschließlich aus dem jeweils auf die Verarbeitungstätigkeit anwendbaren EU Recht oder nationalen Recht. Auch Art. 17 Abs. 3 Buchst. c DS-GVO wirkt insoweit wie eine Öffnungsklausel.

6.1.5 Archivzwecke, wissenschaftliche oder historische Forschungszwecke oder statistische Zwecke

Die Rechte und Pflichten aus Art. 17 Abs. 1, Abs. 2 DS-GVO bestehen nicht, soweit gemäß Art. 17 Abs. 3 Buchst. d DS-GVO die Verarbeitung personenbezogener Daten erforderlich ist für im öffentlichen Interesse liegende Archivzwecke, wissenschaftliche Forschungszwecke, historische Forschungszwecke *oder* für statistische Zwecke gemäß Art. 89 DS-GVO *und* das Löschrecht gemäß Art. 17 Abs. 1 DS-GVO voraussichtlich die Verwirklichung der Ziele dieser Verarbeitung unmöglich macht oder ernsthaft beeinträchtigt.[63]

Art. 89 Abs. 1 Satz 1 DS-GVO hält zunächst fest, dass die Verarbeitung personenbezogener Daten zu im öffentlichen Interesse liegenden Archivzwecken, zu wissenschaftlichen oder historischen Forschungszwecken oder zu statistischen Zwecken

> *geeigneten Garantien für die Rechte und Freiheiten der betroffenen Person gemäß [der DS-GVO]*

unterliegt, die gemäß Art. 89 Abs. 1 Satz 2 DS-GVO sicherstellen,

> *dass technische und organisatorische Maßnahmen bestehen, mit denen insbesondere die Achtung des Grundsatzes der Datenminimierung gewährleistet wird.*

Art. 89 Abs. 2, Abs. 3 DS-GVO enthalten sodann Öffnungsklauseln für Ausnahmen von bestimmten Rechten betroffener Personen gemäß Art. 15 ff. DS-GVO, aber nicht für Ausnahmen von den Rechten und Pflichten aus Art. 17 Abs. 1, Abs. 2 DS-GVO; derartige Ausnahmen sind etwa in §§ 27, 28 BDSG normiert. Anders als bei den Ausnahmen gemäß Art. 17 Abs. 3 Buchst. b, Buchst. c DS-GVO (siehe oben) besteht also bei einer Verarbeitung personenbezogener Daten für

- ⇨ im öffentlichen Interesse liegende Archivzwecke,[64]
- ⇨ wissenschaftliche Forschungszwecke,
- ⇨ historische Forschungszwecke oder
- ⇨ statistische Zwecke

grundsätzlich ein Löschrecht der betroffenen Person und eine Löschpflicht des Verantwortlichen. Die Ausnahme aus Art. 17 Abs. 3 Buchst. d DS-GVO greift deshalb nur, wenn das Löschrecht der betroffenen Person aus Art. 17 Abs. 1 DS-GVO

> *voraussichtlich die Verwirklichung der Ziele dieser Verarbeitung unmöglich macht oder ernsthaft beeinträchtigt.*

Liegt ein Löschgrund gemäß Art. 17 Abs. 1 DS-GVO vor, z.B. weil die betroffene Person ihre Einwilligung in die Verarbeitung ihrer personenbezogenen Daten für wissenschaftliche Forschungszwecke widerrufen hat, muss der Verantwortliche prüfen, ob durch die Löschung der personenbezogenen Daten dieser betroffenen Person die Verwirklichung der Verarbeitungsziele, im Beispiel also das Ziel der vom Verantwortlichen betriebenen wissenschaftlichen Forschung, unmöglich gemacht oder ernsthaft beeinträchtigt wird. Ist dies ausnahmsweise der Fall, müssen die personenbezogenen Daten der betroffenen Person nicht gelöscht werden.

---

63 Hierzu und zu weiteren Fragen rund um die Verarbeitung personenbezogener Daten für Forschungszwecke *Wirth*, ZUM 2020, 585.

64 Der Landesbeauftragte für den Datenschutz Bayerns hat zu Archivzwecken ein Arbeitspapier herausgegeben: Löschung oder Archivierung? Archivrechtliche Aufbewahrungs- und datenschutzrechtliche Löschungsregelungen im bayerischen öffentlichen Sektor (Version 1.0 vom 1.12.2022), abrufbar unter *https://www.datenschutz-bayern.de/datenschutzreform2018/AP_Loeschung_Archivierung.pdf.*

6.1.6 Geltendmachung, Ausübung oder Verteidigung von Rechtsansprüchen

Macht der Verantwortliche Rechtsansprüche geltend, übt Rechtsansprüche aus oder verteidigt sich gegen ihm gegenüber geltend gemachte Rechtsansprüche, bestehen wegen der hierfür erforderlichen personenbezogenen Daten gemäß Art. 17 Abs. 3 Buchst. e DS-GVO die Rechte und Pflichten aus Art. 17 Abs. 1, Abs. 2 DS-GVO nicht. Regelmäßig wird dann aber auch eine Verarbeitung für den Zweck „Rechtsverfolgung" notwendig sein, sodass schon wegen Art. 17 Abs. 1 Buchst. a DS-GVO keine Löschpflicht bestehen dürfte.

Die Ausnahme von der Löschpflicht gemäß Art. 17 Abs. 3 Buchst. e DS-GVO greift nur dort, wo bereits eine Geltendmachung, Ausübung oder Verteidigung bestimmter Rechtsansprüche durch den Verantwortlichen erfolgt oder konkret zu erwarten ist, welche die Verarbeitung der personenbezogenen Daten der betroffenen Person erforderlich macht (z.B. weil es sich bei der betroffenen Person um eine Zeugin handelt, die einen bestimmten Sachverhalt bekunden kann). Ein allgemeines Prozessrisiko des Verantwortlichen dahingehend, vielleicht irgendwann in der Zukunft mit derartigen Rechtsansprüchen befasst zu sein, ist nicht ausreichend für den Ausschluss der Rechte und Pflichten aus Art. 17 Abs. 1, Abs. 2 DS-GVO gemäß Art. 17 Abs. 3 Buchst. e DS-GVO.

Beispiel: Medizinische Behandlungen

Medizinische Behandlungen bergen ein höheres Grundrisiko bezüglich der schadensersatzrechtlichen Inanspruchnahme des Behandlers. Dies begründet für sich genommen jedoch kein Recht zur Speicherung personenbezogener Daten über die gesetzlichen Mindestaufbewahrungsfristen hinaus. Es muss vielmehr für den Einzelfall überprüft werden, ob eine Inanspruchnahme des Behandlers aufgrund konkreter Tatsachen besonders wahrscheinlich ist, etwa, weil es Komplikationen bei der Behandlung gab, ein experimentelles Verfahren angewendet wurde oder aber ein schwerwiegender operativer Eingriff vorlag, bei denen Klagen erfahrungsgemäß erst nach vielen Jahren eingereicht werden.[65] Nur dann darf sich der Behandelnde wegen der Speicherung der personenbezogenen Behandlungsunterlagen auf die absolute Verjährungsfrist nach § 199 Abs. 2 BGB von 30 Jahren berufen. Im Übrigen besteht eine Löschpflicht.[66]

Datenschutzkonform ist es stets, wenn der Verantwortliche sich zur Durchsetzung eines zivilrechtlichen Anspruchs eines Rechtsbeistands bedient, und dabei zwangsläufig personenbezogene Daten über den Anspruchsgegner dem beauftragten Rechtsbeistand offenlegt, Art. 6 Abs. 1 Satz 1 Buchst. b oder Buchst. f DS-GVO, ggf. in Verbindung mit Art. 9 Abs. 2 Buchst. f DS-GVO. Es besteht dann weder auf Seiten des Verantwortlichen noch auf Seiten des Beauftragten die Pflicht zur Löschung der personenbezogenen Daten, solange die Durchsetzung des Anspruchs nicht abgeschlossen oder endgültig gescheitert ist.[67]

65 Landesbeauftragte für den Datenschutz Sachsen-Anhalts, Tätigkeitsbericht 2019, S. 36 f.

66 Landesdatenschutzbeauftragter Hessens, Tätigkeitsbericht 2021, S. 188 ff.

67 Landesbeauftragte für Datenschutz und Informationsfreiheit der Freien Hansestadt Bremen, Tätigkeitsbericht 2021, S. 36.

6.2 Ausnahmen im nationalen Recht

Im nationalen Recht gibt es verschiedene Sondervorschriften, mit denen die Ausnahmen von Art. 17 Abs. 1 DS-GVO erweitert werden. Besonders bedeutsam ist hier § 35 BDSG, mit den dazu inhaltsgleichen Regelungen etwa in § 84 Abs. 1, Abs. 3, Abs. 4 SGB X.

§ 35 BDSG benennt konkrete, sehr eng begrenzte Ausnahmen von der Löschpflicht des Verantwortlichen aus Art. 17 Abs. 1 DS-GVO.

Keine Löschpflicht besteht

⇨ bei einer nicht automatisierten Verarbeitung wegen der besonderen Art der Speicherung bei Unverhältnismäßigkeit oder Unmöglichkeit der Löschung (Abs. 1),

⇨ solange und soweit der Verantwortliche in den Fällen des Art. 17 Abs. 1 Buchst. a, Buchst. d DS-GVO (Zweckfortfall oder unrechtmäßige Verarbeitung) Grund zu der Annahme hat, dass durch eine Löschung schutzwürdige Interessen der betroffenen Person beeinträchtigt werden (Abs. 2), <u>oder</u>

⇨ bei entgegenstehenden satzungsgemäßen oder vertraglichen Aufbewahrungspflichten (Abs. 3).

§ 35 Abs. 2, Abs. 3 BDSG bilden die Fälle des früheren § 35 Abs. 3 Nr. 1, Nr. 2 BDSG a.F. ab, in denen statt einer Löschung eine Sperrung der personenbezogenen Daten ausreichend, aber auch verpflichtend war (siehe oben).

Nicht übernommen werden konnte wegen der engen Öffnungsklausel in Art. 23 DS-GVO jedoch der bisherige § 35 Abs. 3 Nr. 3 BDSG a.F.:

> *An die Stelle einer Löschung tritt eine Sperrung, soweit [...] 3. eine Löschung wegen der besonderen Art der Speicherung nicht oder nur mit unverhältnismäßig hohem Aufwand möglich ist.*

Die bis zum Wirksamwerden der DS-GVO früher mögliche „Flucht in die Sperrung" als Alternative zum Löschen (siehe oben) erlaubt § 35 Abs. 1 BDSG nur noch sehr eingeschränkt, wenn kumulativ die folgenden Voraussetzungen vorliegen:

⇨ nicht automatisierte Verarbeitung, *und*

⇨ besondere Art der Speicherung, *und*

⇨ Löschung nicht oder nur mit unverhältnismäßig hohem Aufwand möglich, *und*

⇨ Interesse der betroffenen Person an der Löschung ist als gering anzusehen, *und*

⇨ die Verarbeitung der betroffenen personenbezogenen Daten war rechtmäßig.

Bei allen automatisierten Verarbeitungen scheidet damit eine Berufung auf § 35 Abs. 1 BDSG als Ausnahme von der Löschpflicht von vornherein aus. Im kirchlichen Datenschutzrecht ist dies z.T. noch anders geregelt; die dortigen Sonderregelungen dürften jedoch mit der DS-GVO unvereinbar und damit europarechtswidrig sein (siehe oben).

Wichtig: Nicht löschfähige Systeme ablösen

Betreibt der Verantwortliche (oder sein Auftragsverarbeiter) ein nicht löschfähiges Verarbeitungsmittel (Software, Hardware), indem die Löschung unmöglich oder nur mit unverhältnismäßigem Aufwand möglich ist, bleibt die Löschpflicht des Verantwortlichen aus Art. 17 Abs. 1 DS-GVO bei einer automatisierten Verarbeitung bestehen. Da im jeweiligen Verarbeitungsmittel die Löschung jedoch nicht erfüllbar ist, wandelt sich die Pflicht zur unverzüglichen Löschung in eine **Pflicht zur unverzüglichen Migration** der personenbezogenen Daten aus dem nicht löschfähigen System oder Dienst in ein löschfähiges, insbesondere unter Beachtung der Vorgaben aus Art. 25 Abs. 1 DS-GVO ausgewähltes Verarbeitungsmittel mit der Pflicht zur anschließenden, dort erfolgenden unverzüglichen Löschung der personenbezogenen Daten (siehe oben). Eine Sanktion gegen den Verantwortlichen kommt dann in Betracht, wenn diese Migration nicht unverzüglich erfolgt, nach der Migration nicht unverzüglich gelöscht wird oder bereits der Betrieb des nicht löschfähigen Verarbeitungsmittels zu einer Verletzung anderer Datenschutzpflichten des Verantwortlichen geführt hat (zu Sanktionen siehe unten).

Greift eine der Ausnahmen in § 35 Abs. 1, Abs. 2 BDSG, ist ergänzend zu beachten, dass die betroffenen personenbezogenen Daten statt der Löschung einer Einschränkung der Verarbeitung gemäß Art. 18 DS-GVO unterfallen und bei § 35 Abs. 2 BDSG die betroffene Person in der Regel hierüber zu unterrichten ist. Es handelt sich hier um einen der seltenen Fälle, in denen der Verantwortliche zur Einschränkung der Verarbeitung gemäß Art. 18 DS-GVO verpflichtet ist (dazu oben).

7. Mitteilungspflicht über Löschung gegenüber Empfängern

Art. 19 DS-GVO teilt sich auf in eine Mitteilungspflicht des Verantwortlichen und ein Unterrichtungsrecht der betroffenen Person.

7.1 Mitteilungspflicht des Verantwortlichen

Art. 19 Satz 1 DS-GVO normiert eine selbständige Mitteilungspflicht des Verantwortlichen, die automatisch eintritt, wenn der Verantwortliche personenbezogene Daten gemäß Art. 17 Abs. 1 DS-GVO gelöscht hat:

> *Der Verantwortliche teilt allen Empfängern, denen personenbezogenen Daten offengelegt wurden, jede […] Löschung der personenbezogenen Daten […] mit, es sei denn, dies erweist sich als unmöglich oder ist mit einem unverhältnismäßigen Aufwand verbunden.*

Vorsicht: Mitteilung muss unverzüglich erfolgen

Einen Zeitpunkt, wann die Mitteilung zu erfolgen hat, gibt Art. 19 Satz 1 DS-GVO anders als Art. 17 Abs. 1 DS-GVO mit der Pflicht zur „unverzüglichen“ Löschung nicht vor. Da Art. 19 Satz 1 DS-GVO aber davon spricht, dass die Mitteilung über „jede Löschung“ zu erfolgen hat, ist auch hier eine Pflicht zur unverzüglichen Mitteilung gemeint, da anderenfalls die mit Art. 19 Satz 1 DS-GVO bezweckte schnellstmögliche Löschung der personenbezogenen Daten bei allen Empfängern nicht erreicht wird (zum Begriff „unverzüglich“ siehe oben).

Zumindest die Kategorien von Empfängern im Sinne des Art. 4 Nr. 9 DS-GVO kann der Verantwortliche dem von ihm gemäß Art. 30 Abs. 1 DS-GVO zu führenden Verzeichnis von Verarbeitungstätigkeiten entnehmen, da die Angabe der Kategorien von Empfängern gemäß Art. 30 Abs. 1 Buchst. d DS-GVO eine Pflichtangabe im Verzeichnis des Verantwortlichen ist.

Hat der Verantwortliche sein Verzeichnis von Verarbeitungstätigkeiten nicht darüber hinaus mit Angaben zu den konkreten Empfängern ergänzt, bedarf es zur Erfüllung der Mitteilungspflicht also einer Bestandsaufnahme dahingehend, welchen Empfängern die gemäß Art. 17 Abs. 1 DS-GVO zu löschenden personenbezogenen Daten vom Verantwortlichen offengelegt wurden. Das Führen einer Empfängerdatenbank ist aber nach der Rechtsprechung des EuGH ohnehin erforderlich, um beim Auskunftsanspruch dem Recht der betroffenen Person auf Nennung der konkreten Empfänger der verarbeiteten Daten entsprechen zu können.[68]

Hinweis: Offenlegung umfasst auch Übermittlung

In § 3 Abs. 4 Nr. 3 BDSG a.F. wurde als Oberbegriff das „Übermitteln“ genutzt. Demgegenüber spricht die DS-GVO in Art. 4 Nr. 2 DS-GVO von der „Offenlegung durch Übermittlung, Verbreitung oder eine andere Form der Bereitstellung“. Das Offenlegen erfasst also alle Sachverhalte, in denen der Verantwortliche einem Empfänger personenbezogene Daten zugänglich macht, gleich wie dies geschieht. Auf den Begriff der „Weitergabe“ aus dem alten § 3 Abs. 4 Nr. 3 Buchst. a BDSG a.F. sollte verzichtet werden, da die DS-GVO den Begriff nicht kennt.

68 Siehe EuGH, Urteil vom 12.1.2023 – C-154/21, Rz. 36, 39, 43.

Die Mitteilungspflicht des Verantwortlichen besteht ausnahmsweise nicht, wenn sich entweder (a) die Mitteilung selbst als unmöglich erweist oder mit einem unverhältnismäßigen Aufwand verbunden ist, oder aber (b) dem Verantwortlichen bereits die Ermittlung der Empfänger unmöglich oder dies mit einem unverhältnismäßigen Aufwand verbunden ist. Der Verantwortliche ist deshalb gehalten, Angaben zu den Empfängern – soweit ihm möglich und zumutbar – der von ihm offengelegten personenbezogenen Daten so lange vorzuhalten, wie ihn die Pflicht aus Art. 19 Satz 1 DS-GVO trifft. Tut er dies nicht, muss er später ggf. den Ermittlungsaufwand für die Empfänger tragen.

Zur Feststellung, wann die Mitteilungspflicht aus objektiven Gründen (Unmöglichkeit) oder subjektiven Gründen (Unverhältnismäßigkeit) nicht besteht (siehe oben), können die zur Informationspflicht des Verantwortlichen aus Art. 17 Abs. 2 DS-GVO gemachten Erwägungen entsprechend herangezogen werden.

Wichtig: Ausnahmen dokumentieren

Verzichtet der Verantwortliche auf die Mitteilung der Löschung an die Empfänger, weil diese unmöglich ist oder mit unverhältnismäßigem Aufwand verbunden wäre, wird hierdurch die Rechtsstellung der betroffenen Person beeinträchtigt. Denn die Empfänger der personenbezogenen Daten der betroffenen Person werden ihrerseits dann keine Prüfung vornehmen, ob ggf. auch bei ihnen die Löschung dieser Daten unverzüglich zu erfolgen hat. Da die betroffene Person, wenn sie zugleich mit dem Löschungsverlangen auch einen Antrag auf Auskunft gemäß Art. 15 Abs. 1 DS-GVO stellt, wegen Art. 15 Abs. 1 Buchst. c DS-GVO auch Kenntnis von den Empfängern der personenbezogenen Daten erlangt, ist im Zweifel auch überprüfbar, ob der Verantwortliche seiner Pflicht aus Art. 19 Satz 1 DS-GVO nachgekommen ist. Deshalb und auch wegen der Rechenschaftspflicht gemäß Art. 5 Abs. 2 DS-GVO sollte der Verantwortliche dokumentieren, wenn und warum er eine Löschung personenbezogener Daten nicht mitteilt.

7.2 Unterrichtungsrecht der betroffenen Person

Neben die Mitteilungspflicht aus Art. 19 Satz 1 DS-GVO tritt gemäß Art. 19 Satz 2 DS-GVO ein Unterrichtungsrecht der betroffenen Person gegenüber dem Verantwortlichen:

> *Der Verantwortliche unterrichtet die betroffene Person über diese Empfänger, wenn die betroffene Person dies verlangt.*

Mit der Formulierung „unterrichtet [...] über diese Empfänger" macht Art. 19 Satz 2 DS-GVO deutlich, dass die betroffene Person auf Ihr Verlangen hin über alle Empfänger zu unterrichten ist, denen gegenüber die Mitteilungspflicht des Verantwortlichen aus Art. 19 Satz 1 DS-GVO besteht. Ohne Bedeutung ist, ob der Verantwortliche selbst von der Mitteilung absehen durfte, weil diese unmöglich oder mit unverhältnismäßigem Aufwand verbunden war.

Keine Aussage trifft Art. 19 Satz 2 DS-GVO dazu, wann die betroffene Person die Unterrichtung über diese Empfänger vom Verantwortlichen verlangen kann. Grundsätzlich ist damit ein jederzeitiges Verlangen möglich, was auch zeitlich erst nach dem Antrag auf Löschung gemäß Art. 17 Abs. 1 DS-GVO von der betroffenen Person geltend gemacht werden kann. Die Grenze ist dort erreicht, wo der Verantwortliche nicht mehr über die Angaben zu den Empfängern der gelöschten personenbezogenen Daten verfügen muss. Das ist regelmäßig mit Ablauf der Verjährungsfrist für Ordnungswidrigkeiten bei der Verletzung von Datenschutzpflichten durch den Verantwortlichen der Fall, mithin drei Jahre nach Erfüllung der Löschpflicht aus Art. 17 Abs. 1 DS-GVO und der Mitteilungspflicht aus Art. 19 Satz 1 DS-GVO (dazu unten).

8. Löschkonzept zur Erfüllung der Datenschutzpflichten

Das Löschkonzept dient der Beschreibung aller technischen und organisatorischen Maßnahmen, die zur Erfüllung der Datenschutzpflichten im Zusammenhang mit dem Löschen personenbezogener Daten beim Verantwortlichen erforderlich sind.

Vorsicht: nicht automatisierte Verarbeitungen nicht vergessen

Bei den Löschkonzepten stehen vielfach die automatisierten Verarbeitungstätigkeiten im Vordergrund, etwa wegen der Verarbeitung von Beschäftigtendaten mit einer Software zum Personalmanagement. Die Löschpflicht besteht im Anwendungsbereich der DS-GVO gemäß Art. 2 Abs. 1 DS-GVO aber auch bei der nichtautomatisierten Verarbeitung personenbezogener Daten, „die in einem Dateisystem gespeichert sind oder gespeichert werden sollen". Ein solches Dateisystem liegt nach dem EuGH schon dann vor, wenn die nichtautomatisiert verarbeiteten Daten nach bestimmten Kriterien strukturiert sind, sodass sie bei der späteren Verwendung leicht wiederauffindbar sind. Dafür genügt bereits die Ablage von Papierdokumenten nach Alphabet, Aktenzeichen, einer Vorgangsbezeichnung o.ä., selbst wenn kein übergeordneter Index geführt wird.[69] Damit fallen Personalakten aller Art in den Anwendungsbereich der DS-GVO, denn eine unstrukturierte Aktenführung entspricht nicht dem Sinn der Aktenführung.[70]

Demgegenüber beschränkt sich das Löschkonzept des Auftragsverarbeiters auf die Beschreibung derjenigen technischen und organisatorischen Maßnahmen, die vom Auftragsverarbeiter zur Erfüllung seiner Pflicht zur Löschung und/oder Rückgabe personenbezogener Daten nach Abschluss der Erbringung der Verarbeitungsleistungen aus dem Auftragsverarbeitungsvertrag (oder anderem Rechtsinstrument) gemäß Art. 28 Abs. 3 Satz 2 Buchst. g DS-GVO erforderlich sind (dazu unten).

Allein mit der Erstellung des Löschkonzepts ist es aber nicht getan. Das Löschkonzept muss auch umgesetzt und die Durchführung der Löschung vom Verantwortlichen zur Erfüllung der Rechenschaftspflicht aus Art. 5 Abs. 2 DS-GVO nachgewiesen werden (siehe oben).

Achtung: Bußgeld bei fehlender Etablierung eines Löschkonzepts

Die dänische Aufsichtsbehörde Datatilsynet verhängte am 22.6.2022 gegen den Verlag Gyldendal, der zugleich einen Buchclub betrieb, ein Bußgeld in Höhe von umgerechnet 134.432 EUR. Dort wurden von ca. 685.000 Betroffenen personenbezogene Daten teilweise über zehn Jahre nach dem Austritt aus dem Club gespeichert. Ein Prozess zur Vornahme von Datenlöschungen war nicht etabliert worden.

Insgesamt ergeben sich im Zusammenhang mit dem Löschkonzept folgende Schritte, die im Anschluss erläutert werden:

69 Ausführlich EuGH, Urteil vom 10.7.2018 – C-25/17 („Zeugen Jehovas"), Rz. 52 ff.; BSG, Urteil vom 14.5.2020 – B 14 AS 7/19 R, Rz. 24; bedenklich ist die Einschätzung des LAG Niedersachsen, Urteil vom 4.5.2021 – 11 Sa 1180/20, ZD 2022, 301 m. abl. Anm. *Tiedemann,* dass es sich bei einer in Papierform geführten Personalakte nicht um eine in den Anwendungsbereich der DS-GVO fallende, systematisierte Datenverarbeitung handele.

70 *Herberger*, NZA 2020, 1665 (1667).

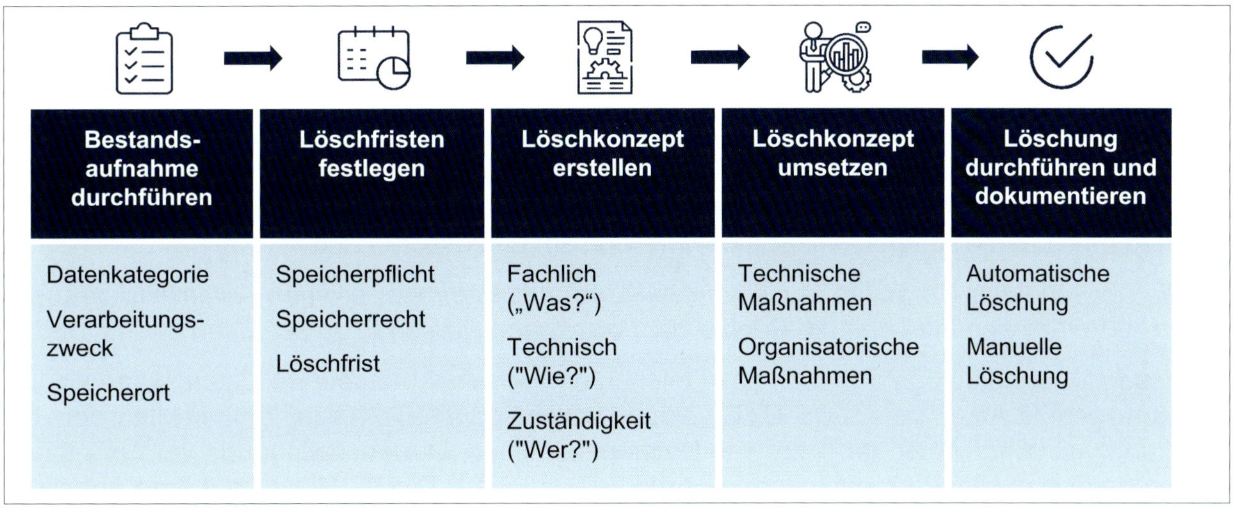

Abb. 18: Löschkonzept Prozessablauf

8.1 Bestandsaufnahme durchführen

Ein Löschkonzept lässt sich ohne Kenntnis der zu löschenden personenbezogenen Daten nicht erstellen. Erster Schritt ist daher die Durchführung einer Bestandsaufnahme, als deren Ergebnis Folgendes feststehen muss:

- ⇨ Verarbeitete Datenkategorien für die jeweiligen Kategorien betroffener Personen,
- ⇨ Zweck oder Zwecke der Verarbeitung je Datenkategorie, *und*
- ⇨ Speicherorte der verarbeiteten personenbezogenen Daten.

Ergänzend kann es erforderlich sein, für die Erstellung des Löschkonzepts auch die Rechtsgrundlage für die Verarbeitung der personenbezogenen Daten zu erfassen (z.B. Art. 6 Abs. 1 Satz 1 Buchst. a DS-GVO), weil sich hieraus später Aussagen über Speicherdauer und Löschfrist ableiten lassen (dazu unten).

Achtung: keine anwendungsorientierte Betrachtung

Die DS-GVO betrachtet den Lebenszyklus personenbezogener Daten innerhalb der jeweiligen Verarbeitungstätigkeit und abhängig von den jeweiligen Verarbeitungszwecken, Art. 30 Abs. 1 Buchst. b DS-GVO. Wann personenbezogene Daten zu löschen sind, ist deshalb verarbeitungsbezogen zu ermitteln. Eine ausschließlich anwendungsorientierte Betrachtung („Wann müssen Daten auf dem Fileserver gelöscht werden?“) ist deshalb nicht geeignet, um den Löschpflichten aus Art. 17 Abs. 1 DS-GVO zu genügen. Das schließt allerdings die Erstellung systembasierter Löschkonzepte nicht aus, wenn darin die Rückkopplung an die mit dem jeweiligen IT-System erfolgenden Verarbeitungstätigkeiten erfolgt.

8.1.1 Kenntnis von den Mitteln der Verarbeitung beim Verantwortlichen

Während die Zwecke der Verarbeitung ebenso wie die technischen und organisatorischen Maßnahmen (zumindest in einer allgemeinen Beschreibung) im Verzeichnis von Verarbeitungstätigkeiten zu dokumentieren sind, Art. 30 Abs. 1 Buchst. b, g DS-GVO (dazu unten), kennt die DS-

GVO keine unmittelbare Pflicht zur Dokumentation der Mittel der Verarbeitung, also des „Wie“ und des „auf welche Weise“.

Art. 4 Nr. 7 DS-GVO verlangt aber, dass der Verantwortliche nicht nur über die Zwecke, sondern auch über die Mittel der Verarbeitung entscheidet. Außerdem sieht Art. 25 Abs. 1 DS-GVO mit der Verpflichtung auf den „Datenschutz durch Technikgestaltung“ vor, dass der Verantwortliche bei **Festlegung der Mittel** der Verarbeitung geeignete technische und organisatorische Maßnahmen trifft, um die Datenschutzgrundsätze wirksam umzusetzen und

> *die notwendigen Garantien in die Verarbeitung aufzunehmen, um den Anforderungen [der DS-GVO] zu genügen und die Rechte der betroffenen Personen zu schützen.*

Zu diesen Maßnahmen gehört auch das Löschen der personenbezogenen Daten, wenn ein Löschgrund gemäß Art. 17 Abs. 1 DS-GVO vorliegt. Damit ist die Kenntnis derjenigen Mittel der Verarbeitung, mit denen personenbezogene Daten gespeichert werden, zwingende Voraussetzung für ein datenschutzkonformes Löschen personenbezogener Daten. Hierzu gehören abhängig von den durchgeführten Verarbeitungstätigkeiten mindestens Kenntnisse über die Speicherorte der personenbezogenen Daten in den vom Verantwortlichen für die Verarbeitung genutzten Systemen und Diensten.

Wichtig: Kein datenschutzkonformes Löschen ohne Systemübersicht

Eine Übersicht über die Speicherorte der Verarbeitungsmittel (Software und Hardware, von der DS-GVO zuweilen auch als Systeme und Dienste bezeichnet, unabhängig davon, ob diese „On Premises“[71] betrieben oder „in der Cloud“ genutzt werden) ist Voraussetzung für die Erfüllung der Löschpflichten des Verantwortlichen. Ohne Kenntnis der Verarbeitungsmittel gibt es kein datenschutzkonformes Löschen.

8.1.2 Übernahme aus dem Verzeichnis von Verarbeitungstätigkeiten

Die Angaben zu Datenkategorien und Kategorien betroffener Personen sowie zu den Verarbeitungszwecken sind zwingender Bestandteil des vom Verantwortlichen gemäß Art. 30 Abs. 1 DS-GVO zu führenden Verzeichnisses von Verarbeitungstätigkeiten und können von dort für die Erstellung des Löschkonzepts übernommen werden:

> *Dieses Verzeichnis enthält sämtliche folgenden Angaben: [...] b) die Zwecke der Verarbeitung; c)*
>
> *eine Beschreibung der Kategorien betroffener Personen und der Kategorien personenbezogener Daten; [...]*

8.1.3 Erfassung der Speicherorte

Zusätzlich zu erfassen sind die Speicherorte der personenbezogenen Daten, sofern der Verantwortliche hierüber keine Dokumentation vorhält (z.B. Systembeschreibungen aus Gründen der Informationssicherheit oder für das Risikomanagement).

Speicherorte meint den physischen Ablageort oder die physischen Ablageorte, an dem die personenbezogenen Daten gespeichert werden. Dabei gehören die Speicherorte in der Sprache der DS-GVO zu den Mitteln der Verarbeitung im Sinne des Art. 4 Nr. 7 DS-GVO.

71 Zum Begriff On Premises siehe *https://de.wikipedia.org/wiki/On-Premises*.

Bei nichtautomatisierten Verarbeitungstätigkeiten können das etwa Papierarchive sein, bei automatisierten Verarbeitungstätigkeiten Festplatten in Arbeitsplatzrechnern („Clients"), Servern, mobile Datenträger (etwa externe Festplatten, USB-Sticks, Speicherkarten) oder ein dediziertes Speichersystem wie ein „Network Attached Storage" („NAS") oder ein „Storage Area Network" („SAN"). Zu bedenken sind außerdem etwaige Zwischenspeicherungen, z.B. in Schattendateien oder Versionierungen von Dokumenten durch das Betriebssystem.[72]

Wichtig: Mehrere Verarbeitungszwecke und Speicherorte

Es ist stets zu prüfen, ob es bei jeder Datenkategorie ggf. mehrere Speicherorte gibt. Insbesondere bei mehreren Verarbeitungszwecken für eine Datenkategorie sowie bei mehreren Kategorien betroffener Personen sind mehrere Speicherorte die Regel. So können Beschäftigtendaten im Personalmanagement, im CRM („Customer Relationship Management"), im ERP („Enterprise Ressource Management") und im DMS/ECM („Dokumentenmanagementsystem" oder „Enterprise Content Management") für jeweils andere Verarbeitungszwecke separat gespeichert sein. Häufig gibt es keinen einheitlichen Datenbestand, auf den alle Systeme zugreifen. Hinzu kommen ggf. bereichs- oder abteilungsspezifische Systeme und Dienste mit eigenen Speicherorten.

8.1.4 Erstellen mehrerer Teillöschkonzepte

Der Umfang der verarbeiteten personenbezogenen Daten lässt die Erstellung eines einheitlichen Löschkonzepts für alle Verarbeitungstätigkeiten meist nicht zu.

Häufig gibt es für die Datenschutzpflichten beim Löschen einschließlich der Erstellung der Löschkonzepte auch unterschiedliche interne Zuständigkeiten, die sich etwa aus der Zuständigkeit für bestimmte Prozesse („Prozessverantwortlicher") oder Systeme („Anwendungsverantwortlicher") ableiten. Deshalb ist das Arbeiten an einem einheitlichen Löschkonzept für alle Verarbeitungstätigkeiten nicht zwingend zielführend.

Vorzugswürdig ist die Erstellung mehrerer Teillöschkonzepte, die in Summe dann das Löschkonzept ergeben, mit dem die Erfüllung der Datenschutzpflichten zum Löschen durch den Verantwortlichen oder Auftragsverarbeiter ermöglicht wird.

Bei der Aufteilung des Löschkonzepts hat sich in der Praxis ein Vorgehen nach Verarbeitungstätigkeiten, Verarbeitungszwecken oder Speicherorten („IT-Systemen") bewährt. Auch Aktualisierungen sind dann bei Änderungen an den Verarbeitungstätigkeiten, Verarbeitungszwecken oder Verarbeitungsmitteln (Hardware und Software) leicht abzubilden (zum PDCA-Zyklus für das Löschkonzept siehe unten).

8.2 Speicherdauer und Löschfristen festlegen

Die DS-GVO differenziert zwischen Speicherdauer und Löschfrist. Gemäß Art. 13 Abs. 2 Buchst. a, Art. 14 Abs. 2 Buchst. a DS-GVO sind in den Datenschutzinformationen die Speicherdauer oder die Kriterien zu deren Festlegung anzugeben (siehe oben).

Im Verzeichnis von Verarbeitungstätigkeiten des Verantwortlichen gemäß Art. 30 Abs. 1 Buchst. f DS-GVO sind demgegenüber, „wenn möglich", die vorgesehenen Fristen für die Löschung der verschiedenen Datenkategorien anzugeben (siehe oben). Ist das bereits geschehen und das Verzeichnis des Verantwortlichen vollständig, entfällt der zweite Schritt bei der Erstellung des Löschkonzepts.

72 Ausführlich zur Identifizierung aller relevanten Speicherorte *Stiemerling*, PinG 2018, 93.

8.2.1 Begriffe Speicherdauer und Löschfrist

Die **Speicherdauer** gibt an, wie lange personenbezogene Daten gespeichert werden. Hierbei ist zu differenzieren zwischen einer Pflicht zur Speicherung („*Speicherpflicht*“) und einem Recht zur Speicherung („*Speicherdauer*“).

Ist etwa der Verantwortliche gesetzlich zur Verarbeitung gemäß Art. 6 Abs. 1 Satz 1 Buchst. c DS-GVO verpflichtet, muss er die zur Erfüllung der Verarbeitungspflicht erforderlichen personenbezogenen Daten für deren Dauer zwingend speichern; es besteht eine **Speicherpflicht**. Eine vorzeitige Löschung wäre ein Verstoß gegen die Verarbeitungspflicht, weshalb Art. 17 Abs. 3 Buchst. b DS-GVO für diesen Fall anordnet, dass eine Löschpflicht des Verantwortlichen nicht besteht und ein etwaiges Löschrecht einer betroffenen Person nicht durchgreift (siehe oben).

Beispiel: Aufbewahrungsfristen nach Handels- und Steuerrecht

Die handels- und steuerrechtlichen Aufbewahrungsfristen verpflichten den Verantwortlichen ggf. zur Speicherung der personenbezogenen Daten unter den dort genannten Voraussetzungen. Das bedeutet, dass eine vorzeitige Löschung einen Verstoß gegen die dortigen Maßgaben darstellt. Datenschutzrechtlich folgen daraus jedoch keine Konsequenzen: Aus den Vorschriften lässt sich kein „Recht zur Aufbewahrung“ seitens des Betroffenen ableiten. Das vorzeitige Löschen stellt in diesen Fällen also keinen Datenschutzverstoß dar,[73] führt jedoch ggf. zu Rechtsnachteilen im Handels- oder Steuerrecht (z.B. durch die Schätzung der Bemessungsgrundlagen für die Steuerhöhe beim Fehlen der tatsächlichen Datengrundlage für die Steuerbemessung).

Demgegenüber erlauben andere Rechtsgrundlagen wie Art. 6 Abs. 1 Satz 1 Buchst. f DS-GVO bei der Interessenabwägung die Speicherung der erforderlichen personenbezogenen Daten, verpflichten den Verantwortlichen aber nicht zur Verarbeitung; es besteht ein **Speicherrecht**. Ob der Verantwortliche dieses Recht zur Speicherung vollständig ausschöpft oder die personenbezogenen Daten schon vor Ablauf der maximalen Speicherdauer löscht, bleibt dem Verantwortlichen überlassen.

Demzufolge stellt Erwägungsgrund 39 sehr konkrete Vorgaben zur Löschung personenbezogener Daten auf:

> *Die personenbezogenen Daten sollten für die Zwecke, zu denen sie verarbeitet werden, angemessen und erheblich sowie auf das für die Zwecke ihrer Verarbeitung notwendige Maß beschränkt sein.* **Dies erfordert insbesondere, dass die Speicherfrist für personenbezogene Daten auf das unbedingt erforderliche Mindestmaß beschränkt bleibt.** *[…] Um sicherzustellen, dass die personenbezogenen Daten nicht länger als nötig gespeichert werden, sollte der Verantwortliche Fristen für ihre Löschung oder regelmäßige Überprüfung vorsehen. […]“*

Beispiel: Speicherrecht zur Abwehr von Rechtsansprüchen

Ein Beispiel für ein Speicherrecht ist die Speicherung der personenbezogenen Daten zu den gemäß Art. 15 DS-GVO beim Verantwortlichen geltend gemachten Auskunftsverlangen: Begehrt eine betroffene Person Auskunft, sind aber beim Verantwortlichen keine personenbe-

73 Siehe dazu die Ausführungen des Landesdatenschutzbeauftragten Baden-Württembergs, Tätigkeitsbericht 2022, S. 95.

zogenen Daten über die betroffene Person gespeichert, genügt es, wenn der Verantwortliche zur Erfüllung seiner Rechenschaftspflicht aus Art. 5 Abs. 2 DS-GVO die Bearbeitung des Auskunftsantrags dokumentiert (ggf. unter Speicherung von Name, Zeitpunkt, Bearbeitungsergebnis = Negativauskunft). Aus Art. 6 Abs. 1 Satz 1 Buchst. f DS-GVO dürfte sich aber auch das Recht zur Speicherung des vollständigen Antrags der betroffenen Person nebst dem vollständigen Beantwortungsschreiben und ggf. ergänzender Kommunikation ergeben, dies ggf. sogar bis zum Ablauf der Verjährung möglicher zivilrechtlicher Ansprüche oder Sanktionsmöglichkeiten nach dem Ordnungswidrigkeitenrecht (dazu unten). Dem Verantwortlichen steht es dann frei, welche personenbezogenen Daten er bis zum vollständigen Erreichen des maximalen Speicherrechts verarbeitet, solange dies nur durch Art. 6 Abs. 1 Satz 1 Buchst. f DS-GVO gedeckt ist.

Die Speicherdauer gibt damit an, wie lange der Verantwortliche die personenbezogenen Daten der jeweiligen Datenkategorie für den jeweiligen Verarbeitungszweck rechtmäßig speichern darf. Sie entspricht der **Löschfrist**: Denn mit Ablauf der Speicherdauer kommt es zur Löschpflicht des Verantwortlichen aus Art. 17 Abs. 1 DS-GVO, die der Verantwortliche unverzüglich zu erfüllen hat (siehe oben).

Achtung: Bußgeld bei unzureichender Festlegung der Speicherdauer

Die französische Aufsichtsbehörde für den Datenschutz, die Commission Nationale de l'Informatique et des Libertés (CNIL), hat am 28.7.2020 ein Bußgeld gegen den Onlineschuhhändler Spartoo in Höhe von 250 000 EUR verhängt.[74] Betroffen waren rund 25 000 000 Datensätze aus 13 EU-Ländern, darunter auch Deutschland.

Grund für das Bußgeld war neben der Verletzung anderer Datenschutzpflichten, dass Spartoo zum Zeitpunkt der Prüfung durch die CNIL die Speicherdauer für personenbezogene Daten von Kunden und Interessenten nicht festgelegt und demzufolge keine personenbezogenen Daten gelöscht habe (u.a. Aufzeichnungen aller Telefongespräche mit Kunden und Interessenten zu Schulungszwecken).

Nach eigener Aussage von Spartoo sollten die personenbezogenen Daten für die Dauer von fünf Jahren nach der letzten Aktivität aufbewahrt werden, allerdings seien mehr als drei Millionen Datensätze früherer Kunden gefunden worden, die schon länger inaktiv und trotzdem nicht gelöscht waren. Zudem sei die Löschfrist von fünf Jahren zu lang bemessen, da Spartoo selbst angegeben habe, zwei Jahre nach der letzten Aktivität die Daten der Kunden nicht mehr nutzen zu wollen.

Ein weiteres Bußgeld hat die CNIL am 10.11.2022 gegen die DISCORD INC. verhängt. Grund hierfür war unter anderem die fehlende Festlegung einer zweckangemessenen Löschfrist für die personenbezogenen Daten von mehr als 2 500 000 Nutzer-Accounts. Zusammen mit weiteren Datenschutzverstößen ergab dies ein Bußgeld in Höhe von insgesamt 800 000 EUR. Zugunsten von DISCORD wurde dabei die umfängliche Mitwirkung im aufsichtsbehördlichen Verfahren berücksichtigt, konkret die Erstellung eines Löschkonzepts.[75]

74 CNIL, Beschluss vom 28.7.2020 – Az.: SAN-2020-003), auf Französisch abrufbar unter *https://www.legifrance.gouv.fr/affichCnil.do?oldAction=rechExpCnil&id=CNILTEXT000042203965*.

75 CNIL, Beschluss vom 10.11.2022 – Az.: SAN-2022-020, auf Französisch abrufbar unter *https://www.legifrance.gouv.fr/cnil/id/CNILTEXT000046562676?init=true&page=1&query=discord%20inc&searchField=ALL&tab_selection=all*.

8.2.2 Festlegen von Speicherdauer und Löschfrist

Die Festlegung von Speicherdauer und Löschfrist erfolgt *immer durch den Verantwortlichen*. Die Grenze von Speicherdauer und Löschfrist ist dort erreicht, wo die weitere Speicherung nicht mehr rechtmäßig ist oder sonst ein Löschgrund i.S.d. Art. 17 Abs. 1 DS-GVO vorliegt, ohne dass eine Ausnahme aus Art. 17 Abs. 3 DS-GVO greift (siehe oben). Der Auftragsverarbeiter hat die im Auftrag verarbeiteten personenbezogenen Daten in Erfüllung seiner Pflichten aus dem Auftragsverarbeitungsvertrag (oder anderem Rechtsinstrument) spätestens nach Abschluss der Erbringung der Verarbeitungsleistungen zu löschen und/oder an den Verantwortlichen zurückzugeben (dazu unten).

Vorsicht: Keine Speicherung nach Ablauf der Speicherdauer

Das Löschkonzept muss so beschaffen sein, dass es nach Ablauf der Speicherdauer und damit der Löschfrist tatsächlich unverzüglich zur Löschung der personenbezogenen Daten kommt, so wie es Art. 17 Abs. 1 DS-GVO verlangt. Anderenfalls liegt eine rechtswidrige weitere Speicherung und damit eine Verletzung von Datenschutzpflichten vor. Eine sich an einen früheren Verarbeitungszweck anschließende, weitere Speicherung bedarf eines rechtmäßigen, neuen Verarbeitungszwecks. Gibt es z.B. nach Ablauf gesetzlicher Aufbewahrungspflichten (siehe oben) eine Sperrfrist, in der stichprobenartig geprüft wird, ob die zur Löschung vorgesehenen personenbezogenen Daten richtig selektiert wurden, ist dies ein neuer, rechtmäßiger Verarbeitungszweck, der im Löschkonzept auszuweisen und an den sich dann erst die Löschung anschließt; alternativ ließe sich die Prüfung auch als Teilschritt des „Löschens" einordnen, solange dieses nur i.S.d. Art. 17 Abs. 1 DS-GVO „unverzüglich" erfolgt. Nicht von einem rechtmäßigen Verarbeitungszweck gedeckte Speicherungen von Datenkategorien darf es nicht geben.

Die Herausforderung für den Verantwortlichen ist, dass es eine unüberschaubare Bandbreite möglicher Löschfristen gibt und eine **pauschale Festlegung nicht möglich** ist. Es ist daher Aufgabe des Verantwortlichen, für jede Datenkategorie abhängig vom jeweiligen Verarbeitungszweck (ggf. dann mehrmals je Datenkategorie und Kategorie betroffener Personen) und ggf. abhängig von der jeweiligen Rechtsgrundlage der Verarbeitung die Löschfrist zu ermitteln und individuell festzulegen.

Hinweis: Teilung auch innerhalb von Dokumenten

Zu berücksichtigen ist, dass eine Abgrenzung nicht nur zwischen Dokumenten oder Datensätzen, sondern auch innerhalb derselben notwendig sein kann.[76] So werden etwa mit der Verarbeitung einer Personalausweiskopie einerseits „gewöhnliche" personenbezogene Daten (Name, Alter), andererseits sensible personenbezogene Daten gemäß Art. 9 Abs. 1 DS-GVO (biometrisches Bild, Augenfarbe) erhoben, die eine unterschiedliche Löschfrist nach sich ziehen können.

Beispiel: Aufzeichnungen aus Videoüberwachung

Die Videoüberwachung z.B. durch Unternehmen auf ihrem Betriebsgelände dient einerseits der Abschreckung wegen möglicher Handlungen zulasten des Unternehmens (z.B. Straftaten wie Diebstahl), andererseits auch der Identifizierung betroffener Personen mittels biometri-

76 Dazu *Wagner*, Löschkonzepte für ERP-Systeme, Stand März 2021, S. 18 f.

scher Merkmale, wenn es zu einem Vorfall gekommen ist. Dabei kann es bei der Videoüberwachung zur Verarbeitung besonderer Kategorien personenbezogener Daten gemäß Art. 4 Nr. 14, Art. 9 Abs. 2 DS-GVO kommen. Meist wird hier eine Speicherdauer von bis zu 48 Stunden für zulässig erachtet. Abhängig vom Verarbeitungszweck kann eine Speicherung aber auch gänzlich überflüssig sein (dann wird eine sog. Live-Überwachung z.B. von Eingangsbereichen durch Sicherheitspersonal vorgenommen) oder deutlich länger erforderlich sein, z.B. bei bestimmungsgemäß für längere Zeit unbeobachteten Orten ohne regulären Publikumsverkehr. Ist die akustische Aufzeichnung für diese Zwecke unerheblich, muss zudem zur Wahrung des Grundsatzes der Datenminimierung aus Art. 5 Abs. 1 Buchst. c DS-GVO die Audioerhebungsfunktion abgeschaltet werden.[77] Auch dürfen die Aufzeichnungen nur das erforderliche Bildmaterial erfassen. Der Betreiber eines öffentlichen[78] Parkhauses dürfe daher grundsätzlich nicht den Personen Zu- und Abfluss visuell dokumentieren, sondern müsse sich auf die Erfassung von Kennzeichen beschränken.[79]

Ein wesentlicher Anhaltspunkt für die Ermittlung sind dabei die in Art. 17 Abs. 1 DS-GVO benannten Gründe, bei denen vorbehaltlich einer Ausnahme aus Art. 17 Abs. 3 DS-GVO eine Löschpflicht besteht (siehe oben).

Zur Ermittlung von Speicherdauer und Löschfrist empfiehlt sich dabei folgendes Vorgehen:

- ⇨ Prüfung, ob eine Mindestspeicherdauer wegen einer rechtlichen Verarbeitungspflicht zu beachten ist (insbesondere bei gesetzlichen Aufbewahrungspflichten),
- ⇨ Festlegung der Regelspeicherdauer,
- ⇨ Festlegung des Startzeitpunkts für die Regelspeicherdauer (z.B. Erhebung der personenbezogenen Daten, vollständige Erfüllung des Antrags der betroffenen Person oder eines anderen Vorgangs, oder vollständiges Ende der Beziehung zu einer betroffenen Person), und
- ⇨ Festlegung des Überprüfungszyklus für die Richtigkeit der anderen Festlegungen (dazu unten).

8.2.3 Typische Aufbewahrungsfristen

Die im Internet und bei Dienstleistern verfügbaren Listen mit typischen Aufbewahrungsfristen oder Beispielen für Löschfristen sind ein möglicher Anhaltspunkt für die vom Verantwortlichen festzulegende Speicherdauer und Löschfristen. Allerdings sind diese Listen das Ergebnis einer sehr pauschalierten Betrachtung und bilden nicht den konkreten Einzelfall ab.

Beispiel: Löschen arbeitsrechtlicher Abmahnungen

In den Listen mit typischen Aufbewahrungsfristen findet sich oft der Hinweis, dass rechtmäßige Abmahnungen in Personalakten nach zwei Jahren zu löschen sind. In der Tat ist es so, dass die Rechtsprechung eine Aufbewahrung von Abmahnungen auf zwei Jahre in der Personalakte für zulässig erachtet und davon ausgeht, dass hiernach die Abmahnung regelmä-

77 So auch der Landesdatenschutzbeauftragte Niedersachsens, Tätigkeitsbericht 2021, S. 176.

78 Die Erfassung von Kfz-Kennzeichen durch den Betreiber einer privaten Parkanlage ist nach strittiger Ansicht nur aufgrund der Einwilligung der betroffenen Personen zulässig, dazu das Unabhängige Landeszentrum für Datenschutz Schleswig-Holstein, Tätigkeitsbericht 2021, S. 76.

79 Die Landesbeauftragte für Datenschutz und Informationsfreiheit Nordrhein-Westfalens, Tätigkeitsbericht 2022, S. 69.

ßig keine Bedeutung mehr für das Anstellungsverhältnis hat.[80] Deshalb ist nach zwei Jahren die Abmahnung aus der Personalakte zu entfernen und zu löschen. Allerdings gibt es eine Vielzahl denkbarer Ausnahmen von dieser Regel: Bezieht sich die Abmahnung etwa auf einen Alkoholmissbrauch am Arbeitsplatz und haben sich Arbeitgeber und Arbeitnehmer hiernach auf ein mehrjähriges Programm zur Therapie und anschließenden, erneuten betrieblichen Eingliederung des Arbeitnehmers verständigt, darf die Abmahnung für die Dauer der Maßnahmen aufbewahrt werden.

Hilfsmittel können hier beispielsweise folgende Übersichten zu Aufbewahrungsfristen sein:

1. GDD-Praxishilfe „Datenschutzgerechte Datenträgervernichtung“ (4. Aufl. 2019), dort Anlage 8.2, abrufbar unter *https://www.gdd.de/gdd-arbeitshilfen/gdd-ratgeber/datenschutzgerechte-datentraegervernichtung-2*, und
2. IHK für München und Oberbayern, Aufbewahrungspflichten von A-Z (Stand März 2023), abrufbar unter *https://www.ihk-muenchen.de/ihk/documents/Recht-Steuern/Steuerrecht/Einkommensteuer/Merkblatt-Aufbewahrungsfristen-März-2023.pdf.*

Wichtig: Aufbewahrungsfrist ungleich Löschfrist

Die obigen Übersichten geben ausschließlich einen Überblick über **gesetzliche Aufbewahrungsfristen** und damit die Mindestspeicherdauer (Speicherpflicht). Ob darüber hinaus der Verantwortliche wegen anderer Verarbeitungszwecke eine längere Speicherung rechtfertigen kann (Speicherrecht), ist bei Erstellung des Löschkonzepts zu ermitteln (zur Abgrenzung zwischen Speicherpflicht und Speicherrecht siehe oben).

8.3 Löschkonzept erstellen

Die DS-GVO macht keine Vorgaben, wie ein Löschkonzept zu erstellen ist. Aus Sicht der DS-GVO ist das Löschkonzept eine Sammlung geeigneter technischer und organisatorischer Maßnahmen, die dem Verantwortlichen und Auftragsverarbeiter die Erfüllung ihrer Datenschutzpflichten beim Löschen erlauben (siehe oben).

8.3.1 DIN 66398 zur Erstellung eines Löschkonzepts

Zur Unterstützung bei der Erstellung eines Löschkonzepts kann auf die DIN 66398 vom Mai 2016 zurückgegriffen werden, die eine „**Leitlinie zur Entwicklung eines Löschkonzepts** mit Ableitung von Löschfristen für personenbezogene Daten“ enthält.[81] Ebenso möglich ist es, die neuere ISO/IEC27555 vom Oktober 2021 mit „Guidelines on personally identifiable information deletion“ zu nutzen.[82]

80 Ausführlich zur Entfernung rechtmäßiger Abmahnungen aus der Personalakte Bundesarbeitsgericht (BAG), Urteil vom 19.7.2012 – 2 AZR 782/11.

81 Die DIN 66398 ist rechtlich geschützt und kann ausschließlich bei der Beuth Verlag GmbH erworben werden; die Bestellung ist möglich unter *https://www.beuth.de/de/norm/din-66398/249218525.* Ein Vorläufer der Leitlinie mit Stand 26.10.2015 kann kostenfrei abgerufen werden unter *https://www.secorvo.de/publikationen/din-leitlinie-loeschkonzept-hammer-schuler-2012.pdf.*

82 Die ISO/IEC27555 ist rechtlich geschützt und kann u.a. hier erworben werden: *https://www.iso.org/standard/71673.html*; Details zu den Unterschieden zwischen DIN 66398 und ISO/IEC27555 werden erläutert von *Hammer* unter *https://www.din-66398.de/inhalt/bezuege/bezuege_iso_27555.html.*

Die DIN 66398 enthält folgende wesentliche Inhalte:

⇨ Grundlagen eines Löschkonzepts

⇨ Datenarten bilden

⇨ Löschfristen festlegen

⇨ Löschklassen

⇨ Vorgaben für die Umsetzung von Löschregeln

⇨ Aufbau- und Ablauforganisation: Verantwortung und Prozesse für das Löschen von personenbezogenen Daten

In den Anhängen finden sich außerdem Hinweise für ein Projekt „Löschkonzept“, zur Anonymisierung personenbezogener Daten (siehe oben), zu Vorgaben für die Sicherheit von Löschmechanismen sowie zur Sperrung von Datenbeständen (siehe oben).[83]

Wichtig: Löschkonzept erstellen kann Projekt sein

Die Erläuterungen in diesem Kapitel zeigen deutlich, dass die Erstellung des Löschkonzepts erheblichen Aufwand verursacht. Es sollte deshalb geprüft werden, ob die initiale Erstellung nicht in einem eigenen Löschprojekt beim Verantwortlichen erfolgt, in dem die Kompetenzen aus allen relevanten Abteilungen oder Bereichen zusammengezogen und gebündelt werden. Hinweise zu einem solchen Löschprojekt enthält die DIN 66398 in einem ihrer Anhänge.

8.3.2 Aufbau des Löschkonzepts

Das Löschkonzept kann in ein fachliches Löschkonzept und ein technisches Löschkonzept aufgeteilt werden. Im **fachlichen Löschkonzept** wird beschrieben, „was“ zu löschen ist, also welche personenbezogenen Daten Gegenstand des Löschkonzepts sind. Im **technischen Löschkonzept** wird festgelegt, „wie“ die Löschung erfolgt, also welche technischen und organisatorischen Maßnahmen durch wen zu ergreifen sind, um das „was“ aus dem fachlichen Löschkonzept so umzusetzen, dass hiernach die personenbezogenen Daten tatsächlich gelöscht sind.

8.3.3 Fachliches Löschkonzept

Das fachliche Löschkonzept („Was?“) benennt die zu löschenden personenbezogenen Daten und die Löschfrist. Es enthält häufig folgende Angaben:

⇨ Angabe der Verarbeitungstätigkeit

Übernahme der Bezeichnung aus dem Verzeichnis von Verarbeitungstätigkeiten gemäß Art. 30 Abs. 1 DS-GVO (siehe oben) oder kurze Beschreibung der Verarbeitungstätigkeit

⇨ Angabe der Datenkategorie

Übernahme aus dem Verzeichnis von Verarbeitungstätigkeiten gemäß Art. 30 Abs. 1 DS-GVO (siehe oben) oder kurze Beschreibung der Datenkategorie

⇨ Angabe der Kategorie betroffener Personen

Übernahme aus dem Verzeichnis von Verarbeitungstätigkeiten gemäß Art. 30 Abs. 1 DS-GVO (siehe oben) oder kurze Beschreibung der Kategorie betroffener Personen

83 Einen Überblick über die DIN 66398 gibt *Hammer*, DuD 2016, 528, kostenfrei abrufbar unter *https://secorvo.de/publikationen/din-66398-hammer-2016.pdf.*

⇨ Angabe des Verarbeitungszwecks

Übernahme aus dem Verzeichnis von Verarbeitungstätigkeiten gemäß Art. 30 Abs. 1 DS-GVO (siehe oben) oder kurze Beschreibung des Verarbeitungszwecks

⇨ soweit erforderlich: Angabe der Rechtsgrundlage für die Verarbeitungstätigkeit

⇨ Angabe des Speicherorts der personenbezogenen Daten in der jeweiligen Datenkategorie für die jeweilige Kategorie betroffener Personen und den jeweiligen Verarbeitungszweck

Bei mehreren Speicherorten (siehe oben) ist jeweils ein eigener Eintrag in einer eigenen Zeile im fachlichen Löschkonzept vorzunehmen

⇨ Angabe der Speicherdauer/Löschfrist der personenbezogenen Daten in der jeweiligen Datenkategorie für die jeweilige Kategorie betroffener Personen und den jeweiligen Verarbeitungszweck

Übernahme aus dem Verzeichnis von Verarbeitungstätigkeiten gemäß Art. 30 Abs. 1 DS-GVO (siehe oben) oder sonstige Benennung der Speicherdauer/Löschfrist

⇨ Optional: Angabe einer gesetzlichen, vertraglichen oder satzungsbezogenen zwingenden Aufbewahrungsfrist, *und*

⇨ Angabe des Startzeitpunkts für die Speicherdauer/Löschfrist.

Diese Angaben können fortlaufend für das fachliche Löschkonzept in einer Tabelle erfasst werden, die dann wie folgt aussieht:

Fachliches Löschkonzept

Nummer	Verarbeitungstätigkeit	Datenkategorie	Kategorie betroffener Personen	Zweck der Verarbeitung	Rechtsgrund	Speicherort	Speicherdauer/ Löschfrist	Zwingende Frist zur Aufbewahrung	Startzeitpunkt
1	Bewerbung	Stammdaten	Bewerber	Bewerbungsverfahren	§ 26 Abs. 1 Satz 1 BDSG	HR-Software	6 Monate		Abschluss Bewerbungsverfahren
2	Talentpool	Stammdaten	Bewerber	Zukünftige Bewerbungsverfahren	Art. 6 Abs. 1 Satz 1 Buchst. a DS-GVO	HR-Software	Zwei Jahre		Abschluss Bewerbungsverfahren
3	...	...	...	...	...	...	...	...	...

Tipp: Löschklassen bilden und Löschregeln erstellen

Aus den verschiedenen Löschfristen lassen sich sogenannte **Löschklassen** bilden, in denen gleichartige Löschfristen zusammengefasst werden. Aus der Kombination von Löschfrist und Startzeitpunkt lässt sich dann eine das fachliche Löschkonzept ergänzende **Matrix der Löschklassen** erstellen. Die darin erfassten Konstellationen ergeben dann die jeweils einmaligen **Löschregeln**: In welcher Frist ab welchem Startzeitpunkt ist die jeweilige Datenkategorie für die jeweilige Kategorie personenbezogener Daten für den jeweiligen Verarbeitungszweck (und ggf. die jeweils Rechtsgrundlage) zu löschen? Im fachlichen Löschkonzept kann dann auf die Löschklassen und Löschregeln verwiesen werden.

8.3.4 Technisches Löschkonzept

Das technische Löschkonzept („Wie?") legt fest, mit welchen technischen und organisatorischen Maßnahmen und in wessen Zuständigkeit die Löschung durchgeführt wird. Es enthält häufig folgende Angaben:

- ⇨ Verweis auf Zeile im fachlichen Löschkonzept
- ⇨ Beschreibung des auslösenden Ereignisses für die Löschung

  Automatischer Beginn der Löschung bei Eintritt eines bestimmten Systemereignisses oder manueller Prozess, der im Einzelfall oder regelmäßig angestoßen wird
- ⇨ Beschreibung des Verfahrens zur Prüfung, ob die zur Löschung vorgesehenen Daten tatsächlich zu löschen sind

  Ggf. Beschreibung, wie in Sonderfällen verfahren wird, wenn personenbezogene Daten ausnahmsweise nicht zu löschen sind
- ⇨ Angabe der technischen Maßnahmen, die zur Löschung an allen Speicherorten erforderlich sind[84]

  Ggf. Beschreibung, wie sich die Löschung auf Vorsysteme oder Folgesysteme auswirkt und über welche Schnittstellen die Löschung erfolgt
- ⇨ Angabe der organisatorischen Maßnahmen, die zur Löschung erforderlich sind
- ⇨ Festlegung der Zuständigkeit für die Durchführung der Löschung gemäß dem fachlichen Löschkonzept
- ⇨ Angabe, wie und durch wen die Durchführung der Löschung dokumentiert wird
- ⇨ Angabe, wie und durch wen die Durchführung der Löschung kontrolliert wird

  Eigene Prüfungen des Verantwortlichen werden durch die Überwachungsaufgaben von Aufsichtsbehörde und Datenschutzbeauftragtem nicht ersetzt (dazu unten).

  Diese Angaben können fortlaufend für das fachliche Löschkonzept in einer Tabelle erfasst werden, die dann wie folgt aussieht:

Technisches Löschkonzept

Nummer	Auslösendes Ereignis für Löschung	Verfahren zur Prüfung der zu löschenden Daten	Technische Maßnahmen zur Löschung	Organisatorische Maßnahmen zur Löschung	Zuständigkeit für Löschung	Dokumentation der Löschung	Kontrolle der Löschung
1	Zeitablauf	Keins	Automatisiertes Auslösen der Löschung in HR-Software durch Zeitablauf	Keine	IT	Technisches Protokoll über Anzahl gelöschter Datensätze im Löschlauf	Stichprobenartig jeweils zu Beginn eines Kalenderjahrs durch IT
2	Zeitablauf	Manuelle Prüfung, ob ggf. einzelne Bewerber sich noch in einem laufenden Bewerbungsverfahren befinden	Nutzung der Löschfunktion in selbstentwickelter Software für Talentpool	Manuelles Starten der Löschfunktion in selbstentwickelter Software für Talentpool	Personal	Protokoll nach Vorlage über gelöschte Datensätze durch Personal	Anlassbezogen bei Beschwerden von Bewerbern
3	...	...	...	...	...	...	...

84 Zur technischen Umsetzung der Löschvorgaben bezogen auf die möglichen Speicherorte ausführlich *Stiemerling*, PinG 2018, 93.

8.3.5 Zuständigkeit für Löschung

Im technischen Löschkonzept sollte festgehalten werden, wer für die Durchführung der Löschung zuständig ist („Prozessverantwortlicher" oder „Löschverantwortlicher"). Ebenfalls sollte festgehalten werden, wer für die Dokumentation der Löschung zuständig ist und durch wen anlassbezogene, stichprobenartige oder vollständige Kontrollen der durchgeführten Löschungen erfolgen.[85]

Hinweis: Festlegung der Zuständigkeit im Rollenmodell

Alternativ kann die Zuständigkeit auch außerhalb des Löschkonzepts festgehalten werden, wenn es derartige Festlegungen etwa schon in einem Rollenmodell beim Verantwortlichen gibt oder in einem Organisationshandbuch getroffen wurden. Vermieden werden sollten Festlegungen an verschiedenen Orten, da dies zu Widersprüchlichkeiten und Inkonsistenzen führen kann. Idealerweise werden deshalb auch die Angaben aus dem Verzeichnis von Verarbeitungstätigkeiten, die auch für das Löschkonzept relevant sind, automatisch in das Löschkonzept übernommen und bei Änderungen im Verzeichnis von Verarbeitungstätigkeiten ein Änderungsprozess auf das Löschkonzept ausgelöst (siehe unten zum PDCA-Zyklus).

Häufig ist Prozessverantwortlicher für die Durchführung der Löschung diejenige Fachabteilung oder Rolle, die auch für die Verarbeitungstätigkeit verantwortlich ist, unter der die zu löschenden personenbezogenen Daten verarbeitet werden. Abhängig von Größe und Aufbauorganisation beim Verantwortlichen kann die Zuständigkeit aber auch in anderen Abteilungen liegen.

Vorsicht: Keine Zuständigkeit des Datenschutzbeauftragten

Die Aufgaben des Datenschutzbeauftragten ergeben sich aus Art. 39 Abs. 1 DS-GVO. Weitere Aufgaben können ihm gemäß Art. 38 Abs. 6 DS-GVO übertragen werden, solange diese nicht zu einem Interessenkonflikt führen. Eine operative Zuständigkeit des Datenschutzbeauftragten für die Erfüllung der Löschpflichten des Verantwortlichen aus Art. 17 Abs. 1, Abs. 2 DS-GVO (siehe oben) oder die selbstständige Bearbeitung von Löschanträgen betroffener Personen gemäß Art. 17 Abs. 1 DS-GVO (siehe oben) ist mit der Überwachungsfunktion des Datenschutzbeauftragten aus Art. 39 Abs. 1 Buchst. b DS-GVO unvereinbar (dazu unten). Werden dem Datenschutzbeauftragten gleichwohl diese Aufgaben vom Verantwortlichen übertragen, kann die Aufsichtsbehörde ggf. gemäß § 40 Abs. 6 Satz 2 BDSG die Abberufung des Datenschutzbeauftragten verlangen (dazu unten). Zugleich verletzt der Verantwortliche oder Auftragsverarbeiter mit dieser Aufgabenzuweisung seine Organisationspflichten aus Art. 24 Abs. 1, Art. 25 Abs. 1 DS-GVO, was von den Aufsichtsbehörden sanktioniert werden kann (dazu unten). Die Rolle des Datenschutzbeauftragten beim Löschen sollte deshalb eine im Prozess unterstützende, beratende Rolle sein, die nicht zu einer operativen Verantwortlichkeit des Datenschutzbeauftragten führt.

8.4 Löschkonzept umsetzen und Löschung durchführen

Allein die Erstellung des Löschkonzepts ist nicht ausreichend, um der Löschpflicht gemäß Art. 17 Abs. 1 DS-GVO nachzukommen. Die dem Löschkonzept entsprechende Löschung muss auch tatsächlich etabliert und durchgeführt werden. Dies ist insbesondere dort vom Verantwortlichen

85 Beispiele und Musterformulierungen für Arbeitsanweisungen hierzu finden sich bei *Gründel*, ZD 2019, 493 (496 ff.).

zumindest stichprobenartig zu überwachen, wo die Löschung nicht automatisiert in einem IT-System abläuft, sondern manuell angestoßen werden muss, etwa bei unstrukturierten Dateiablagen der Beschäftigten auf einem „Fileserver".

Tipp: Richtlinien zum datenschutzkonformen Löschen

Gemäß Art. 24 Abs. 1 DS-GVO setzt der Verantwortliche geeignete technische und organisatorische Maßnahmen um, damit eine verordnungskonforme Verarbeitung der personenbezogenen Daten sichergestellt ist. Zu diesen Maßnahmen gehören gemäß Art. 24 Abs. 2 DS-GVO auch geeignete Datenschutzvorkehrungen, womit insbesondere Richtlinien des Verantwortlichen gemeint sind. Damit die Umsetzung des Löschkonzepts in der Praxis funktioniert, sollte es daher eine Richtlinie dazu geben, welche Pflichten die dem Verantwortlichen bei der Verarbeitung unterstellten Personen (dazu unten) im Zusammenhang mit dem Löschen personenbezogener Daten einzuhalten haben.

8.5 Löschung dokumentieren

Den Verantwortlichen trifft nicht nur die Pflicht zur unverzüglichen Löschung personenbezogener Daten gemäß Art. 17 Abs. 1 DS-GVO (siehe oben), sondern er ist gemäß Art. 5 Abs. 2 DS-GVO als Teil seiner Rechenschaftspflicht auch verpflichtet, die verordnungskonforme Löschung nachzuweisen.

8.5.1 Nachweis einer verordnungskonformen Löschung

Der Nachweis einer verordnungskonformen Löschung wird vom Verantwortlichen einerseits durch das Löschkonzept und dessen Umsetzung in der Praxis geführt (siehe oben), andererseits durch eine Dokumentation darüber, dass die Löschungen tatsächlich auch gemäß dem Löschkonzept durchgeführt worden sind.

Dies kann durch Protokolle über die durchgeführten Löschungen geschehen, die entweder automatisiert durch die vom Verantwortlichen genutzten Systeme und Dienste erstellt werden („Logfiles") oder manuell nach den Vorgaben des Verantwortlichen, z.B. Protokolle über die vernichteten Datenträger (Zeitpunkt der Vernichtung, Beschreibung und Seriennummern der Datenträger, angewendetes Verfahren für die Vernichtung, die Vernichtung durchführende Person, Unterschrift der durchführenden Person).

8.5.2 Automatische Protokolle als Nachweis der Löschung

Wird ein Protokoll über eine durchgeführte Löschung automatisch durch ein System oder einen Dienst erstellt (häufig „**Löschjournal**" genannt), ist zu klären, welche Angaben in einem solchen Protokoll enthalten sein dürfen.

Insbesondere ältere Systeme protokollieren automatisch jeden durchgeführten Vorgang, darunter auch Löschungen von (personenbezogenen) Daten. Bei neueren Systemen lassen sich oftmals verschiedene „Loglevel" einstellen, also Vorgaben machen, wie umfangreich die automatisch erstellten Protokolle über die im System erfolgten Vorgänge ausfallen sollen. Das kann von „Nichts" bis zu „jedes Detail" reichen, letzteres meist zu Zwecken der Fehlerermittlung und Fehlerbehebung.

Abhängig von der Konfiguration der Protokolle (soweit möglich) oder den nicht änderbaren Festlegungen des Herstellers (siehe oben) kann es dabei dazu kommen, dass in einem Löschjournal sich die zu löschenden personenbezogenen Daten ganz oder vollständig wiederfinden. Der Eintrag im Löschprotokoll lautet dann etwa:

> *Folgender Stammdatensatz wurde gelöscht: Name, Vorname, Personalnummer. Zu diesem Stammdatensatz wurden die folgenden Dokumente gelöscht: Nachweis Gehirntumor, Nachweis Darlehensstundung, […].*

Am Speicherort des Systems wurden dann zwar gemäß dem Löschkonzept die personenbezogenen Daten gelöscht. Die personenbezogenen Daten finden sich jetzt aber ganz oder teilweise im Protokoll über die durchgeführte Löschung wieder. Aus der Löschung ist damit wegen der im Protokoll enthaltenen personenbezogenen Daten eine Nichtlöschung geworden, weil es nun eine neue Verarbeitung der personenbezogenen Daten für den Verarbeitungszweck „Dokumentation" gibt.

Wichtig: Keine Pflicht zur revisionssicheren Löschung

Eine Pflicht zur revisionssicheren Löschung gibt es nicht. Das Handels- und das Steuerrecht kennen nur die Pflicht des Verantwortlichen, für die Dauer der Aufbewahrungsfristen jederzeit den Originalzustand der aufbewahrungspflichtigen Dokumente und nachträglich hieran vorgenommene Änderungen kenntlich zu machen, sodass jederzeit zum Originalzustand des Dokuments zurückgekehrt werden kann. Eine unveränderliche Speicherung der aufbewahrungspflichtigen Dokumente ist damit für eine revisionssichere Speicherung nicht erforderlich, erst recht kein revisionssicherer Nachweis der Löschung nach Ablauf der Aufbewahrungsfrist.

Für eine solche Weiterverarbeitung in Löschprotokollen gibt es jedoch nur in Ausnahmefällen eine Erlaubnis aus Art. 6 DS-GVO. Insbesondere die Erfüllung der Rechenschaftspflicht durch den Verantwortlichen aus Art. 5 Abs. 2 DS-GVO kann eine solche Verarbeitung nach der Löschung zu Dokumentationszwecken nicht rechtfertigen, obwohl sie eine rechtliche Verpflichtung im Sinne des Art. 6 Abs. 1 Satz 1 Buchst. c DS-GVO begründet. Denn zur Erfüllung der Rechenschaftspflicht ist die (teilweise) Speicherung der gelöschten personenbezogenen Daten in einem Protokoll über die durchgeführte Löschung nicht erforderlich.

Auch im Übrigen wird es fast immer an der Erforderlichkeit der Verarbeitung der gelöschten personenbezogenen Daten als Nachweis für die Durchführung der Löschung fehlen, sodass auch alle anderen Erlaubnistatbestände wegfallen: In der Regel genügt es, wenn der Verantwortliche nachweist, dass er ein geeignetes Löschkonzept hat, dieses Löschkonzept verordnungskonform beim Verantwortlichen etabliert ist und die Löschung wie im Löschkonzept beschrieben auch tatsächlich vom Verantwortlichen durchgeführt und ggf. kontrolliert worden ist (siehe oben). Ob die Löschung erfolgreich war, lässt sich dabei leicht überprüfen, in dem an den Speicherorten geprüft wird, ob nach Durchführung der Löschung gemäß dem Löschkonzept die Daten doch noch am Speicherort (oder ggf. an einem anderen Ort) vorhanden sind.

Anderenfalls droht eine endlose Speicherung zumindest von Teilen der zu löschenden personenbezogenen Daten: Denn auch über die Löschung des Löschprotokolls wäre wiederum ein Löschprotokoll anzufertigen, in dem dann erneut die personenbezogenen Daten ganz oder teilweise vorhanden sind. Das wäre ein Verstoß gegen die Löschpflicht des Verantwortlichen aus Art. 17 Abs. 1 DS-GVO.

Hinweis: Löschdokumentation als Verarbeitungstätigkeit

Falls ausnahmsweise die Protokolle über durchgeführte Löschungen einzelne personenbezogene Daten enthalten müssen, z.B. weil es hierzu eine aufsichtsrechtliche Vorgabe bei regulierten Unternehmen geben sollte, etwa bei Kreditinstituten oder Versicherungen, ist die Dokumentation über die durchgeführten Löschungen als eigene Verarbeitungstätigkeit im Verzeichnis von Verarbeitungstätigkeiten beim Verantwortlichen gemäß Art. 30 Abs. 1 DS-GVO zu führen (siehe oben). Auch für diese Verarbeitungstätigkeit ist dann ein Löschkonzept zu erstellen, zu etablieren und durchzuführen.

8.6 PDCA-Zyklus für das Löschkonzept

Mit der einmaligen Erstellung, Umsetzung und sodann Durchführung des Löschkonzepts ist es nicht getan. Weil es fortlaufend zu Änderungen an bestehenden Verarbeitungstätigkeiten oder der Aufnahme neuer Verarbeitungstätigkeiten durch den Verantwortlichen kommt, die sich auf Verarbeitungszwecke und Verarbeitungsmittel und damit auf die verarbeiteten Datenkategorien, Speicherorte, Löschregeln und Löschmaßnahmen auswirken, ist auch für das Löschkonzept ein sog. PDCA-Zyklus („**P**lan, **D**o, **C**heck, **A**ct") als Prozess zu etablieren (Abbildung 19).

In der **ersten Phase („Plan")** werden die Anforderungen an das Löschkonzept beschrieben und festgelegt. In der **zweiten Phase („Do")** wird das Löschkonzept erstellt, implementiert, *getestet* und ab dem erfolgreichen Test durchgeführt. In der **dritten Phase („Check")** werden Vollständigkeit, Geeignetheit, Angemessenheit und Wirksamkeit des Löschkonzepts geprüft und bewertet. Die Ergebnisse sind zu dokumentieren. Ergibt sich aus der 3. Phase Handlungsbedarf, erfolgt in der **4. Phase („Act")** die Überarbeitung des Löschkonzepts und wegen der Änderungen dessen erneute Implementierung.

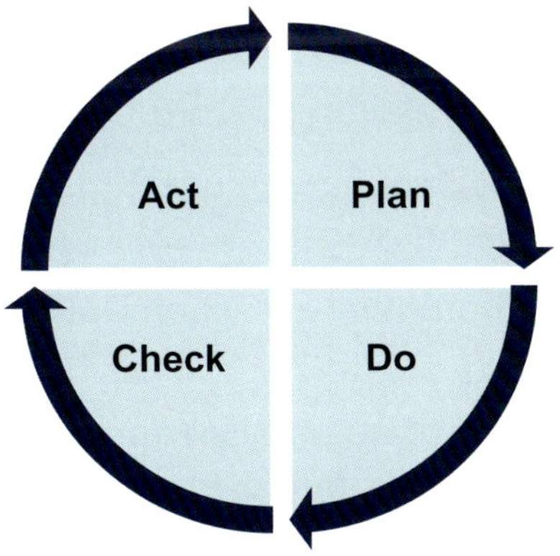

Abb. 19: PDCA-Zyklus

Hiernach wiederholt sich der PDCA-Zyklus entweder in einem vom Verantwortlichen festgelegten, angemessenen Rhythmus oder anlassbezogen, z.B. bei Änderungen am Verzeichnis von Verarbeitungstätigkeiten des Verantwortlichen gemäß Art. 30 Abs. 1 DS-GVO (siehe oben) oder bei festgestellten Schwächen des Löschkonzepts.

8.7 Standard-Datenschutzmodell mit Beispielmaßnahmen

Das Standard-Datenschutzmodell („SDM") ist eine von den deutschen Aufsichtsbehörden entwickelte Methode, mit der für den Bereich des operativen Datenschutzes sichergestellt werden soll, dass eine einheitliche Beratungs- und Prüfpraxis im Datenschutz insbesondere wegen der technischen und organisatorischen Maßnahmen mit dem Blick auf die Rechte und Freiheiten der betroffenen Personen erreicht wird.[86] Es besteht aus einem Methodik-Handbuch[87] und einem Baustein-Katalog, Der Schutzmaßnahmen zu bestimmten Themen beschreibt.[88]

Der Baustein 60 „Löschen und Vernichten" in der Version 1.0a vom 2.9.2020 ist ein Maßnahmenkatalog, auf den für die Erarbeitung des Löschkonzepts zurückgegriffen werden kann und der zwischen personenbezogenen Daten unterschiedlichen Schutzbedarfs und verschiedenen Löscharten differenziert.[89] Zusammengefasst beschreibt der Baustein 60 die folgenden Maßnahmen, die dort einer Zuordnung zum PDCA-Zyklus (siehe oben) unterzogen werden und bei der Erstellung des eigenen Löschkonzepts bedacht werden sollten:

⇨ Ebene Daten:

- M60.D01: Datenstrukturen und Speicherarten, die das Löschen der Inhalte einzelner Datenfelder, Datensätze oder vorher definierter Gruppen von Daten („Datenkategorien", siehe oben) in einer vom Schutzbedarf abhängiger Granularität ermöglichen,
- M60.D02: Strukturen von Daten und Datenmodellen dergestalt, dass das Löschen der Inhalte einzelner Datenfelder, Datensätze oder vorher definierter Gruppen von Daten („Datenkategorien", siehe oben) die Integrität der verbleibenden Daten nicht gefährdet.

⇨ Ebene Systeme:

- M60.S01: Überschreiben von Daten, Datenfeldern, Datenattributen oder kompletten Datenträgern mit speziellen Löschprogrammen (Wipe-Tools),
- M60.S02: Schreddern zur Vernichtung von Datenträgern jeder Art,
- M60.S03: Einschmelzen oder Verbrennen von Datenträgern jeder Art,
- M60.S04: Integritätssicherung beim Löschen,
- M60.S05: Protokollierung von Löschungen,
- M60.S06: Datensparsame Ausgestaltung der Protokollierung von Löschungen,
- M60.S07: Automatisierte Überwachung von Löschfristen unter Nutzung von Zeitstempelsystemen oder Auswertungen entsprechender Löschattribute,
- M60.S08: Möglichkeiten der Zuordnung zwischen Daten und dem zeitlichen Anknüpfungspunkt für die Löschverpflichtung,
- M60.S09: Technische Systeme zur automatisierten, zeitgesteuerten Löschung unter Nutzung von Zeitstempelsystemen oder durch Auswertungen anderer Zuordnungssysteme oder entsprechende Löschattribute,

86 Ausführliche Informationen zum Standard-Datenschutzmodell stellt das Unabhängige Landeszentrum für Datenschutz (ULD) Schleswig-Holstein im Internet bereit, abrufbar unter *https://www.datenschutzzentrum.de/sdm/*.

87 Aktuell ist die am 24.11.2022 von der Datenschutzkonferenz beschlossene Version 3.0 des Methodik-Handbuchs, abrufbar unter *https://www.datenschutzzentrum.de/uploads/sdm/SDM-Methode_V3.pdf* (Deutsch) und (nur in der Vorversion verfügbar) *https://www.datenschutzzentrum.de/uploads/sdm/SDM-Methodology_V2.0b.pdf* (Englisch).

88 Die derzeit verfügbaren, verbindlichen Bausteine Nr. 42 (Dokumentation), Nr. 43 (Protokollieren) und Nr. 60 (Löschen und Vernichten) sind jeweils in Version 1.0a vom 2.9.2020 auf der Website des Landesbeauftragten für Datenschutz und Informationsfreiheit Mecklenburg-Vorpommern abrufbar: *https://www.datenschutz-mv.de/datenschutz/datenschutzmodell/*.

89 Baustein 60 (Löschen und Vernichten) in der Version 1.0a vom 2.9.2020 ist abrufbar unter *https://www.datenschutz-mv.de/static/DS/Dateien/Datenschutzmodell/Bausteine/SDM-V2.0_Löschen_und_Vernichten_V1.0a.pdf*.

- M60.S10: Technische Systeme, die bei einer Rücksicherung von Datenbeständen aus Backups oder Datensicherungen sicherstellen, dass Daten, die im Original gelöscht wurden, nicht weiter genutzt oder verarbeitet werden.

⇨ Ebene Prozesse:

- M60.P01: Festlegung von Löschfristen,
- M60.P02: Dokumentation von Löschfristen (ggf. im Verzeichnis von Verarbeitungstätigkeiten des Verantwortlichen gemäß Art. 30 Abs. 1 DS-GVO, siehe oben),
- M60.P03: Löschkonzept,
- M60.P04: Regelungen mit besonderen Löschvorgaben für Protokolldaten unter Berücksichtigung der speziellen Aufbewahrungs- und Zweckbindungsvorgaben,
- M60.P05: Regelungen zum Löschen von Daten, die unter einer Auftragsverarbeitung bei Auftragsverarbeitern oder weiteren Auftragsverarbeitern gespeichert sind (dazu unten),
- M60.P06: Prozess zur zeitgesteuerten, automatisierten Löschung von Daten,
- M60.P07: Einbeziehung des Löschgrundes in die Auswahl eines Löschprozesses,
- M60.P08: Prozess zur Überwachung der Rücksicherung hinsichtlich möglicher Löschpflichten,
- M60.P09: Regelungen zum Umgang mit Verschlüsselungsschlüsseln von zu löschenden (verschlüsselten) Daten (dazu oben),
- M60.P10 Regeln zum Löschen von Verschlüsselungsschlüsseln,
- M60.P11: Regelungen zur Dokumentation von Veröffentlichung von Daten im Sinne des Art. 17 Abs. 2 DS-GVO (dazu oben),
- M60.P12: Prozess zur Protokollierung der Offenlegung personenbezogener Daten wegen Art. 19 DS-GVO (dazu oben),
- M60.P13: Prozess zur Information möglicher Empfänger über die durchgeführte Löschung dieser Daten wegen Art. 19 DS-GVO (dazu oben),
- M60.P14: Dokumentation der Anzahl und des Speicherortes von Kopien (dazu oben).

8.8 BSI IT-Grundschutz mit Beispielmaßnahmen

Das Bundesamt für Sicherheit in der Informationstechnik (BSI) stellt zum IT-Grundschutz[90] das „IT-Grundschutz-Kompendium“ als „Werkzeug für Informationssicherheit“ zur Verfügung, was die früheren IT-Grundschutz-Kataloge abgelöst hat.[91] Ähnlich wie das Standard-Datenschutzmodell besteht das IT-Grundschutz-Kompendium aus mehreren einleitenden, sog. „Vorkapiteln“, einer Übersicht elementarer Gefährdungen und verschiedenen Bausteinen, die sich in folgende Bereiche aufteilen:

90 Ausführlich dazu die Informationen des BSI unter *https://www.bsi.bund.de/DE/Themen/Unternehmen-und-Organisationen/Standards-und-Zertifizierung/IT-Grundschutz/it-grundschutz_node.html*.

91 Das IT-Grundschutz-Kompendium in der Fassung vom Februar 2023 ist in der Online-Version abrufbar unter *https://www.bsi.bund.de/DE/Themen/Unternehmen-und-Organisationen/Standards-und-Zertifizierung/IT-Grundschutz/IT-Grundschutz-Kompendium/it-grundschutz-kompendium_node.html*; dort sind auch weitere Informationen zum IT-Grundschutz-Kompendium und dessen Benutzung erhältlich. Eine PDF-Version ist abrufbar unter *https://www.bsi.bund.de/SharedDocs/Downloads/DE/BSI/Grundschutz/Kompendium/IT_Grundschutz_Kompendium_Edition2023.pdf?__blob=publicationFile&v=4#download=1*.

- ⇨ ISMS: Sicherheitsmanagement
- ⇨ ORP: Organisation und Personal
- ⇨ CON: Konzeption und Vorgehensweise
- ⇨ OPS: Betrieb
- ⇨ DER: Detektion und Reaktion
- ⇨ APP: Anwendungen
- ⇨ SYS: IT-Systeme
- ⇨ IND: Industrielle IT
- ⇨ NET: Netze und Kommunikation
- ⇨ INF: Infrastruktur

Bestandteil des Bausteins CON („Konzeption und Vorgehensweise") ist der Abschnitt „CON.6 Löschen und Vernichten", der unter „3. Anforderungen" auch Maßnahmen beschreibt, die zur Umsetzung von Datenlöschungen geeignet sind.[92] Diese weichen z.T. von den möglichen Maßnahmen nach dem Standard-Datenschutzmodell (siehe oben) ab, weil hier die Maßnahmen aus der Perspektive der Informationssicherheit einer öffentlichen oder nicht öffentlichen Stelle betrachtet werden. Genannt und erläutert werden hier folgende mögliche Maßnahmen, die bei der Erstellung des eigenen Löschkonzepts bedacht werden sollten:

- ⇨ Basis-Anforderungen:
  - CON.6.A1: Regelung für die Löschung und Vernichtung von Informationen,
  - CON.6.A2: Ordnungsgemäßes Löschen und Vernichten von schützenswerten Betriebsmitteln und Informationen,
  - CON.6.A11: Löschung und Vernichtung von Datenträgern durch externe Dienstleistende, und
  - CON.6.A12: Mindestanforderungen an Verfahren zur Löschung und Vernichtung.
- ⇨ Standard-Anforderungen:
  - CON.6.A4: Auswahl geeigneter Verfahren zur Löschung oder Vernichtung von Datenträgern,
  - CON.6.A8: Erstellung einer Richtlinie für die Löschung und Vernichtung von Informationen, und
  - CON.6.A13: Vernichtung defekter digitaler Datenträger.
- ⇨ Anforderungen bei erhöhtem Schutzbedarf:
  - CON.6.A14: Vernichten von Datenträgern auf erhöhter Sicherheitsstufe.

92 Abschnitt „CON.6 Löschen und Vernichten" im Baustein CON des IT-Grundschutz-Kompendiums abrufbar unter *https://www.bsi.bund.de/SharedDocs/Downloads/DE/BSI/Grundschutz/IT-GS-Kompendium_Einzel_PDFs_2023/03_CON_Konzepte_und_Vorgehensweisen/CON_6_Loeschen_und_Vernichten_Edition_2023.pdf?__blob=publicationFile&v=3#download=1*.

8.9 Checkliste zum Löschkonzept

Zur Prüfung der Vollständigkeit eines Löschkonzepts kann folgende Checkliste genutzt werden:

- ⇨ Sind alle Datenkategorien zu allen Kategorien betroffener Personen mit allen Verarbeitungszwecken ermittelt?
- ⇨ Ist, soweit für die Ermittlung der Speicherdauer relevant, die Rechtsgrundlage für die jeweilige Verarbeitung bekannt?
- ⇨ Sind alle Speicherorte für jede Datenkategorie ermittelt (ggf. auch mehrere Speicherorte je Datenkategorie)?
- ⇨ Sind im Löschkonzept auch die unter Beteiligung von Empfängern oder Dritten im Sinne der Art. 4 Nr. 9, Nr. 10 DS-GVO verarbeiteten personenbezogenen Daten berücksichtigt, also bei Auftragsverarbeitern gemäß Art. 4 Nr. 8, Art. 28 Abs. 1 DS-GVO (dazu unten) und gemeinsam Verantwortlichen gemäß Art. 4 Nr. 7, Art. 26 DS-GVO?
- ⇨ Sind die Löschfristen für jede Datenkategorie ermittelt (ggf. auch unterschiedliche Löschfristen bei mehreren Verarbeitungszwecken)?
- ⇨ Sind die Startzeitpunkte für die Löschfristen für jede Datenkategorie ermittelt?
- ⇨ Ist für jede Datenkategorie an jedem Speicherort das Löschverfahren im technischen Löschkonzept beschrieben?
- ⇨ Sind die Festlegungen aus dem technischen Löschkonzept für jede Datenkategorie umgesetzt?
- ⇨ Werden die Löschungen tatsächlich durchgeführt und wird deren Durchführung dokumentiert?
- ⇨ Wird die Durchführung der Löschung kontrolliert und das Ergebnis dokumentiert?
- ⇨ Werden Vollständigkeit und Wirksamkeit der Löschkonzepte regelmäßig überprüft, bewertet und ggf. aktualisiert?
- ⇨ Wird bei Festlegung der Verarbeitungsmittel, spätestens im Beschaffungsprozess geprüft, ob Hardware und Software, also Systeme und Dienste eine wirksame Umsetzung der Datenschutzpflichten beim Löschen gewährleisten?

9. Löschen bei Auftragsverarbeitern

Der Auftragsverarbeiter verarbeitet gemäß Art. 4 Nr. 8, Art. 28 Abs. 1 DS-GVO personenbezogene Daten ausschließlich im Auftrag des Verantwortlichen, ohne selbst über Zwecke und Mittel der Verarbeitung zu entscheiden. Diese Verarbeitung im Auftrag geschieht gemäß Art. 29 DS-GVO vollständig auf Weisung des Verantwortlichen.

9.1 Stellung des Auftragsverarbeiters und seine Befugnisse

Bei den Verarbeitungen durch den Auftragsverarbeiter handelt es sich um solche des Verantwortlichen mit der Folge, dass die Rechte und Pflichten aus Art. 17 DS-GVO weiterhin den Verantwortlichen treffen, nicht den Auftragsverarbeiter. Aus dieser Pflichtenverteilung folgt, dass der Verantwortliche mindestens die Speicherdauer für die im Auftrag zu verarbeitenden personenbezogenen Daten festzulegen und den Zeitpunkt der Löschung zu bestimmen hat.

Hinweis: Löschpflicht auch bei Auftragsverarbeitung

Eine Auftragsverarbeitung entbindet den Verantwortlichen nicht von seiner Löschpflicht. Es sollte deshalb bereits vor Auftragserteilung geklärt sein, wann und wie die im Auftrag verarbeiteten personenbezogenen Daten durch den Auftragsverarbeiter gelöscht werden und wie der Nachweis einer DS-GVO-konformen Löschung durch den Auftragsverarbeiter erfolgt. Anderenfalls läuft der Verantwortliche Gefahr, weder seiner Löschpflicht aus Art. 17 Abs. 1 DS-GVO noch seiner Rechenschaftspflicht aus Art. 5 Abs. 2 DS-GVO zu genügen (zu möglichen Sanktionen siehe unten).

Ausschließlich bei den organisatorischen und technischen Maßnahmen zur Umsetzung des Löschens, also bei den Verarbeitungsmitteln (siehe oben), ist es möglich, dem Auftragsverarbeiter einen eigenen Entscheidungsspielraum zu überlassen. Innerhalb dieses Spielraums kann der Auftragsverarbeiter selbst entscheiden, wie er zur Umsetzung der Vorgaben des Verantwortlichen das Löschen personenbezogener Daten in Erfüllung des Auftragsverarbeitungsvertrags (oder der Vorgaben aus dem anderen Rechtsinstrument) tatsächlich durchführt.

Diese Delegation der teilweisen Entscheidung über die Mittel der Verarbeitung an den Auftragsverarbeiter entbindet den Verantwortlichen jedoch nicht davon, vor Erteilung des Auftrags die Entscheidung darüber zu treffen, ob die vom Auftragsverarbeiter vorgesehenen Maßnahmen den Anforderungen des Verantwortlichen aus dessen Löschkonzept (siehe oben) entsprechen und zur Durchführung der Löschung geeignet sind.

9.2 Auftragsverarbeitungsvertrag oder anderes Rechtsinstrument

Art. 28 Abs. 3 DS-GVO verpflichtet den Verantwortlichen und den Auftragsverarbeiter zum Abschluss eines Auftragsverarbeitungsvertrags, der alle Festlegungen zur Auftragsverarbeitung und die zwingenden vertraglichen Vorgaben für den Auftragsverarbeiter enthalten muss.

Alternativ kommt statt eines Auftragsverarbeitungsvertrags als Grundlage der Auftragsverarbeitung auch

> *[ein anderes Rechtsinstrument] nach dem Unionsrecht oder dem Recht der Mitgliedstaaten*

in Betracht, was

> *den Auftragsverarbeiter in Bezug auf den Verantwortlichen bindet.*

Solche Rechtsinstrumente können z.B. formelle Gesetze, Richtlinien oder Verordnungen sein, die für öffentliche Stellen die Details der Auftragsverarbeitung dort regeln, wo der Abschluss eines Auftragsverarbeitungsvertrags ungewöhnlich ist.

Tipp: GDD-Praxishilfen zur Auftragsverarbeitung

Die GDD-Praxishilfe DS-GVO IV: Mustervertrag zur Auftragsverarbeitung gemäß Art. 28 DS-GVO (Version 2.1 vom Juni 2021) hält ein Vertragsmuster vor und ist abrufbar unter *https://www.gdd.de/downloads/praxishilfen/004_GDDPraxishilfeIVMustervertragzurAuftragsverarbeitungnachArt.28DSGVOVers.2.0HL.pdf*, eine englische Fassung unter *https://www.gdd.de/downloads/praxishilfen/ph-iv-mustervertrag_zur_auftragsverarbeitung_ds-gvo_english*. Sie wird ergänzt durch Praxishinweise für Auftragsverarbeiter (Version 2.0 vom Januar 2023), abrufbar unter *https://www.gdd.de/downloads/praxishilfen/prax-praxishilfen-neustrukturierung/GDDPraxishilfeDSGVOPraxishinweisefrAuftragsverarbeiter-nachArt.28DSGVO.pdf.*

9.3 Löschpflichten des Auftragsverarbeiters

Art. 28 Abs. 3 Satz 2 Buchst. g DS-GVO konkretisiert ähnlich wie früher § 11 Abs. 2 Satz 10 BDSG a.F. die dem Auftragsverarbeiter vom Verantwortlichen vorzugebenden Pflichten bezogen auf die Löschung personenbezogener Daten. Der Vertrag oder das andere Rechtsinstrument muss zwingend vorsehen, dass der Auftragsverarbeiter

- ⇨ nach Abschluss der Erbringung der Verarbeitungsleistungen
- ⇨ alle personenbezogenen Daten
- ⇨ nach Wahl des Verantwortlichen entweder löscht oder zurückgibt
- ⇨ <u>und</u> die vorhandenen Kopien löscht,
- ⇨ sofern nicht nach dem EU-Recht oder dem nationalen Recht eine Verpflichtung zur Speicherung der personenbezogenen Daten besteht.

Art. 28 Abs. 3 Satz 2 Buchst. g DS-GVO begründet eine vertragliche Pflicht des Auftragsverarbeiters gegenüber dem Verantwortlichen aus dem Auftragsverarbeitungsvertrag zur Löschung und ggf. Rückgabe der personenbezogenen Daten.

Wichtig: Ergänzung der Löschpflicht für Kopien

Erst mit der zweiten Berichtigung der DS-GVO vom 19.4.2018 (2012/0011(COD)-8088/18) wurde Art. 28 Abs. 3 Satz 2 Buchst. g DS-GVO dahingehend ergänzt, dass der Auftragsverarbeiter auch vorhandene Kopien der im Auftrag verarbeiteten personenbezogenen Daten löschen muss. Das muss im Auftragsverarbeitungsvertrag geregelt und vom Auftragsverarbeiter beachtet werden.

9.3.1 Umfang der Löschpflichten des Auftragsverarbeiters

Der Verantwortliche hat gemäß Art. 28 Abs. 3 Satz 2 Buchst. g DS-GVO das Wahlrecht, ob der Auftragsverarbeiter die im Auftrag verarbeiteten personenbezogenen Daten zurückgibt oder löscht. Ob die Wahl zwischen Löschung oder Rückgabe bereits im Auftragsverarbeitungsvertrag oder anderem Rechtsinstrument erfolgt oder erst später durch Weisungen des Verantwortlichen konkretisiert wird, unterliegt der Gestaltungsfreiheit der Beteiligten.

Zusätzlich sind Kopien der im Auftrag verarbeiteten personenbezogenen Daten stets vom Auftragsverarbeiter zu löschen, z.B. Sicherheitskopien oder für die Verarbeitung erforderliche Zwischenspeicherungen.

Die Pflicht zur Rückgabe und/oder Löschung der personenbezogenen Daten erstreckt sich auf alle dem Auftragsverarbeiter gegenüber vom Verantwortlichen offengelegten personenbezogenen Daten und auf alle originär beim Auftragsverarbeiter in Erfüllung des Auftrags angefallenen und im Auftrag verarbeiteten personenbezogenen Daten, auch wenn diese durch den Auftragsverarbeiter originär selbst erhoben worden sein sollten.

Um seinen Lösch- und/oder Rückgabepflichten nachzukommen, hat der Auftragsverarbeiter alle hierfür geeigneten technischen und organisatorischen Maßnahmen zu treffen. Hierzu ist der Auftragsverarbeiter gemäß Art. 28 Abs. 3 Satz 2 Buchst. c DS-GVO verpflichtet, so wie dies im Auftragsverarbeitungsvertrag oder anderen Rechtsinstrument (siehe oben) festgelegt ist. Der Auftragsverarbeiter benötigt also zwecks Erfüllung seiner Pflichten gegenüber dem Verantwortlichen ein dokumentiertes und eingeführtes Löschkonzept, aus dem sich das Vorgehen des Auftragsverarbeiters zur Erfüllung der ihm auferlegten Löschpflichten ergibt (siehe oben).

Wichtig: Unterschied zum Löschkonzept des Verantwortlichen

Das Löschkonzept des Auftragsverarbeiters entspricht grundsätzlich dem Löschkonzept des Verantwortlichen (siehe oben). Es enthält jedoch anders als das Löschkonzept des Verantwortlichen keine Angaben zur Speicherdauer, da diese vom Verantwortlichen für seine Verarbeitungstätigkeiten festzulegen ist (siehe oben). Stattdessen ist der Löschzeitpunkt stets der Abschluss der Erbringung der Verarbeitungsleistungen oder jeder beliebige frühere Zeitpunkt, zu dem der Verantwortliche die Löschung personenbezogener Daten anweist (siehe oben). Soweit dem Auftragsverarbeiter vom Verantwortlichen über die Festlegung der Mittel der Verarbeitung Vorgaben für die Löschung gemacht werden, sind diese in das Löschkonzept des Auftragsverarbeiters zu übernehmen. Der Eigenanteil des Auftragsverarbeiters am Löschkonzept kann daher sehr gering ausfallen.

9.3.2 Zeitpunkt der Löschung beim Auftragsverarbeiter

Die Löschung durch den Auftragsverarbeiter hat nach Art. 28 Abs. 3 Satz 2 Buchst. g DS-GVO „nach Abschluss der Erbringung der Verarbeitungsleistungen“ zu erfolgen. Das Gesetz beschreibt damit den spätesten Zeitpunkt der Löschung durch den Auftragsverarbeiter. Da der Verantwortliche über Zwecke und Mittel der Verarbeitung entscheidet, kann er allerdings auch jederzeit eine frühere Löschung oder Rückgabe der im Auftrag verarbeiteten personenbezogenen Daten vom Auftragsverarbeiter verlangen. Grund hierfür ist entweder eine entsprechende Festlegung im Auftragsverarbeitungsvertrag (oder anderen Rechtsinstrument) oder eine Weisung des Verantwortlichen.

Vorsicht: Keine Weiterverarbeitung durch Auftragsverarbeiter

In Auftragsverarbeitungsverträgen finden sich gelegentlich Klauseln, wonach der Auftragsverarbeiter die personenbezogenen Daten nach Beendigung des Auftrags nicht unverzüglich löschen oder herausgeben wird, sondern dies nur auf Verlangen des Auftraggebers geschieht oder der Auftragsverarbeiter sogar zur Weiterverarbeitung der im Auftrag verarbeiteten personenbezogenen Daten für eigene Zwecke berechtigt sein soll. Derartige Festlegungen genügen Art. 28 Abs. 3 Satz 2 Buchst. g DS-GVO nicht, der keine weitere Speicherung durch den Auftragsverarbeiter nach Abschluss der Erbringung der Verarbeitungsleistungen zulässt.

Hintergrund für die Pflicht des Auftragsverarbeiters zur Löschung oder Herausgabe der personenbezogenen Daten mit Abschluss der Verarbeitungsleistungen ist, dass zu diesem Zeitpunkt jede Notwendigkeit für eine weitere Speicherung der im Auftrag verarbeiteten, personenbezogenen Daten beim Auftragsverarbeiter entfällt. Die personenbezogenen Daten sind dann gemäß Art. 17 Abs. 1 Buchst. a DS-GVO beim Auftragsverarbeiter aufgrund des Vertrags mit dem Verantwortlichen zu löschen. Ein dieser Löschpflicht entgegenstehendes Recht von Verantwortlichem oder Auftragsverarbeiter gibt es nicht. Insbesondere können Zumutbarkeits- oder Praktikabilitätserwägungen zugunsten des Auftragsverarbeiters keine weitere Speicherung rechtfertigen.

Vorsicht: Backups bei Auftragsverarbeitern

Anders als Art. 17 Abs. 1 DS-GVO, der vom Verantwortlichen eine unverzügliche Löschung verlangt (dazu oben), zwingt Art. 28 Abs. 3 Satz 2 Buchst. g DS-GVO den Auftragsverarbeiter zur Löschung aller Kopien nach Abschluss der Erbringung der Verarbeitungsleistungen, so wie dies im Auftragsverarbeitungsvertrag (oder anderem Rechtsinstrument) vereinbart ist. Diese Pflicht zur Löschung von Kopien erstreckt sich auch auf Backups und andere Datensicherungen beim Auftragsverarbeiter (zu Backups siehe oben). Daher ist es erforderlich, dass der Auftragsverarbeiter seine Backups so organisiert, dass diese nach Auftraggebern separiert sind, sodass mit Abschluss der Verarbeitung im Auftrag die Löschung der Kopien der personenbezogenen Daten tatsächlich auch möglich ist. Anderenfalls liegt nicht nur ein Verstoß gegen Art. 28 Abs. 3 Satz 2 Buchst. g DS-GVO vor, wenn die Kopien der personenbezogenen Daten nicht gelöscht werden können, sondern zugleich ein Verstoß gegen Art. 32 Abs. 1 DS-GVO, weil nicht die geeigneten Maßnahmen zur Sicherheit der Verarbeitung getroffen worden sind (zu möglichen Sanktionen siehe unten).

9.3.3 Ausnahmen von der Löschpflicht des Auftragsverarbeiters

Art. 28 Abs. 3 Satz 2 Buchst. g DS-GVO sieht eine Ausnahme von der Löschpflicht bzw. Rückgabepflicht des Auftragsverarbeiters vor, wenn für ihn nach dem EU-Recht oder dem nationalen Recht eine Verpflichtung zur Speicherung der personenbezogenen Daten besteht. Das setzt eine sich aus anderen Rechtsnormen außerhalb der DS-GVO ergebende Speicherpflicht des Auftragsverarbeiters voraus. Nicht ausreichend ist eine beim Verantwortlichen bestehende Speicherpflicht; eine solche verhindert nur gemäß Art. 17 Abs. 3 Buchst. b DS-GVO die Löschung beim Verantwortlichen, aber nicht die Löschung beim Auftragsverarbeiter.

Hinweis: Keine Öffnungsklausel für Auftragsverarbeitungen

Art. 28 Abs. 3 Satz 2 Buchst. g DS-GVO ist keine Öffnungsklausel für Ausnahmen von der Lösch- oder Rückgabepflicht des Auftragsverarbeiters. Insgesamt kennt die DS-GVO keine Öffnungsklauseln für Sonderregeln im EU-Recht oder im nationalen Recht bei der Auftragsverarbeitung. Denkbar sind jedoch insbesondere aus einem öffentlichen Interesse erfolgende Beschränkungen betreffend die Auftragsverarbeitungen, die ein Verantwortlicher eingehen darf. Ein Beispiel hierfür ist § 80 SGB X, der die Möglichkeit zur Auftragsverarbeitung bei der Verarbeitung von Sozialdaten beschränkt, im Übrigen aber Art. 28 DS-GVO unberührt lässt.

9.3.4 Weitere Auftragsverarbeiter in der Leistungskette

Die Beauftragung weiterer Auftragsverarbeiter in der Leistungskette hinter dem Auftragsverarbeiter („Unterauftragnehmer" oder „Subunternehmer") bedarf gemäß Art. 28 Abs. 2 Satz 1 DS-GVO stets einer vorherigen gesonderten oder allgemeinen Genehmigung des Verantwortlichen. Zudem bedarf die Beauftragung gemäß Art. 28 Abs. 4 Satz 1 DS-GVO eines Durchreichens der vom Auftragsverarbeiter übernommenen Datenschutzpflichten an die weiteren Auftragsverarbeiter, dies wiederum durch einen Auftragsverarbeitungsvertrag oder ein anderes Rechtsinstrument (siehe oben). Kommt es zu Pflichtverletzungen, haftet der Auftragsverarbeiter gemäß Art. 28 Abs. 4 Satz 2 DS-GVO für alle weiteren Auftragsverarbeiter.

Zu den an die weiteren Auftragsverarbeiter durchzureichenden Datenschutzpflichten gehören insbesondere auch die Lösch- und Rückgabepflichten aus Art. 28 Abs. 3 Satz 2 Buchst. g DS-GVO, so wie diese zwischen Verantwortlichem und Auftragsverarbeiter vereinbart sind.

9.4 Nachweispflichten des Auftragsverarbeiters

Art. 28 Abs. 3 Satz 2 Buchst. h DS-GVO ergänzt die Lösch- und Rückgabepflicht des Auftragsverarbeiters aus Art. 28 Abs. 3 Satz 2 Buchst. g DS-GVO um eine Nachweispflicht des Auftragsverarbeiters und ein Überprüfungsrecht des Verantwortlichen in dem im Auftragsverarbeitungsvertrag (oder anderem Rechtsinstrument) vereinbartem Umfang. Der Vertrag oder das andere Rechtsinstrument muss dabei zwingend vorsehen, dass der Auftragsverarbeiter

- ⇨ dem Verantwortlichen alle erforderlichen Informationen zum Nachweis der Einhaltung der in diesem Artikel niedergelegten Pflichten zur Verfügung stellt, und
- ⇨ Überprüfungen – einschließlich Inspektionen –, die vom Verantwortlichen oder einem anderen von diesem beauftragten Prüfer durchgeführt werden, ermöglicht und dazu beiträgt.

9.4.1 Nachweispflicht statt Kontrollrecht

Anders als noch in § 11 Abs. 2 Satz 2 Nr. 5, Nr. 7, Satz 4, Satz 5 BDSG a.F. zur früheren Auftragsdatenverarbeitung steht in Art. 28 Abs. 3 Satz 2 Buchst. h DS-GVO nicht länger die Pflicht des Verantwortlichen zur initialen und in der Folge regelmäßigen Kontrolle des Auftragsverarbeiters im Vordergrund. An die Stelle dieser Kontrollen tritt die Verpflichtung des Auftragsverarbeiters zum Nachweis der Einhaltung der ihm durch Art. 28 DS-GVO auferlegten, durch den Auftragsverarbeitungsvertrag oder das andere Rechtsinstrument (siehe oben) konkretisierten Datenschutzpflichten.

9.4.2 Überprüfungsrecht ergänzt Nachweispflicht

Unabhängig von der Nachweispflicht muss der Auftragsverarbeiter dem Verantwortlichen oder den von ihm beauftragten Prüfern die Durchführung von Überprüfungen einschließlich Inspektionen ermöglichen und dazu beitragen. Art. 28 Abs. 3 Satz 2 Buchst. h DS-GVO begründet damit die Pflicht des Auftragsverarbeiters zur erforderlichen Mitwirkung an jederzeit auch anlasslosen Überprüfungen, deren Umfang in das Ermessen des Verantwortlichen gestellt ist. Insbesondere muss der Auftragsverarbeiter auch Vor-Ort-Überprüfungen bei sich am Ort der Verarbeitungsmittel (z.B. in einem Rechenzentrum) ermöglichen; nichts anderes ist mit dem Inspektionsrecht gemeint. Ausnahmen sind dort denkbar, wo der Auftragsverarbeiter einer Inspektion vor Ort gleichwertige Überprüfungsmittel zugunsten des Verantwortlichen schafft.

Hinweis: Geheimhaltungsvereinbarungen mit Prüfern

Beauftragt der Verantwortliche mit der Überprüfung externe Prüfer (z.B. Wirtschaftsprüfer, Rechtsanwälte, Datenschutzberater oder Unternehmensberater), sollte der Auftragsverarbeiter auf den Abschluss einer Geheimhaltungsvereinbarung zu seinen Gunsten mit dem Prüfer bestehen. Der Prüfer erlangt sehr detaillierte Kenntnisse von technischen und organisatorischen Maßnahmen und Prozessen beim Auftragsverarbeiter, bei denen es sich mindestens in wesentlichen Teilen um Geschäftsgeheimnisse i.S.d. § 2 Nr. 1 des Gesetzes zum Schutz von Geschäftsgeheimnissen (GeschGehG) handeln wird. Durch eine Geheimhaltungsvereinbarung wird sichergestellt, dass der Prüfer die aus der Überprüfung erlangten Erkenntnisse ausschließlich mit dem Verantwortlichen teilen darf, aber nicht mit Dritten. Besteht mit dem Verantwortlichen keine Geheimhaltungsvereinbarung, sollte eine solche ebenfalls vor Beginn der Überprüfung abgeschlossen werden.

9.4.3 Nachweis und Überprüfung des Löschens

Gegenstand der Nachweispflicht und des Überprüfungsrechts ist auch das Löschen und die Rückgabe personenbezogener Daten durch den Auftragsverarbeiter an den Verantwortlichen gemäß Art. 28 Abs. 3 Satz 2 Buchst. g DS-GVO. Der Auftragsverarbeiter muss deshalb dem Verantwortlichen jederzeit auf dessen Verlangen oder zu den vereinbarten Zeitpunkten

> *alle erforderlichen Informationen zum Nachweis der Einhaltung der in diesem Artikel niedergelegten Pflichten zur Verfügung*

stellen.

Unter „alle erforderlichen Informationen" zum Nachweis der Einhaltung der Datenschutzpflichten fallen neben dem Löschkonzept des Auftragsverarbeiters (siehe oben) auch die Nachweise über die durchgeführten Löschungen oder Rückgaben personenbezogener Daten. Die Überprüfung muss dem Verantwortlichen auch ohne Inspektion vor Ort möglich sein, sodass mit „zur Verfügung stellen" eine Überlassung der Nachweise an den Verantwortlichen gemeint ist, z.B. durch Übersendung per (verschlüsselter) E-Mail, alternativ deren Einsichtnahme z.B. über einen Datenraum oder in einer (sicheren) gemeinsamen Onlinesitzung.

9.5 Bearbeitung von Löschverlangen durch den Auftragsverarbeiter

Die Rechte der betroffenen Person gemäß Art. 15 ff. DS-GVO und auch das Löschrecht aus Art. 17 Abs. 1 DS-GVO bestehen ausschließlich gegenüber dem Verantwortlichen. Der Auftragsverarbeiter ist damit weder verpflichtet noch berechtigt, bei ihm für einen Verantwortlichen eingehende Verlangen betroffener Personen im eigenen Namen und in eigener Verantwortlichkeit zu bearbeiten. Hierdurch würde der Auftragsverarbeiter über Zwecke und Mittel der Verarbeitung entscheiden mit der Folge, dass er insoweit gemäß Art. 28 Abs. 10 DS-GVO zum Verantwortlichen wird mit allen sich daraus ergebenden Datenschutzpflichten.

9.5.1 Unterstützungspflicht des Auftragsverarbeiters

Aus Art. 28 Abs. 3 Satz 2 Buchst. e DS-GVO ergibt sich jedoch über den Auftragsverarbeitungsvertrag (oder das andere Rechtsinstrument) eine Unterstützungspflicht des Auftragsverarbeiters gegenüber dem Verantwortlichen bei der Bearbeitung von Anträgen betroffener Personen gemäß Art. 15 ff. DS-GVO. Der Auftragsverarbeitungsvertrag gemäß Art. 28 Abs. 3 DS-GVO (oder das andere Rechtsinstrument) muss vorsehen, dass der Auftragsverarbeiter

> *angesichts der Art der Verarbeitung den Verantwortlichen* **nach Möglichkeit mit geeigneten technischen und organisatorischen Maßnahmen** *dabei* **unterstützt***, seiner Pflicht zur Beantwortung von Anträgen auf Wahrnehmung der in Kapitel III genannten Rechte der betroffenen Person nachzukommen; […]*

Die Unterstützungspflicht des Auftragsverarbeiters stellt sicher, dass der Verantwortliche auch bei einem arbeitsteiligen Vorgehen seinen Datenschutzpflichten im Zusammenhang mit dem Löschen personenbezogener Daten vollständig nachkommen kann, insbesondere was die Rechte betroffener Personen betrifft. Der Unterstützungspflicht kann durch die auf Weisung erfolgende Bearbeitung von Anträgen betroffener Personen durch den Auftragsverarbeiter nachgekommen werden, aber auch dadurch, dass der Auftragsverarbeiter dem Verantwortlichen Mittel zur Verfügung stellt, mit denen der Verantwortliche selbstständig die Löschung personenbezogener Daten vornehmen kann, z.B. durch eine Löschfunktion in den vom Auftragsverarbeiter für den Verantwortlichen bereitgestellten Systemen und Diensten.

9.5.2 Aufgabenverteilung zwischen Verantwortlichem und Auftragsverarbeiter

Die Aufgabenverteilung zwischen Verantwortlichem und Auftragsverarbeiter bei der Bearbeitung von Anträgen betroffener Personen kann unmittelbar im Auftragsverarbeitungsvertrag oder anderen Rechtsinstrument (siehe oben) festgelegt werden oder im Einzelfall jeweils durch Weisungen des Verantwortlichen gemäß Art. 28 Abs. 3 Satz 2 Buchst. a DS-GVO vorgenommen werden. Die Festschreibung einer bestimmten Aufgabenverteilung zwischen Verantwortlichem und Auftragsverarbeiter ist nicht erforderlich, solange nur die Unterstützungspflicht des Auftragsverarbeiters aus Art. 28 Abs. 3 Satz 2 Buchst. e DS-GVO vereinbart ist.

Tipp: Delegation von Löschverlangen an Auftragsverarbeiter

Die Bearbeitung von Löschverlangen betroffener Personen gemäß Art. 17 Abs. 1 DS-GVO kann vom Verantwortlichen auch vollständig an den Auftragsverarbeiter delegiert werden. Dann muss aber sichergestellt sein, dass der Auftragsverarbeiter im Verhältnis zur betroffenen Person nicht im eigenen Namen auftritt, sondern als Erfüllungsgehilfe für den Verantwortlichen handelt und ggf. seine Rolle als Auftragsverarbeiter kenntlich macht. Außerdem muss der Verantwortliche dem Auftragsverarbeiter vorgeben, wie er bei der Bearbeitung von Anfragen betroffener Personen vorzugehen hat, damit die Entscheidung über die Zwecke der Verarbeitung beim Verantwortlichen bleibt und nicht (ungewollt) auf den Auftragsverarbeiter übergeht.

10. Löschen bei gemeinsam Verantwortlichen

Die Löschpflicht aus Art. 17 Abs. 1 DS-GVO obliegt dem Verantwortlichen. Gegen ihn richtet sich auch der Löschanspruch der betroffenen Person aus Art. 17 Abs. 1 DS-GVO, so wie dies für alle Ansprüche betroffener Personen gemäß Art. 15 ff. DS-GVO gilt. Demgegenüber unterstützt der Auftragsverarbeiter gemäß Art. 28 Abs. 3 Satz 2 Buchst. e DS-GVO den Verantwortlichen nur bei der Bearbeitung von Anträgen betroffener Personen in dem im Auftragsverarbeitungsvertrag (oder anderen Rechtsinstrument) vorgesehenen Umfang (siehe oben).

Art. 17 DS-GVO spricht ausschließlich von dem Verantwortlichen, ohne zwischen allein Verantwortlichen und gemeinsam Verantwortlichen im Sinne von Art. 26 Abs. 1 Satz 1 DS-GVO zu differenzieren. Das ist auch richtig, denn jeder der gemeinsam Verantwortlichen ist auch ein Verantwortlicher i.S.d. Art. 4 Nr. 7 DS-GVO und damit zur Einhaltung aller Datenschutzpflichten eines Verantwortlichen verpflichtet, wie Erwägungsgrund 79 klarstellt:

> *Zum Schutz der Rechte und Freiheiten der betroffenen Personen sowie bezüglich der Verantwortung und Haftung der Verantwortlichen und der Auftragsverarbeiter bedarf es – auch mit Blick auf die Überwachungs- und sonstigen Maßnahmen von Aufsichtsbehörden – einer klaren Zuteilung der Verantwortlichkeiten durch diese Verordnung, einschließlich der Fälle, in denen ein Verantwortlicher die Verarbeitungszwecke und -mittel gemeinsam mit anderen Verantwortlichen festlegt oder ein Verarbeitungsvorgang im Auftrag eines Verantwortlichen durchgeführt wird.*

Grundsätzlich muss also jeder gemeinsam Verantwortliche für alle gemeinsam mit anderen Verantwortlichen verarbeiteten personenbezogenen Daten die Datenschutzpflichten bezogen auf das Löschen vollständig erfüllen. Das gilt nur dann nicht, wenn die gemeinsam Verantwortlichen innerhalb der Vorgaben von Art. 26 Abs. 1 Satz 2, Satz 3 DS-GVO eine Vereinbarung getroffen haben, die eine abweichende Pflichtenverteilung vorsieht.

Hinweis: keine eigene Erfüllung der Datenschutzpflichten erforderlich

Wenn nicht jeder gemeinsam Verantwortliche alle Datenschutzpflichten aus der DS-GVO erfüllen kann, steht das einer gemeinsamen Verantwortlichkeit nicht entgegen. Eine unmittelbare Erfüllung aller Datenschutzpflichten durch jeden der gemeinsam Verantwortlichen verlangt die DS-GVO nicht. Es genügt, wenn sich jeder gemeinsam Verantwortliche dazu der anderen gemeinsam Verantwortlichen bedienen kann. Das ändert aber nichts daran, dass jeder gemeinsam Verantwortliche auf die Erfüllung aller Datenschutzpflichten vollumfänglich haftet (dazu unten).

10.1 Gemeinsam Verantwortliche

Art. 4 Nr. 7 DS-GVO definiert den Verantwortlichen:

> *„Verantwortlicher“ die natürliche oder juristische Person, Behörde, Einrichtung oder andere Stelle, die allein oder gemeinsam mit anderen über die Zwecke und Mittel der Verarbeitung von personenbezogenen Daten entscheidet [...];*

Art. 26 Abs. 1 Satz 1 DS-GVO über „Gemeinsam Verantwortliche“ nimmt diese Definition auf und legt fest, was gemeinsam Verantwortliche[93] sind:

93 Die Bezeichnung „gemeinsame Verantwortlichkeit“ („joint control“) gibt es in der DS-GVO nicht, ist aber gebräuchlich. Vermieden werden sollte jedoch die Bezeichnung „Joint Controllership“, die ausschließlich im deutschen Sprachraum verbreitet zu sein scheint.

> *Legen zwei oder mehr Verantwortliche gemeinsam die Zwecke der und die Mittel zur Verarbeitung fest, so sind sie gemeinsam Verantwortliche.*

Es müssen also zwei oder mehr Beteiligte gemeinsam über Zwecke und Mittel einer Verarbeitung entscheiden, um gemeinsam Verantwortliche zu sein. Dass Art. 4 Nr. 7 DS-GVO eine „gemeinsame Entscheidung“ verlangt, während Art. 26 Abs. 1 Satz 1 DS-GVO auf eine „gemeinsame Festlegung“ abstellt, ist nur eine sprachliche, aber keine inhaltliche Abweichung. Wer entscheidet, legt fest und umgekehrt.

Wichtig: Nicht jeder Beteiligte ist allein Verantwortlicher

Erfasst werden von Art. 4 Nr. 7, Art. 26 Abs. 1 Satz 1 DS-GVO Sachverhalte, bei denen zwei oder mehr allein Verantwortliche gemeinsam über Zwecke und Mittel der Verarbeitung entscheiden, aber auch Sachverhalte, bei denen ein Beteiligter auf die tatsächlich von einem anderen Beteiligten allein vorgenommene Verarbeitung bestimmenden Einfluss nimmt, ohne selbst Zugang zu den verarbeiteten personenbezogenen Daten zu haben. Für gemeinsam Verantwortliche ist damit nicht erforderlich, dass die Beteiligten jeweils für sich betrachtet stets auch allein Verantwortliche i.S.d. Art. 4 Nr. 7 DS-GVO wären.

Eine gemeinsame Verantwortlichkeit scheidet aus, wenn

- ⇨ einer der Beteiligten Auftragsverarbeiter für einen oder mehrere andere Beteiligte gemäß Art. 4 Nr. 8, Art. 28 Abs. 1 DS-GVO ist (siehe oben),
- ⇨ einer der Beteiligten eine dem Verantwortlichen oder dem Auftragsverarbeiter unterstellte Person i.S.d. Art. 29 DS-GVO ist, welche die personenbezogenen Daten ausschließlich auf Weisung verarbeitet, ohne selbst Auftragsverarbeiter zu sein, *oder*
- ⇨ der Beteiligte außerhalb des sachlichen oder räumlichen Anwendungsbereichs der DS-GVO gemäß Art. 2, Art. 3 DS-GVO personenbezogene Daten verarbeitet.

Ob und welche Vereinbarungen die Parteien miteinander geschlossen haben, ist für die Abgrenzung ohne Bedeutung. Der Auftragsverarbeitungsvertrag gemäß Art. 28 Abs. 3 DS-GVO (siehe oben) und die Vereinbarung zwischen gemeinsam Verantwortlichen gemäß Art. 26 Abs. 1 Satz 2 DS-GVO (dazu unten) haben nur deklaratorische, aber keine konstitutive Wirkung. Sie sind allenfalls Indizien für die Einordnung als Auftragsverarbeiter oder gemeinsam Verantwortliche.

Hinweis: Unterstellte Personen gemäß Art. 29 DS-GVO

Art. 29 DS-GVO erfasst beispielsweise Arbeitnehmer, Leiharbeitnehmer und freie Mitarbeiter („Freelancer“), denen der Verantwortliche weisungsgebunden Zugang zu personenbezogenen Daten gewährt. Auch juristische Personen (z.B. GmbH, AG) können solche unterstellten Personen sein. Der Unterschied zum Auftragsverarbeiter i.S.d. Art. 4 Nr. 8, Art. 28 Abs. 1 DS-GVO oder zum weiteren Auftragsverarbeiter gemäß Art. 28 Abs. 2, Abs. 4 DS-GVO („Unterauftragnehmer“ oder „Subunternehmer“) ist, dass der unterstellten Person kein Auftrag zur Verarbeitung personenbezogener Daten erteilt wird, sondern diese ausschließlich anlässlich der Erbringung anderer Leistungen Zugang zu personenbezogenen Daten erlangt.

10.2 Gemeinsame Entscheidung über Zwecke und Mittel der Verarbeitung

Wie gemeinsam Verantwortliche gemeinsam über Zwecke und Mittel der Verarbeitung entscheiden, ist in der DS-GVO nicht definiert. Diese Lücke hat der EuGH mit insgesamt drei Entscheidungen in den Jahren 2018 und 2019 geschlossen und den Anwendungsbereich sehr weit gefasst.[94] Dessen Vorgaben sind für die Auslegung von Art. 4 Nr. 7, Art. 26 Abs. 1 Satz 1 DS-GVO verbindlich zu beachten, auch wenn hier eine Vielzahl von Detailfragen auch fünf Jahre nach den Entscheidungen noch ungeklärt oder strittig sind.[95]

10.2.1 Kein Zugang zu personenbezogenen Daten erforderlich

Es ist nach dem EuGH nicht erforderlich, dass jeder der gemeinsam Verantwortlichen Zugang zu den personenbezogenen Daten hat, für die die gemeinsame Entscheidung über Zwecke und Mittel der Verarbeitung getroffen worden ist. Ausreichend ist, wenn die durch einen Verantwortlichen allein vorgenommene Verarbeitung personenbezogener Daten dem oder den anderen Verantwortlichen zugerechnet werden kann. Entscheidend für die Zuordnung ist damit nicht allein die Betrachtung des Lebenssachverhalts, sondern dessen wertende Einordnung aus Sicht der von der Verarbeitung betroffenen Personen.

Beispiel: Hausverwaltung und WEG

Das Amtsgericht Mannheim ist in einem rechtskräftigen Urteil aus dem Jahr 2019[96] zu dem Ergebnis gelangt, dass Hausverwalter und Wohnungseigentümergemeinschaft gemeinsam Verantwortliche für die Verarbeitung personenbezogener Daten im Anwendungsbereich von § 27 Wohnungseigentumsgesetz (WEG) sind, der die Aufgaben und Befugnisse des Verwalters festlegt.

10.2.2 Abstrakte Betrachtung der Verarbeitungszwecke

Die gemeinsame Entscheidung muss sich nicht auf die konkreten, im Verzeichnis von Verarbeitungstätigkeiten gemäß Art. 30 Abs. 1 Buchst. b DS-GVO zu dokumentierenden Verarbeitungszwecke beziehen. Es genügt dem EuGH, wenn die Beteiligten mit der Verarbeitung gemeinsam einen allgemeinen, übergeordneten Zweck oder ein allgemeines Ziel verfolgen, z.B. allgemeine wirtschaftliche Zwecke oder die Verbreitung des Glaubens einer Religionsgemeinschaft.

10.2.3 Beitragen zu einer Verarbeitung statt gemeinsamer Entscheidung

Die gemeinsame Entscheidung oder Festlegung von Zwecken und Mitteln der Verarbeitung verlangt nach dem EuGH nicht, dass sich die Beteiligten hierauf einvernehmlich verständigen oder sonst miteinander abstimmen. Es genügt vielmehr, wenn ein gemeinsam Verantwortlicher zur

94 Ausführlich EuGH, Urteil vom 5.6.2018 – C-210/16 („Facebook Fanpages“); Urteil vom 10.7.2018 – C-25/17 („Zeugen Jehovas“), Urteil vom 29.7.2019 – C-40/17 („Fashion ID“); BVerwG, Urteil vom 11.9.2019 – 6 C 15/18.

95 Ausführlich und kritisch zur Rechtsprechung des EuGH *Kremer*, in Schwartmann/Jaspers/Thüsing/Kugelmann: DS-GVO/BDSG Kommentar, 2. Auflage 2020, Art. 26 Rn. 23 ff.

96 AG Mannheim, Urteil vom 11.9.2019 – 5 C 1733/19 WEG.

Verarbeitung des anderen gemeinsam Verantwortlichen einen Beitrag leistet oder sonst die Verarbeitung des anderen gemeinsam Verantwortlichen veranlasst und beeinflusst.

Insoweit kann die gemeinsame Entscheidung in einer stillschweigenden Zustimmung zum Handeln des oder der jeweils anderen gemeinsam Verantwortlichen liegen. Es genügt jedes „zusammen miteinander" Mitwirken an der Verarbeitung eines anderen oder „mitursächlich sein" für die Verarbeitung eines anderen, um gemeinsam über Zwecke und Mittel einer Verarbeitung im Sinne der Art. 4 Nr. 7, Art. 26 Abs. 1 Satz 1 DS-GVO zu entscheiden. Gibt es jedoch vorgelagerte oder nachgelagerte Verarbeitungsphasen, an denen nur einer der Beteiligten mitgewirkt hat, endet dort mit dem EuGH das Verarbeiten als gemeinsam Verantwortliche. Demgegenüber liegt sicher eine Verarbeitung als gemeinsam Verantwortliche vor, wenn die Beteiligten nicht ohne die jeweils anderen Beteiligten den Zweck der Verarbeitung erreichen können, also eine wechselseitige Abhängigkeit in der Verarbeitung voneinander gegeben ist.

Beispiel: gemeinsame Verarbeitung durch Social Plugins

Im Urteil „Fashion ID" (EuGH, Urteil vom 29.7.2019 – C-40/17) ging es darum, dass Facebook ein Social Plugin („Gefällt Mir" Button) zur Verfügung stellt, damit dieses Plugin auf der Website von deren Betreiber eingebunden wird und dann personenbezogene Daten der Websitenutzer erhebt und verarbeitet, zu denen ausschließlich Facebook Zugang hat. In der Bereitstellung des Plugins durch Facebook und der Einbindung in die Website durch deren Betreiber sah der EuGH jeweils die Zustimmung zur Verarbeitung und nahm deshalb an, dass Facebook und Websitebetreiber gemeinsam Verantwortliche sind.

10.2.4 Keine Privilegierung der gemeinsam Verantwortlichen

Werden personenbezogene Daten zwischen gemeinsam Verantwortlichen offengelegt (zum Begriff siehe oben), ist das eine Verarbeitung personenbezogener Daten im Sinne von Art. 4 Nr. 2 DS-GVO.

Bei der Auftragsverarbeitung wird die Offenlegung zwischen Verantwortlichem und Auftragsverarbeiter durch den Auftragsverarbeitungsvertrag und die Weisungsgebundenheit des Auftragsverarbeiter gegenüber dem Verantwortlichen privilegiert, sodass es hierfür keiner Erlaubnis gemäß Art. 6 DS-GVO bedarf (siehe oben). Das ist bei gemeinsam Verantwortlichen anders: Hier ist für die Offenlegung personenbezogener Daten von einem gemeinsam Verantwortlichen gegenüber einem oder mehreren anderen gemeinsam Verantwortlichen stets eine Erlaubnis erforderlich. Denn im Verhältnis zueinander sind gemeinsam Verantwortliche Dritte i.S.d. Art. 4 Nr. 10 DS-GVO.

10.3 Verteilung der Datenschutzpflichten zum Löschen zwischen gemeinsam Verantwortlichen

Gemeinsam Verantwortliche sind gemäß Art. 26 Abs. 1 Satz 2 DS-GVO zum Abschluss einer Vereinbarung verpflichtet, in der in transparenter Form festgelegt ist,

> *wer von ihnen welche Verpflichtung gemäß dieser Verordnung erfüllt, insbesondere was die Wahrnehmung der Rechte der betroffenen Person angeht, […].*

Zudem muss die Vereinbarung gemäß Art. 26 Abs. 2 Satz 1 DS-GVO

> *die jeweiligen tatsächlichen Funktionen und Beziehungen der gemeinsam Verantwortlichen gegenüber betroffenen Personen gebührend widerspiegeln.*

Hinweis: Keine besonderen Formvorschriften

Die Vereinbarung bedarf keiner bestimmten Form und kann auch mündlich getroffen werden. Das Wesentliche der Vereinbarung ist gemäß Art. 26 Abs. 2 Satz 2 DS-GVO den betroffenen Personen zur Verfügung zu stellen, was in der Praxis als Ergänzung der ohnehin gemäß Art. 13, Art. 14 DS-GVO zu erteilenden Datenschutzinformationen geschieht.

Gemeinsam Verantwortliche haben damit die Möglichkeit, die Bearbeitung von Anträgen betroffener Personen einschließlich Löschverlangen vollständig einem der gemeinsam Verantwortlichen verbindlich zu übertragen. Die anderen gemeinsam Verantwortlichen werden dann von den sich aus Art. 17 Abs. 1, Abs. 2 DS-GVO ergebenden Datenschutzpflichten beim Löschen vollständig freigestellt, ebenso von der Rechenschaftspflicht aus Art. 5 Abs. 2 DS-GVO. Es kann aber auch festgelegt werden, dass jeder der gemeinsam Verantwortlichen selbstständig zur Wahrnehmung der Datenschutzpflichten bei Löschverlangen verpflichtet ist. In jedem Fall sind die von den gemeinsam Verantwortlichen wegen der Zuordnung der Datenschutzpflichten aus Art. 17 Abs. 1, Abs. 2 DS-GVO getroffenen Festlegungen mit Blick auf Art. 26 Abs. 2 Satz 1 DS-GVO in der Vereinbarung festzuhalten.

Tipp: Angabe einer Anlaufstelle für betroffene Personen

Art. 26 Abs. 1 Satz 3 DS-GVO erlaubt den gemeinsam Verantwortlichen, eine Anlaufstelle für die betroffenen Personen anzugeben. Aufgabe dieser Anlaufstelle ist die eines Ansprechpartners für die betroffenen Personen, der die Kommunikation der gemeinsam Verantwortlichen untereinander sowie mit den betroffenen Personen koordiniert und lenkt. Wird die Wahrnehmung von Rechten betroffener Personen in der Vereinbarung einem der gemeinsam Verantwortlichen als Pflicht zugewiesen, sollte dieser auch als Anlaufstelle benannt werden.

10.4 Geltendmachung von Löschverlangen gegenüber gemeinsam Verantwortlichen

Die betroffene Person muss nicht wissen, wer von den gemeinsam Verantwortlichen für die Bearbeitung von Löschverlangen in Ausübung des Löschrechts aus Art. 17 Abs. 1 DS-GVO (siehe oben) zuständig ist. Zwar muss das Wesentliche der Vereinbarung gemäß Art. 26 Abs. 2 Satz 2 DS-GVO den betroffenen Personen zur Verfügung gestellt werden, wozu auch die Angabe gehört, wer von den gemeinsam Verantwortlichen Löschanträge entgegennimmt und bearbeitet. Diese Informationen muss die betroffene Person aber – ebenso wenig wie die Datenschutzinformationen gemäß Art. 13, Art. 14 DS-GVO – auch tatsächlich zur Kenntnis genommen haben.

Art. 26 Abs. 3 DS-GVO schützt deshalb die betroffene Person, die ihre Rechte stets bei und gegenüber jedem der gemeinsam Verantwortlichen geltend machen kann:

> *Ungeachtet der Einzelheiten der Vereinbarung [der gemeinsam Verantwortlichen] kann die betroffene Person ihre Rechte [gemäß Art. 15 ff. DS-GVO] bei und gegenüber jedem einzelnen der Verantwortlichen geltend machen.*

Hinweis: Keine Verbindlichkeit im Außenverhältnis

Auch wenn die gemeinsam Verantwortlichen gemäß Art. 26 Abs. 1 Satz 3 DS-GVO eine Anlaufstelle für betroffene Personen festlegen, ist dies gemäß Art. 26 Abs. 3 DS-GVO für die betroffenen Personen nicht bindend. Diese können ihr Löschrecht weiterhin gegenüber jedem der gemeinsam Verantwortlichen geltend machen. Die Pflichtenverteilung wirkt dann nur im Innenverhältnis der gemeinsam Verantwortlichen. Die betroffene Person darf die Anlaufstelle also auch ignorieren.

Stellt die betroffene Person ihren Löschantrag gemäß Art. 17 Abs. 1 DS-GVO gegenüber einem nach der Pflichtenverteilung gemäß der Vereinbarung unzuständigen gemeinsam Verantwortlichen (siehe oben), kann dieser die Bearbeitung im Innenverhältnis an den jeweils zuständigen, anderen gemeinsam Verantwortlichen übertragen; eine höchstpersönliche Leistungspflicht wird durch Art. 26 Abs. 3 DS-GVO nicht begründet. Gegenüber der betroffenen Person im Außenverhältnis bleibt jedoch der in Anspruch genommene gemeinsam Verantwortliche in der Haftung dafür, dass im Innenverhältnis die Bearbeitung durch den anderen Verantwortlichen verordnungskonform erfolgt (zur Haftung unten).

11. Unterbliebenes Löschen als Datenschutzverletzung

Die Verletzung der Löschpflicht durch den Verantwortlichen kann zu einer Verletzung des Schutzes personenbezogener Daten führen (kurz „**Datenschutzverletzung**"), die ggf. der Aufsichtsbehörde zu melden ist und über die ggf. auch die betroffenen Personen zu benachrichtigen sind.

11.1 Begriff der Datenschutzverletzung

Art. 4 Nr. 12 DS-GVO definiert die Verletzung des Schutzes personenbezogener Daten (häufig auch „Datenpanne" genannt) wie folgt:

> *„Verletzung des Schutzes personenbezogener Daten" eine Verletzung der Sicherheit, die zur Vernichtung, zum Verlust oder zur Veränderung, ob unbeabsichtigt oder unrechtmäßig, oder zur unbefugten Offenlegung von beziehungsweise zum unbefugten Zugang zu personenbezogenen Daten führt, die übermittelt, gespeichert oder auf sonstige Weise verarbeitet wurden;*

Datenschutzverletzungen sind gemäß Art. 33 Abs. 1 DS-GVO der Aufsichtsbehörde zu melden, es sei denn, die Datenschutzverletzung führt voraussichtlich nicht zu einem Risiko für Rechte und Freiheiten natürlicher Personen. Hat die Datenschutzverletzung voraussichtlich ein hohes Risiko für die Rechte und Freiheiten natürlicher Personen zur Folge, sind außerdem die betroffenen Personen gemäß Art. 34 Abs. 1 DS-GVO zu benachrichtigen.

11.2 Verletzung der Löschpflicht als Datenschutzverletzung

Zu klären ist, ob eine Zuwiderhandlung gegen die Löschpflicht aus Art. 17 Abs. 1 DS-GVO eine Datenschutzverletzung ist.

Die erste Alternative in Art. 4 Nr. 12 DS-GVO bezieht sich auf die Vernichtung, den Verlust oder die Veränderung personenbezogener Daten, was bei einer Nichtlöschung ausscheidet. In Betracht kommt deshalb lediglich die zweite Alternative in Art. 4 Nr. 12 DS-GVO, also eine Verletzung der Sicherheit, die zu einer unbefugten Offenlegung von beziehungsweise dem unbefugten Zugang zu personenbezogenen Daten führt, die vom Verantwortlichen gespeichert werden.

11.2.1 Verletzung der Sicherheit

Die Verletzung der Sicherheit bezieht sich auf Art. 32 Abs. 1 DS-GVO und liegt entweder vor, wenn keine geeigneten technischen und organisatorischen Maßnahmen („TOM") vom Verantwortlichen getroffen worden sind oder aber die getroffenen, geeigneten technischen und organisatorischen Maßnahmen missachtet wurden. Das gilt auch für das Löschen, da es sich bei dessen Umsetzung um technische und organisatorische Maßnahmen im Sinne von Art. 32 Abs. 1 DS-GVO handelt (siehe oben). Wird die Löschpflicht aus Art. 17 Abs. 1 DS-GVO verletzt, weil Löschkonzepte nicht erarbeitet oder aber nicht oder nicht vollständig eingeführt wurden, ist eine Verletzung der Sicherheit gegeben.

11.2.2 Unbefugte Offenlegung oder unbefugter Zugang

Personenbezogene Daten, die nicht gelöscht wurden, waren schon vor der Nichtlöschung den beim Verantwortlichen tätigen Personen im Rahmen des dort jeweils geltenden Rollen- und Berechtigungskonzepts zugänglich. Es ließe sich deshalb argumentieren, dass die Missachtung der

Löschpflicht schon gar nicht zu einer Offenlegung von oder einem Zugang zu personenbezogenen Daten führt, weil die Offenlegung oder der Zugang bereits vor Eintritt der Löschpflicht erfolgten.

Hierbei wird jedoch übersehen, das mit dem Eintritt der Löschpflicht aus einer vormals befugten Offenlegung bzw. einem befugten Zugang zu personenbezogenen Daten eine unbefugte Offenlegung bzw. ein unbefugter Zugang wird. Denn die zu löschenden personenbezogenen Daten dürften überhaupt nicht mehr offengelegt bzw. zugänglich gemacht werden. Damit aber hat die Verletzung der Sicherheit (durch Nichtlöschung) eine unbefugte Offenlegung bzw. einen unbefugten Zugang zu personenbezogenen Daten zur Folge, die vom Verantwortlichen gespeichert werden. Die Nichtlöschung personenbezogener Daten trotz Löschpflicht ist mithin eine Datenschutzverletzung i.S.d. Art. 4 Nr. 12 DS-GVO.

11.2.3 Meldungs- und Benachrichtigungspflicht

Ob wegen der Datenschutzverletzung durch Missachtung der Löschpflicht eine Meldepflicht gegenüber der Aufsichtsbehörde gemäß Art. 33 Abs. 1 DS-GVO und ggf. zusätzlich eine Benachrichtigungspflicht gemäß Art. 34 Abs. 1 DS-GVO gegenüber den betroffenen Personen besteht, hängt ausschließlich von dem sich aus der Nichtlöschung ergebenden Risiko für die Rechte und Freiheiten natürlicher Personen ab. Erforderlich ist eine Einzelfallbetrachtung wie bei jeder anderen Datenschutzverletzung auch.

11.3 Sanktionen bei Meldung der Datenschutzverletzung

Die Nichtlöschung personenbezogener Daten trotz einer gemäß Art. 17 Abs. 1 DS-GVO bestehenden Löschpflicht ist ein zulasten des Verantwortlichen gemäß Art. 83 Abs. 4, Abs. 5 DS-GVO mit einer Geldbuße sanktionierbares Handeln (dazu unten). Wird die Nichtlöschung als Verletzung des Schutzes personenbezogener Daten im Sinne des Art. 4 Nr. 12 DS-GVO („Datenschutzverletzung") der zuständigen Aufsichtsbehörde gemäß Art. 33 Abs. 1 DS-GVO gemeldet, stellt sich die Frage, ob die Aufsichtsbehörde die Meldung als Grundlage für ein Bußgeldverfahren heranziehen kann.

Genau das soll § 43 Abs. 4 BDSG ohne Zustimmung des Verantwortlichen ausschließen:

> *Eine Meldung nach [Art. 33 Abs. 1 DS-GVO] darf in einem Verfahren nach dem Gesetz über Ordnungswidrigkeiten gegen den Meldepflichtigen […] nur mit Zustimmung des Meldepflichtigen […] verwendet werden.*

§ 43 Abs. 4 BDSG gilt ebenso bei einer Benachrichtigung betroffener Personen gemäß Art. 34 Abs. 1 DS-GVO bezüglich einer Datenschutzverletzung durch den Verantwortlichen.

Vorsicht: Anderweitiges Wissen darf verwendet werden

§ 43 Abs. 4 BDSG schließt nur aus, dass ohne Zustimmung des Verantwortlichen die Meldung nach Art. 33 Abs. 1 DS-GVO oder die Benachrichtigung gemäß Art. 34 Abs. 1 DS-GVO in einem Ordnungswidrigkeitenverfahren (dazu unten) gegen den Verantwortlichen verwendet wird. Hat die Aufsichtsbehörde jedoch anderweitig von dem Sachverhalt Kenntnis erlangt, z.B. durch die Mitteilung einer betroffenen Person an die Aufsichtsbehörde, durch eigene Untersuchungsmaßnahmen gemäß Art. 58 Abs. 1 DS-GVO oder die Berichterstattung in den Medien, kann dieses anderweitige Wissen von der Aufsichtsbehörde im Ordnungswidrigkeitenverfahren verwendet werden. Das gilt selbst dann, wenn das anderweitig erlangte Wissen ganz oder teilweise identisch zum Inhalt der Meldung bei der Aufsichtsbehörde oder der Benachrichtigung der betroffenen Personen ist.

Verschiedentlich vertreten Aufsichtsbehörden die Auffassung, dass § 43 Abs. 4 BDSG mangels Öffnungsklausel in der DS-GVO europarechtswidrig und deshalb nicht zu beachten sei. Gerichtlich geklärt ist das bislang nicht. Gegen eine Unwirksamkeit von § 43 Abs. 4 BDSG spricht jedoch, dass im deutschen und europäischen Recht – allerdings in unterschiedlicher Ausprägung – der Grundsatz anerkannt ist, wonach niemand sich selbst einer Straftat oder Ordnungswidrigkeit bezichtigen muss (Verbot des Zwangs zur Selbstbelastung: „nemo tenetur se ipsum accusare"). Dem trägt § 43 Abs. 4 BDSG europarechtskonform Rechnung.

12. Weitere Fragen zum Löschen

12.1 Löschen als Bestandteil der Datenschutz-Folgenabschätzung

Bei bestimmten Verarbeitungen[97] muss der Verantwortliche gemäß Art. 35 Abs. 1 DS-GVO eine sog. Datenschutz-Folgenabschätzung[98] durchführen:

> *Hat eine Form der Verarbeitung, insbesondere bei Verwendung neuer Technologien, aufgrund der Art, des Umfangs, der Umstände und der Zwecke der Verarbeitung voraussichtlich ein hohes Risiko für die Rechte und Freiheiten natürlicher Personen zur Folge, so führt der Verantwortliche vorab eine Abschätzung der Folgen der vorgesehenen Verarbeitungsvorgänge für den Schutz personenbezogener Daten durch.*

Eine solche Datenschutz-Folgenabschätzung muss gemäß Art. 35 Abs. 7 Buchst. d DS-GVO eine Beschreibung enthalten der

> *zur Bewältigung der Risiken geplanten Abhilfemaßnahmen, einschließlich Garantien, Sicherheitsvorkehrungen und Verfahren, durch die der Schutz personenbezogener Daten sichergestellt und der Nachweis dafür erbracht wird, dass diese Verordnung eingehalten wird, wobei den Rechten und berechtigten Interessen der betroffenen Personen und sonstiger Betroffener Rechnung getragen wird.*

Im Rahmen der Datenschutz-Folgenabschätzung sind damit auch die Löschkonzepte sowie die vom Verantwortlichen zur Erfüllung der Datenschutzpflichten aus Art. 17 Abs. 1, Abs. 2 DS-GVO sowie zur Wahrnehmung von Löschrechten der betroffenen Personen gemäß Art. 17 Abs. 1 DS-GVO getroffenen Maßnahmen einschließlich der etablierten Prozesse zu berücksichtigen (siehe oben).[99]

12.2 Überwachung der Datenschutzpflichten beim Löschen

Die Überwachung der Datenschutzpflichten beim Löschen erfolgt durch die Aufsichtsbehörde und durch einen ggf. beim Verantwortlichen oder Auftragsverarbeiter benannten Datenschutzbeauftragten.

---

97 Eine „Muss-Liste" ist abrufbar unter *https://lfd.niedersachsen.de/startseite/datenschutz-recht/ds_gvo/liste_-von_verarbeitungsvorgangen_nach_art_35_abs_4_ds_gvo/muss-listen-zur-datenschutz-folgenabschatzung-179663.html.*

98 Ausführlich dazu Datenschutzkonferenz (DSK): Kurzpapier Nr. 5 – Datenschutz-Folgenabschätzung nach Art. 35 DS-GVO vom 17.12.2018, abrufbar unter *https://www.datenschutzkonferenz-online.de/media/kp/dsk_kpnr_5.pdf.* Ein Hilfsmittel für die Durchführung der Datenschutz-Folgenabschätzung kann das Standard-Datenschutzmodell („SDM") sein, aktuell in der Version 3.0 vom 24.11.2022, abrufbar unter *https://www.datenschutzzentrum.de/uploads/sdm/SDM-Methode_V3.pdf.*

99 Weitere Details zur Datenschutz-Folgenabschätzung bei *Herweg/Müthlein*: Die Überwachungsaufgabe des Datenschutzbeauftragten nach DS-GVO, 1. Auflage 2020, Kapitel 10.3.3; GDD-Praxishilfe DS-GVO X: Voraussetzungen der Datenschutz-Folgenabschätzung vom November 2017, abrufbar unter *https://www.gdd.de/downloads/praxishilfen/GDD-Praxishilfe_DS-GVO_10.pdf.*

Hinweis: Verantwortlicher muss Löschung selbst prüfen

Die Überwachung der Datenschutzpflichten beim Löschen durch die Aufsichtsbehörde und den Datenschutzbeauftragten entbindet den Verantwortlichen nicht von seiner eigenen Pflicht, die Einhaltung der Datenschutzpflichten zu prüfen und in Erfüllung seiner Rechenschaftspflicht aus Art. 5 Abs. 2 DS-GVO auch nachzuweisen.

12.2.1 Überwachung durch die Aufsichtsbehörde

Die Überwachung des Verantwortlichen wegen seiner Löschpflichten aus Art. 17 Abs. 1, Abs. 2 DS-GVO und wegen Erfüllung von Löschansprüchen betroffener Personen aus Art. 17 Abs. 1 DS-GVO ist Aufgabe der Aufsichtsbehörden gemäß Art. 57 Abs. 1 Buchst. a DS-GVO. Hierfür verfügt die Aufsichtsbehörde gemäß Art. 58 Abs. 1 DS-GVO über eine Vielzahl von Untersuchungsbefugnissen, die es der Aufsichtsbehörde unter anderem gestatten:

- ⇨ den Verantwortlichen, den Auftragsverarbeiter [...] anzuweisen, alle Informationen bereitzustellen, die für die Erfüllung ihrer Aufgaben erforderlich sind (Buchst. a),
- ⇨ Untersuchungen in Form von Datenschutzüberprüfungen durchzuführen (Buchst. b),
- ⇨ von dem Verantwortlichen und dem Auftragsverarbeiter Zugang zu allen personenbezogenen Daten und Informationen, die zur Erfüllung ihrer Aufgaben notwendig sind, zu erhalten (Buchst. e), *und*
- ⇨ gemäß dem jeweils anwendbaren Verfahrensrecht Zugang zu den Räumlichkeiten, einschließlich aller Datenverarbeitungsanlagen und -geräte, des Verantwortlichen und des Auftragsverarbeiters zu erhalten (Buchst. f).

12.2.2 Überwachung durch den Datenschutzbeauftragten

Ist ein Datenschutzbeauftragter beim Verantwortlichen benannt gemäß Art. 37 Abs. 1 DS-GVO oder gemäß Art. 37 Abs. 4 DS-GVO (ggf. in Verbindung mit § 5 Abs. 1, § 38 Abs. 1 BDSG oder einem Landesgesetz), obliegt ihm gemäß Art. 39 Abs. 1 Buchst. b DS-GVO ebenfalls die

> *Überwachung der Einhaltung [des Datenschutzrechts] sowie der Strategien des Verantwortlichen oder des Auftragsverarbeiters für den Schutz personenbezogener Daten einschließlich [...] der diesbezüglichen Überprüfungen.*

Der Datenschutzbeauftragte ist zu diesem Zweck gemäß Art. 38 Abs. 1 DS-GVO

> *ordnungsgemäß und frühzeitig in alle mit dem Schutz personenbezogener Daten zusammenhängenden Fragen*

einzubinden sowie vom Verantwortlichen gemäß Art. 38 Abs. 2 DS-GVO zu unterstützen, insbesondere indem der Verantwortliche und der Auftragsverarbeiter dem Datenschutzbeauftragten

> *die für die Erfüllung dieser Aufgaben erforderlichen Ressourcen und den Zugang zu personenbezogenen Daten und Verarbeitungsvorgängen [...] zur Verfügung stellen.*

In der Ausgestaltung der Überwachungstätigkeit ist der Datenschutzbeauftragte gemäß Art. 38 Abs. 3 Satz 1 DS-GVO weisungsfrei, hat jedoch gemäß Art. 39 Abs. 2 DS-GVO

> *bei der Erfüllung seiner Aufgaben dem mit den Verarbeitungsvorgängen verbundenen Risiko gebührend Rechnung [zu tragen], wobei er die Art, den Umfang, die Umstände und die Zwecke der Verarbeitung berücksichtigt.*

Da die Nichtlöschung personenbezogener Daten trotz Bestehens einer Löschpflicht gemäß Art. 17 Abs. 1 DS-GVO und die Nicht- oder Schlechtbearbeitung von Löschanträgen regelmäßig zu erheblichen Risiken für den Verantwortlichen führen werden, gehören diese zum festen Prüfungsgegenstand bei der Überwachungstätigkeit des Datenschutzbeauftragten.[100]

100 Ausführlich dazu *Herweg/Müthlein*: Die Überwachungsaufgabe des Datenschutzbeauftragten nach DS-GVO, 1. Auflage 2020.

13. Haftung bei Verletzung der Löschpflichten

Die Haftung für Zuwiderhandlungen gegen die DS-GVO ist in Art. 82 DS-GVO geregelt (zur Klagebefugnis betroffener Personen unten). Gemäß Art. 82 Abs. 1 DS-GVO hat

> *[jede] Person, der wegen eines Verstoßes gegen diese Verordnung ein materieller oder immaterieller Schaden entstanden ist, [...] Anspruch auf Schadenersatz gegen den Verantwortlichen oder gegen den Auftragsverarbeiter.*

Der Schadensersatzanspruch besteht also immer, wenn durch einen Verstoß gegen die DS-GVO ein Schaden entstanden ist, gleich ob es sich um einen materiellen oder immateriellen Schaden handelt; eine Bagatellgrenze kennt Art. 82 DS-GVO nicht.[101] Er steht neben weiteren Schadensersatzansprüchen wie etwa einem Amtshaftungsanspruch aus § 839 BGB i.V.m. Art. 34 GG,[102] wird also durch diese nicht verdrängt. Dabei steht der Anspruch nicht nur der betroffenen Person zu, sondern auch jeder anderen Person, bei der es durch den Verstoß zu einem Schaden gekommen ist. Die Missachtung der Datenschutzpflichten aus Art. 17 Abs. 1, Abs. 2 DS-GVO sowie des Löschrechts der betroffenen Person aus Art. 17 Abs. 1 DS-GVO kann einen solchen Schadensersatzanspruch auslösen.

Beispiel: Löschung von Influencer-Beiträgen[103]

Werden Beiträge von Influencern durch den Betreiber eines sozialen Netzwerks datenschutzrechtswidrig gelöscht, so kann im Falle einer dadurch eingetretenen Vertragsverletzung seitens des Influencers in einem Vertragsverhältnis mit einem Unternehmen ein materieller Schaden entstehen, der im Wege des Art. 82 DS-GVO ersetzt verlangt werden kann.

13.1 Haftung des oder der Verantwortlichen

Ist nur ein allein Verantwortlicher i.S.d. Art. 4 Nr. 7 DS-GVO (siehe oben) für die Verletzung der Rechte oder Pflichten aus Art. 17 Abs. 1, Abs. 2 DS-GVO oder anderer Datenschutzpflichten im Zusammenhang mit dem Löschen verantwortlich, richtet sich der Anspruch aus Art. 82 Abs. 1 DS-GVO ausschließlich gegen diesen Verantwortlichen. Sind mehrere (allein oder gemeinsam) Verantwortliche beteiligt, haftet jeder von ihnen auf Schadensersatz, Art. 82 Abs. 2 Satz 1 DS-GVO, dies unabhängig vom konkreten Beitrag des jeweiligen Verantwortlichen zu der haftungsbegründenden Pflichtverletzung.

Kann der Anspruchsteller den Verstoß gegen die DS-GVO, den Schaden und die Kausalität zwischen Verstoß und Schaden nachweisen, ist der Anspruch begründet. Jeder Verantwortliche kann sich gemäß Art. 82 Abs. 3 DS-GVO dann nur noch enthaften

> *wenn er nachweist, dass er in keinerlei Hinsicht für den Umstand, durch den der Schaden eingetreten ist, verantwortlich ist.*

Jeder Verantwortliche trägt damit die Darlegungs- und Beweislast dafür, dass er „in keinerlei Hinsicht" für die schadensbegründenden Umstände verantwortlich ist. Bereits ein geringes Mitverschulden reicht aus, um den Anspruch zu begründen.

101 EuGH, Urteil vom 4.5.2023 – C-300/21, Rz. 43 ff.

102 OLG Hamm, Beschluss vom 19.12.2022 – 11 W 69/22.

103 Das Beispiel stammt von *Schwartmann*, ZD 2021, 603 (606).

13.2 Haftung des Auftragsverarbeiters

Ist neben dem Verantwortlichen auch mindestens ein Auftragsverarbeiter beteiligt, können beide gemäß Art. 82 Abs. 1 DS-GVO unabhängig voneinander auf Schadensersatz wegen einer Verletzung der Datenschutzpflichten beim Löschen in Anspruch genommen werden.

Wichtig: Haftung auch für weitere Auftragsverarbeiter

Die Haftung aus Art. 82 DS-GVO erfasst auch die weiteren Auftragsverarbeiter gemäß Art. 28 Abs. 2, Abs. 4 DS-GVO („Unterauftragnehmer" oder „Subunternehmer"). Auch diese sind Auftragsverarbeiter im Sinne von Art. 4 Nr. 8, Art. 28 Abs. 1 DS-GVO. Zugleich werden gemäß Art. 28 Abs. 4 Satz 2 DS-GVO Pflichtverletzungen der weiteren Auftragsverarbeiter auch dem Auftragsverarbeiter vor ihm zugerechnet. Das hat zur Folge, dass der Auftragsverarbeiter sich nicht gemäß Art. 82 Abs. 3 DS-GVO enthaften kann, wenn er selbst zwar kein Verschulden trägt, aber sein weiterer Auftragsverarbeiter.

Die Haftung des Auftragsverarbeiters gemäß Art. 82 Abs. 2 Satz 2 DS-GVO greift nur dann,

> *wenn er seinen speziell den Auftragsverarbeitern auferlegten Pflichten aus dieser Verordnung nicht nachgekommen ist oder unter Nichtbeachtung der rechtmäßig erteilten Anweisungen des für die Datenverarbeitung Verantwortlichen oder gegen diese Anweisungen gehandelt hat.*

Dies kann der Anspruchsteller jedoch nicht von außen beurteilen, weshalb hier dem Auftragsverarbeiter gemäß Art. 82 Abs. 3 DS-GVO die Darlegungs- und Beweislast dafür obliegt, dass er allen ihm auferlegten Pflichten und Weisungen nachgekommen ist. Gelingt dies dem Auftragsverarbeiter nicht, haftet er gemäß Art. 82 Abs. 2 Satz 2 DS-GVO.

Vorsicht: Funktionsexzess des Auftragsverarbeiters

Schwingt sich ein Auftragsverarbeiter gemäß Art. 28 Abs. 10 DS-GVO zum Verantwortlichen auf, indem er datenschutzrechtswidrig über Zwecke und Mittel der Verarbeitung entscheidet, haftet er insoweit als Verantwortlicher, nicht als Auftragsverarbeiter. Das ist etwa der Fall, wenn der Auftragsverarbeiter Löschanfragen betroffener Personen selbstständig außerhalb des ihm erteilten Auftrags bearbeitet oder zu löschende personenbezogene Daten für eigene Zwecke weiterverarbeitet.

13.3 Haftung bei mehreren Beteiligten

Häufig ist es so, dass es mehrere Beteiligte an einer datenschutzrechtswidrigen Verarbeitung gibt, gleich ob es sich um mehrere (allein oder gemeinsam) Verantwortliche, mehrere Auftragsverarbeiter oder (mindestens) einen Verantwortlichen und (mindestens) einen Auftragsverarbeiter handelt. Sind diese Beteiligten alle gemäß Art. 82 Abs. 2, Abs. 3 DS-GVO (siehe oben) für einen durch die Verarbeitung verursachten Schaden verantwortlich, ordnet Art. 82 Abs. 4 DS-GVO an, dass

> *jeder Verantwortliche oder jeder Auftragsverarbeiter für den gesamten Schaden [haftet], damit ein wirksamer Schadensersatz für die betroffene Person sichergestellt ist.*

Art. 82 Abs. 4 DS-GVO führt damit zu einer sog. gesamtschuldnerischen Haftung gemäß § 421 Satz 1 BGB: Der Anspruchsteller als Gläubiger kann frei wählen, gegenüber welchem der Gesamtschuldner er seinen Schadensersatzanspruch ganz oder teilweise geltend machen will. Er kann sich auch dafür entscheiden, alle Beteiligten gemeinschaftlich als Gesamtschuldner auf Zahlung des Schadensersatzes in Anspruch zu nehmen und dann bei einer etwaigen Vollstreckung aus einem gerichtlichen Titel (z.B. ein rechtskräftiges Urteil) wiederum nur gegen einen oder mehrere Beteiligte vorgehen.

Hinweis: Keine Abstufung der Haftung

Eine Abstufung der Haftung abhängig von der Stellung in der Leistungskette (z.B. Verantwortlicher vor Auftragsverarbeiter vor weiterem Auftragsverarbeiter) kennt die DS-GVO nicht. Auch der letzte, weitere Auftragsverarbeiter in einer mehrstufigen Leistungskette haftet auf den gesamten Schaden, wenn er den Nachweis der fehlenden Verantwortlichkeit gemäß Art. 82 Abs. 2 Satz 2, Abs. 3 DS-GVO nicht führen kann (siehe oben).

Im Innenverhältnis der Beteiligten, die für den durch die Verarbeitung verursachten Schaden verantwortlich sind, ordnet Art. 82 Abs. 5 DS-GVO einen sog. Gesamtschuldnerausgleich an (oder Regress), an dem der Anspruchsteller aus Art. 82 Abs. 1 DS-GVO nicht beteiligt ist:

> *Hat ein Verantwortlicher oder Auftragsverarbeiter gemäß [Art. 82 Abs. 4 DS-GVO] vollständigen Schadenersatz für den erlittenen Schaden gezahlt, so ist dieser Verantwortliche oder Auftragsverarbeiter berechtigt, von den übrigen an derselben Verarbeitung beteiligten für die Datenverarbeitung Verantwortlichen oder Auftragsverarbeitern den Teil des Schadenersatzes zurückzufordern, der unter den in [Art. 82 Abs. 2 DS-GVO] festgelegten Bedingungen ihrem Anteil an der Verantwortung für den Schaden entspricht.*

Es wird also geprüft, welcher Beteiligte welchen Anteil an den schadensbegründenden Umständen für die datenschutzrechtswidrige Verarbeitung hatte. Nach diesen Anteilen wird der zu leistende Schadensersatz im Innenverhältnis der Beteiligten gequotelt.

Hinweis: Zusätzlich vertragliche Haftung möglich

Zwischen Verantwortlichem und Auftragsverarbeiter besteht ein Auftragsverarbeitungsvertrag oder ein anderes Rechtsinstrument gemäß Art. 28 Abs. 3 DS-GVO (siehe oben), während gemeinsam Verantwortliche eine Vereinbarung gemäß Art. 26 Abs. 1 Satz 2, Abs. 2 Satz 1 DS-GVO treffen (siehe oben). Daneben gibt es meist weitere Verträge zwischen den Beteiligten, z.B. die Hauptverträge über die jeweils zu erbringenden Lieferungen oder Leistungen (z.B. bei der Nutzung von Software as a Service aus der Cloud). In diesen Verträgen und Vereinbarungen können sich von Art. 82 DS-GVO abweichende Regelungen zur Haftung der Beteiligten im Innenverhältnis ergeben. Diese Regelungen können im Innenverhältnis den Gesamtschuldnerausgleich gemäß Art. 82 Abs. 5 DS-GVO verdrängen oder durch weitere Ansprüche ergänzen, z.B. durch Freistellungsansprüche.

13.4 Klagebefugnis betroffener Personen

Bei einer Verletzung der Datenschutzpflichten des Verantwortlichen beim Löschen personenbezogener Daten steht der betroffenen Person neben einem Beschwerderecht bei der zuständigen Aufsichtsbehörde gemäß Art. 77 DS-GVO auch ein Recht auf einen wirksamen Rechtsbehelf gegen Verantwortliche oder Auftragsverarbeiter gemäß Art. 79 DS-GVO zu (ggf. in Verbindung mit § 44 Abs. 1, Abs. 2 BDSG).

Diese Klagebefugnis besteht etwa zur Geltendmachung von Schadensersatzansprüchen aus Art. 82 Abs. 1 DS-GVO (siehe oben) sowie zur Geltendmachung von Beseitigungs- oder Unterlassungsansprüchen wegen der Nichtlöschung personenbezogener Daten trotz Löschpflicht gemäß Art. 17 Abs. 1 DS-GVO (siehe oben).

13.5 Immaterieller Schadensersatz

Häufig werden bei einer Verletzung von Datenschutzrechten durch zu spätes oder nicht erfolgtes Löschen keine wirtschaftlich bezifferbaren Schäden entstehen. Vielmehr sind es Beeinträchtigungen im Allgemeinen Persönlichkeitsrecht (Art. 2 Abs. 1 i.V.m. Art. 1 Abs. 1 GG) bzw. im Recht auf Achtung des Privat- und Familienlebens (Art. 7 GRCh) oder im Recht auf Schutz personenbezogener Daten (Art. 8 GRCh), welche die betroffene Person hinnehmen muss. Daraus können aber Ansprüche auf den Ersatz immaterieller Schäden resultieren, was gemeinhin als „Schmerzensgeld" verstanden wird und in § 253 BGB seinen zivilrechtlichen Standort hat. Auch Art. 82 Abs. 1 DS-GVO erfasst immaterielle Schäden und nimmt damit unmittelbar Bezug auf die persönlichkeitsrechtsverletzende Dimension des datenschutzrechtswidrigen Verhaltens. Voraussetzung hierfür ist allerdings, dass tatsächlich eine Beeinträchtigung eingetreten ist.[104]

Beispiel (1): Verkauf von Festplatte mit fremden personenbezogenen Daten

Das AG Hildesheim verurteilte einen Computerhändler zu einer Schadensersatzzahlung aufgrund eines entstandenen immateriellen Schadens i.H.v. 800 EUR zugunsten eines Klägers, dessen personenbezogene Daten sich noch auf einer vom Computerhändler wiederverbauten Festplatte befanden, also nicht ordnungsgemäß vor dem Weiterverkauf gelöscht wurden.[105]

Beispiel (2): Nichtlöschung von Arbeitnehmerdaten auf Homepage

Das ArbG Neuruppin stützte auf die Warn- und Abschreckungsfunktion von Art. 82 DS-GVO im Hinblick auf die Vornahme persönlichkeitsrechtsverletzender Verarbeitungen eine Verurteilung zu 1 000 EUR Schadensersatz. In diesem Fall hatte eine Arbeitgeberin auch sechs Monate nach Beendigung des Arbeitsverhältnisses mit der klagenden ehemaligen Arbeitnehmerin deren Eintrag auf der Homepage nicht entfernt, welcher im Übrigen auch eine falsche Tätigkeitsbeschreibung beinhaltete.[106]

Nicht ausreichend hingegen ist es, wenn für die personenbezogenen Daten der betroffenen Person eine Gefährdungslage eingetreten ist, diese aber nicht in einer Persönlichkeitsrechtsverletzung mündete. Man denke hierbei nur an die Ergreifung unzureichender technischer und organisatorischer Maßnahmen zum Schutz der personenbezogenen Daten gemäß Art. 32 DS-GVO, was aber (noch) nicht zu einem unrechtmäßigen Zugang Dritter führte.

104 EuGH, Urteil vom 4.5.2023 – C-300/21, Rz. 28 ff.

105 AG Hildesheim, Urteil vom 5.10.2020 – 3 C 145/19.

106 ArbG Neuruppin, Urteil vom 14.12.2021 – 2 Ca 554/21.

14. Sanktionen bei Verletzung der Datenschutzpflichten zum Löschen

Die Missachtung der Datenschutzpflichten beim Löschen kann durch die Aufsichtsbehörden im Datenschutz sehr unterschiedlich sanktioniert werden: Neben einer Geldbuße gemäß Art. 83 DS-GVO oder § 43 BDSG sind dies insbesondere Anordnungen der Aufsichtsbehörden gemäß Art. 58 Abs. 2 DS-GVO. In Einzelfällen kommen auch Strafbarkeiten gemäß § 42 BDSG in Betracht.

Nicht ausgeschlossen sind schließlich Image- oder Reputationsschäden für die beteiligten Stellen, z.B. durch die Bekanntmachung eines verhängten Bußgeldes durch die Aufsichtsbehörde, eine kritische Berichterstattung in den Medien oder einen „Shitstorm" in sozialen Netzwerken.

Beispiel: Schule entsorgt Computer im Müllcontainer

In Hamburg entsorgte eine Schule 2018 nach einem Brand Computer ohne weitere Prüfung oder Löschung im Müllcontainer. Von diesen Computern ließen sich personenbezogene Daten von Schülern und Erziehungsberechtigten rekonstruieren. Der Hamburgische Beauftragte für Datenschutz und Informationssicherheit hat von der Geltendmachung seiner Anordnungsbefugnisse gemäß Art. 58 Abs. 2 DS-GVO nur deshalb abgesehen, weil unklar war, wer die Computer im Müllcontainer entsorgt hat.[107]

14.1 Typische Fälle der Verletzung von Datenschutzpflichten beim Löschen

Im Zusammenhang mit dem Löschen werden bei einem verordnungswidrigen Vorgehen meist mehrere Datenschutzpflichten gleichzeitig verletzt:

Neben der unmittelbaren Verletzung der Löschpflicht des Verantwortlichen oder des Löschanspruchs der betroffenen Person aus Art. 17 Abs. 1 DS-GVO finden sich dann etwa

- ⇨ bei öffentlich gemachten personenbezogenen Daten eine unterbliebene Information anderer Verantwortlicher über das Löschverlangen der betroffenen Person gemäß Art. 17 Abs. 2 DS-GVO (siehe oben),
- ⇨ eine unterbliebene Unterrichtung der Empfänger der gelöschten personenbezogenen Daten durch den Verantwortlichen gemäß Art. 19 Satz 1 DS-GVO (siehe oben),
- ⇨ ein unvollständiges oder falsches Verzeichnis von Verarbeitungstätigkeiten wegen der möglichen Angaben zu den vorgesehenen Fristen für die Löschung der verschiedenen Datenkategorien gemäß Art. 30 Abs. 1 Buchst. f DS-GVO (siehe oben),
- ⇨ eine unvollständige oder falsche Datenschutzinformation wegen der Angaben zur Speicherdauer oder den Kriterien für die Festlegung derselben gemäß Art. 13 Abs. 2 Buchst. a, Art. 14 Abs. 2 Buchst. a DS-GVO (siehe oben),
- ⇨ eine rechtswidrige Verarbeitung durch Weiterspeicherung trotz fehlender Erlaubnis unter Verstoß gegen Art. 6, Art. 5 Abs. 1 Buchst. a, Buchst. b, Art. 24 Abs. 1 DS-GVO, und

107 Siehe zu diesem Fall den Beauftragten für den Datenschutz und die Informationssicherheit Hamburgs, Tätigkeitsbericht 2018, S. 41.

- ein Verstoß gegen die Pflicht zur Festlegung technischer und organisatorischer Maßnahmen zur wirksamen Umsetzung der Datenschutzgrundsätze gemäß Art. 25 Abs. 1 DS-GVO („Datenschutz durch Technikgestaltung“ oder „Data Protection by Design“).

14.2 Bekannt gewordene Geldbußen

Eine Sammlung aller veröffentlichten Bußgeldentscheidungen findet sich unter *https://www.dsgvo-portal.de/dsgvo-bussgeld-datenbank/*. Verschiedene Beispiele wurden an passender Stelle unmittelbar im Buchtext eingearbeitet.

14.3 Abhilfebefugnisse der Aufsichtsbehörden aus der DS-GVO

Kommt es zur Verletzung von Datenschutzpflichten im Zusammenhang mit der Löschung personenbezogener Daten, stehen der Aufsichtsbehörde gegenüber dem Verantwortlichen und Auftragsverarbeiter gemäß Art. 58 Abs. 2 DS-GVO insbesondere folgende Abhilfebefugnisse zu, die es der Aufsichtsbehörde gestatten

- einen Verantwortlichen oder einen Auftragsverarbeiter zu verwarnen, wenn er mit Verarbeitungsvorgängen gegen diese Verordnung verstoßen hat (Buchst. b),
- den Verantwortlichen oder den Auftragsverarbeiter anzuweisen, den Anträgen der betroffenen Person auf Ausübung der ihr nach dieser Verordnung zustehenden Rechte zu entsprechen (Buchst. c),
- den Verantwortlichen oder den Auftragsverarbeiter anzuweisen, Verarbeitungsvorgänge gegebenenfalls auf bestimmte Weise und innerhalb eines bestimmten Zeitraums in Einklang mit dieser Verordnung zu bringen (Buchst. d),
- eine vorübergehende oder endgültige Beschränkung der Verarbeitung, einschließlich eines Verbots, zu verhängen (Buchst. f), *und*
- die […] **Löschung von personenbezogenen Daten** […] und die Unterrichtung der Empfänger, an die diese personenbezogenen Daten gemäß Artikel 17 Absatz 2 und Artikel 19 offengelegt wurden, über solche Maßnahmen **anzuordnen** (Buchst. g).

Hinweis: Kein Rangverhältnis der Anordnungen

Ein Rangverhältnis der Anordnungen der Aufsichtsbehörde gibt es nicht. Diese hat ihr Ermessen ordnungsgemäß dahingehend auszuüben, mit welcher Maßnahme oder welchen Maßnahmen die Verletzung der Datenschutzpflichten wirksam abgestellt wird. Insbesondere ist die Aufsichtsbehörde gemäß Art. 58 Abs. 2 Buchst. i DS-GVO befugt, abhängig von den Umständen des Einzelfalls zusätzlich oder anstelle der Maßnahmen ein Bußgeld zu verhängen. Insbesondere bedarf es keines Antrags der betroffenen Person, damit die Aufsichtsbehörde die Löschung von personenbezogenen Daten anordnen kann.[108]

---

108 Siehe zutreffend die Stellungnahme 39/2021 des Europäischen Datenschutzausschuss vom 14.12.2021, S. 7, abrufbar unter *https://edpb.europa.eu/our-work-tools/our-documents/opinion-board-art-64/opinion-392021-whether-article-582g-gdpr-could_de* (Englisch).

14.4 Anordnungsbefugnisse aus dem BDSG

Weitere Anordnungsbefugnisse der Aufsichtsbehörden können sich gemäß Art. 58 Abs. 6 DS-GVO aus dem nationalen Recht ergeben. Hiervon hat der deutsche Gesetzgeber mit § 16 BDSG für den Bundesbeauftragten für den Datenschutz und die Informationsfreiheit Gebrauch gemacht, mit § 40 Abs. 4 bis Abs. 6 BDSG auch für die Aufsichtsbehörden in den Bundesländern, soweit diese gemäß § 40 Abs. 1 BDSG im Anwendungsbereich der DS-GVO

> *bei den nichtöffentlichen Stellen die Anwendung der Vorschriften über den Datenschutz überwachen.*

Hierbei handelt es sich für die Aufsichtsbehörden der Länder um die folgenden zusätzlichen Befugnisse:

- ⇨ Die der Aufsicht unterliegenden Stellen sowie die mit deren Leitung beauftragten Personen haben einer Aufsichtsbehörde auf Verlangen die für die Erfüllung ihrer Aufgaben erforderlichen Auskünfte zu erteilen, wenn nicht ausnahmsweise ein Zeugnisverweigerungsrecht besteht (§ 40 Abs. 4 Satz 1 BDSG).
- ⇨ Die von einer Aufsichtsbehörde mit der Überwachung der Einhaltung der Vorschriften über den Datenschutz beauftragten Personen sind befugt, während der üblichen Geschäftszeiten zur Erfüllung ihrer Aufgaben Grundstücke und Geschäftsräume der Stelle zu betreten und Zugang zu allen Datenverarbeitungsanlagen und -geräten zu erhalten (§ 40 Abs. 5 i.V.m. § 16 Abs. 4 Satz 2 BDSG). Die Stelle ist insoweit zur Duldung verpflichtet.
- ⇨ Die Aufsichtsbehörden können die Abberufung der oder des Datenschutzbeauftragten verlangen, wenn sie oder er die zur Erfüllung ihrer oder seiner Aufgaben erforderliche Fachkunde nicht besitzt oder ein schwerwiegender Interessenkonflikt im Sinne des Art. 38 Abs. 6 DS-GVO vorliegt (§ 40 Abs. 6 Satz 2 BDSG).

Hinweis: Pflicht zur Zusammenarbeit mit der Aufsichtsbehörde

Art. 31 DS-GVO verpflichtet den Verantwortlichen und den Auftragsverarbeiter, auf Anfrage mit der Aufsichtsbehörde bei der Erfüllung ihrer Aufgaben zusammenzuarbeiten. Wie weit diese Pflicht reicht, ist bislang ungeklärt. Die Zusammenarbeit dürfte sich jedoch im Wesentlichen auf die Aufgaben der Aufsichtsbehörden aus Art. 57 Abs. 1 Buchst. b ff. DS-GVO beziehen und nicht auf die Aufgabe aus Art. 57 Abs. 1 Buchst. a DS-GVO, wonach die Aufsichtsbehörde die Anwendung der DS-GVO zu überwachen und durchzusetzen hat. Hier sind die formalen Vorgaben für das Verwaltungshandeln der Aufsichtsbehörden aus den Verwaltungsverfahrensgesetzen zu beachten, die nicht durch eine allgemeine Zusammenarbeitspflicht unterlaufen werden dürfen.

14.5 Geldbußen

Die DS-GVO kennt in Art. 83 DS-GVO insgesamt drei verschiedene Fälle, in denen Bußgelder unterschiedlicher Höhe von der zuständigen Aufsichtsbehörde bei fahrlässigem oder vorsätzlichem Handeln von Auftragsverarbeiter oder Verantwortlichem verhängt werden können. Bußgelder können dabei zusätzlich oder anstelle von Anordnungen der Aufsichtsbehörden gemäß Art. 58 Abs. 2 Buchst. a bis h, Buchst. j DS-GVO erfolgen, sodass sich Anordnungen und Bußgelder nicht gegenseitig ausschließen (siehe oben).

Hinweis: Weitere Bußgeldtatbestände im nationalen Recht

§ 43 Abs. 1 BDSG enthält eigene Bußgeldtatbestände bezogen auf § 30 BDSG mit den dortigen Regelungen zu Betroffenenrechten bei Verbraucherkrediten. Weitere Bußgeldtatbestände finden sich in Landesgesetzen zum Datenschutz und anderen Sondergesetzen.

14.5.1 Mögliche Bußgeldfälle

Die möglichen Bußgeldfälle sind gemäß Art. 83 Abs. 4 bis Abs. 6 DS-GVO (soweit für diesen Praxisratgeber relevant):

⇨ Verstößt der Verantwortliche oder Auftragsverarbeiter gegen eine der Pflichten aus Art. 25 bis 39 DS-GVO, können Geldbußen von bis zu 10 000 000 EUR oder im Fall eines Unternehmens von bis zu 2 % seines gesamten weltweit erzielten Jahresumsatzes des vorangegangenen Geschäftsjahrs verhängt werden, je nachdem, welcher der Beträge höher ist (Abs. 4);

⇨ verstößt der Verantwortliche oder Auftragsverarbeiter gegen die Grundsätze der Verarbeitung gemäß Art. 5, 6 DS-GVO oder gegen die Rechte der betroffenen Person gemäß den Artikeln 12-14 und 17 DS-GVO, können Geldbußen von bis zu 20 000 000 EUR oder im Fall eines Unternehmens von bis zu 4 % seines gesamten weltweit erzielten Jahresumsatzes des vorangegangenen Geschäftsjahrs verhängt werden, je nachdem, welcher der Beträge höher ist (Abs. 5); und

⇨ bei Nichtbefolgung einer Anweisung der Aufsichtsbehörde gemäß Art. 58 Abs. 2 DS-GVO können Geldbußen von bis zu 20 000 000 EUR oder im Fall eines Unternehmens von bis zu 4 % seines gesamten weltweit erzielten Jahresumsatzes des vorangegangenen Geschäftsjahrs verhängt werden, je nachdem, welcher der Beträge höher ist (Abs. 6).

Wichtig: Abweichende Bußgelder für Behörden, öffentliche Stellen und kirchliche Einrichtungen

Art. 83 Abs. 7 DS-GVO erlaubt es den Mitgliedstaaten, eigene Vorschriften dafür festzulegen, ob und in welchem Umfang gegen Behörden und öffentliche Stellen Geldbußen verhängt werden können. Von dieser Befugnis hat Deutschland u.a. mit § 85a Abs. 3 SGB X (im Sozialdatenschutz) sowie mit § 43 Abs. 3 BDSG Gebrauch gemacht und festgelegt, dass gegenüber Behörden und sonstigen öffentlichen Stellen des Bundes im Sinne von § 2 Abs. 1 BDSG keine Bußgelder verhängt werden können. Entsprechende Regelungen finden sich in den Landesdatenschutzgesetzen, z.B. in § 33 Abs. 4 Datenschutzgesetz Nordrhein-Westfalen (ggf. in Verbindung mit § 69 Datenschutzgesetz Nordrhein-Westfalen). Auch kirchliche Datenschutzgesetze kennen Haftungsbeschränkungen; so beschränken § 45 Abs. 5 DSG-EKD, § 51 Abs. 5 KDG und § 51 Abs. 5 KDR-OG mögliche Bußgelder auf maximal 500 000 EUR, während § 51 Abs. 6 KDG und § 51 Abs. 6 KDR-OG in bestimmten Fällen Geldbußen sogar vollständig ausschließen. Kommt es zu einer Zusammenarbeit bei der Datenverarbeitung zwischen nicht-öffentlichen Stellen, öffentlichen Stellen oder kirchlichen Stellen, sollte deshalb im Vertrag festgehalten sein, wie die Haftung im Innenverhältnis der Beteiligten im Gesamtschuldnerausgleich bei Bußgeldern geregelt wird (siehe oben).

14.5.2 Bußgeld bei Verletzung mehrerer Datenschutzpflichten

Hat ein Verantwortlicher gegen die Löschpflicht aus Art. 17 Abs. 1 DS-GVO verstoßen, falsche Datenschutzinformationen über die Speicherdauer gemäß Art. 13 Abs. 2 Buchst. a, Art. 14 Abs. 2 Buchst. a DS-GVO zur Verfügung gestellt und keine wirksamen Maßnahmen zur Umsetzung der DS-GVO gemäß Art. 25 Abs. 1 DS-GVO wegen einer Verarbeitungstätigkeit festgelegt, liegen drei Bußgeldtatbestände vor, die alle jeweils mit einem Bußgeld von bis zu 20 000 000 EUR oder bei einem Unternehmen mit bis zu 4 % des gesamten weltweit erzielten Jahresumsatzes des vorangegangenen Geschäftsjahres geahndet werden können.

Art. 83 Abs. 3 DS-GVO sieht für solche Fälle jedoch vor, dass bei mehreren Verstößen bei gleichen oder miteinander verbundenen Verarbeitungsvorgängen der Gesamtbetrag der Geldbuße nicht den Betrag für den schwerwiegendsten Verstoß überschreiten darf. Im Beispiel wäre die Obergrenze damit immer noch ein Bußgeld von bis zu 20 000 000 EUR oder bei einem Unternehmen von bis zu 4 % des gesamten weltweit erzielten Jahresumsatzes des vorangegangenen Geschäftsjahres. Gemäß Art. 83 Abs. 2 Buchst. a DS-GVO können die mehrfachen Verstöße aber verschärfend bei der Bemessung des einen Bußgeldes berücksichtigt werden.

Vorsicht: Neuer Verstoß = neues Bußgeld

Kommt es in mehreren nicht miteinander verbundenen Verarbeitungsvorgängen (z.B. in unterschiedlichen Systemen einmal im Personalbereich und einmal im Marketing) zu Verstößen, kann dies selbstständige, getrennte Bußgelder nach sich ziehen, auch wenn der Hintergrund jeweils das organisatorische Verschulden bezogen auf das Löschen personenbezogener Daten beim Verantwortlichen ist. Ein neues Bußgeld, was nicht unter Art. 83 Abs. 3 DS-GVO fällt, gibt es auch, wenn es neben dem ersten Bußgeld eine Anordnung der Aufsichtsbehörde für den Verantwortlichen gemäß Art. 58 Abs. 2 DS-GVO gab, die vom Verantwortlichen nicht befolgt worden ist.

14.5.3 Verjährung der Verletzung von Datenschutzpflichten

Für die Verhängung von Bußgeldern gemäß Art. 83 Abs. 4 bis Abs. 6 DS-GVO gilt gemäß § 42 Abs. 1 BDSG das Ordnungswidrigkeitengesetz (OWiG). Gemäß § 31 Abs. 1 Satz 1 OWiG führt der Eintritt der sog. Verfolgungsverjährung dazu, dass die Verfolgung von Ordnungswidrigkeiten mit Bußgeldern und die Anordnung sog. Nebenfolgen ausgeschlossen ist. Dabei beträgt die Verjährungsfrist gemäß § 31 Abs. 2 Nr. 1 OWiG drei Jahre, weil eine Geldbuße im Höchstmaß von mehr als 15 000 EUR durch Art. 83 Abs. 4 bis Abs. 6 DS-GVO angedroht wird. Dabei beginnt die Verjährung nach § 31 Abs. 3 Satz 1 OWiG erst,

sobald die Handlung beendet ist.

Ergänzend beschreiben §§ 32, 33 OWiG Fälle, in denen die Verjährung ruht oder unterbrochen ist. Die tatsächliche Verjährungsfrist kann damit deutlich länger sein als die in § 31 Abs. 2 Nr. 1 OWiG bezeichneten drei Jahre.

Vorsicht: Nichtlöschung ist Dauerhandlung

Werden personenbezogene Daten verordnungswidrig nicht gelöscht, endet die Dauerhandlung „Nichtlöschen“ erst in dem Zeitpunkt, in dem eine Löschung tatsächlich erfolgt und wegen Art. 5 Abs. 2 DS-GVO (Rechenschaftspflicht) auch nachgewiesen ist (siehe oben). Solange die personenbezogenen Daten auch nur teilweise trotz Löschpflicht weitergespeichert oder andere Datenschutzpflichten im Zusammenhang mit dem Löschen verletzt werden, beginnt die Verjährung wegen § 31 Abs. 3 Satz 1 OWiG nicht. Mit zunehmender Dauer der Nichtlöschung erhöht sich zudem im Hinblick auf die Kriterien für die Bemessung der Höhe der Geldbuße in Art. 83 Abs. 2 Buchst. a bis d, Buchst. k DS-GVO die Wahrscheinlichkeit eines hohen oder sehr hohen Bußgeldes bis hin zur Obergrenze in Art. 83 Abs. 4, Abs. 5 DS-GVO.

14.6 Straftaten

Unter Nutzung der Befugnisse aus Art. 84 Abs. 1 Satz 1 DS-GVO zur Festlegung weiterer Sanktionen in den Mitgliedstaaten sind in § 42 Abs. 1 und Abs. 2 BDSG mehrere Straftatbestände aufgenommen worden. Diese Straftatbestände passen jedoch nicht auf die Verletzung von Datenschutzpflichten im Zusammenhang mit dem Löschen personenbezogener Daten und spielen deshalb für diesen Ratgeber keine Rolle.

Abkürzungsverzeichnis

Abs.:	Absatz (als Detailangabe zu einer zitierten Norm, z.B. Art. 30 Abs. 1 DS-GVO)
AG:	Amtsgericht
AktG:	Aktiengesetz
ArbG:	Arbeitsgericht
AO:	Abgabenordnung
Art.:	Artikel (z.B. in der DS-GVO)
BDSG:	Bundesdatenschutzgesetz
BGH:	Bundesgerichtshof
BSI:	Bundesamt für Sicherheit in der Informationstechnik
Buchst.:	Buchstabe (als Detailangabe in einer zitierten Norm, z.B. Art. 30 Abs. 1 Buchst. b DS-GVO)
BVerfG:	Bundesverfassungsgericht
BVerwG:	Bundesverwaltungsgericht
CR:	Computer & Recht (Fachzeitschrift)
CRM:	Customer Relationship Management
DMS:	Dokumentenmanagementsystem (alternativ wird auch der Begriff ECM genutzt)
DSB:	Datenschutzbeauftragter
DSFA:	Datenschutz-Folgenabschätzung gemäß Art. 35, 36 DS-GVO
DSG-EKD:	Kirchengesetz über den Datenschutz der Evangelischen Kirche (EKD-Datenschutzgesetz)
DS-GVO:	Verordnung (EU) 2016/679 des Europäischen Parlaments und des Rates vom 27.4.2016 zum Schutz natürlicher Personen bei der Verarbeitung personenbezogener Daten, zum freien Datenverkehr und zur Aufhebung der Richtlinie 95/46/EG (Datenschutz-Grundverordnung)
DSK:	Konferenz der unabhängigen Datenschutzaufsichtsbehörden des Bundes und der Länder (Datenschutzkonferenz)
DuD:	Datenschutz und Datensicherheit (Fachzeitschrift)
ECM:	Enterprise Content Management (alternativ wird auch der Begriff "DMS" genutzt)
ERP:	Enterprise Ressource Management
EuGH:	Europäischer Gerichtshof
HGB:	Handelsgesetzbuch
ITRB:	IT-Rechtsberater (Fachzeitschrift)
K&R:	Kommunikation & Recht (Fachzeitschrift)
KDG:	Gesetz über den kirchlichen Datenschutz
KDR-OG:	Kirchliche Datenschutzregelung der Ordensgemeinschaft päpstlichen Rechts

KG:	Kammergericht
LAG:	Landesarbeitsgericht
LG:	Landgericht
Nr.:	Nummer (als Detailangabe zu einer zitierten Norm, z.B. Art. 4 Nr. 2 DS-GVO)
OLG:	Oberlandesgericht
pbD:	personenbezogene Daten im Sinne des Art. 4 Nr. 1 DS-GVO
PDCA-Zyklus:	„Plan, Do, Check, Act" Zyklus als Vorgehensmodell für einen Prüfprozess
PinG:	Privacy in Germany (Fachzeitschrift)
S.:	Satz (als Detailangabe zu einer zitierten Norm, z.B. Art. 28 Abs. 3 S. 2 DS-GVO) oder Seite (in Fußnoten, als konkrete Angabe zum Fundort einer Veröffentlichung)
SDM:	Standard-Datenschutzmodell
TOM:	technische und organisatorische Maßnahmen
VVT:	Verzeichnis von Verarbeitungstätigkeiten gemäß Art. 30 Abs. 1 DS-GVO (Verantwortlicher) oder gemäß Art. 30 Abs. 2 DS-GVO (Auftragsverarbeiter)
ZD:	Zeitschrift für Datenschutz (Fachzeitschrift)

Abbildungsverzeichnis

Abb. 1: Begriff Verarbeitung 9
Abb. 2: Lebenszyklus Verarbeitungstätigkeit 10
Abb. 3: Prüfschema zur Identifizierbarkeit natürlicher Personen 17
Abb. 4: Gleitende Skala Personenbezug 17
Abb. 5: Löschen durch Verschlüsselung in der Cloud 23
Abb. 6: Schutzschichten der DS-GVO 25
Abb. 7: Löschpflicht – Löschrecht (Löschanspruch) 27
Abb. 8: Übersicht möglicher Adressaten der Löschpflicht 27
Abb. 9: Indizien zur Abgrenzung von Auftragsverarbeiter, allein Verantwortlichen und gemeinsam Verantwortlichen 28
Abb. 10: Löschpflicht bei mehreren allein Verantwortlichen 29
Abb. 11: Löschpflicht bei gemeinsam Verantwortlichen 29
Abb. 12: Löschpflicht bei Beteiligung eines Auftragsverarbeiters 30
Abb. 13: Erlaubnisgründe des Art. 6 Abs. 1 DS-GVO Übersicht 38
Abb. 14: Löschfrist Überblick 41
Abb. 15: Übersicht Löschen in Backups 44
Abb. 16: Rechte betroffener Personen 49
Abb. 17: Prozess zur Bearbeitung von Löschanträgen 56
Abb. 18: Löschkonzept Prozessablauf 79
Abb. 19: PDCA-Zyklus 93

Stichwortverzeichnis

A

Abhilfebefugnisse der Aufsichtsbehörden 26, 122
Ablauf der Speicherdauer 84
absoluter Personenbezug 16
Adressat der Löschpflicht 27
Aggregation 23
Anonymisierte Daten 21
Anonymisierung 19, 87
Anordnungen der Aufsichtsbehörden 121, 122
Ansprechpartner für Löschanträge 51
Antrag betroffener Personen 50
anwendungsorientierte Betrachtung 79
Anwendungsverantwortlicher 81
Archivsysteme 43
Archivzwecke, wissenschaftliche Forschungszwecke, historische Forschungszwecke 72
Aufbau des Löschkonzepts 87
Aufbewahrungsfristen 85
Aufgaben des Datenschutzbeauftragten 90
Aufgaben im öffentlichen Interesse 71
Aufgabenverteilung zwischen Verantwortlichem und Auftragsverarbeiter 104
Aufhebung der Einschränkung der Verarbeitung 13
Auftragsverarbeiter 28
Auftragsverarbeitungsvertrag 98
Aufwand für Löschung 14
Auslistungsbegehren 69
Ausnahmen von der Löschpflicht 67, 74, 101
Ausübung öffentlicher Gewalt 71

B

Backupkonzept 44
Backups 41
Backups bei Auftragsverarbeitern 101
Backupzyklus 45
Baustein 60 94
Bearbeitung von Löschverlangen 55, 103
Befristung von Einwilligungen 36
Benachrichtigungspflicht 112
Beschwerderecht bei der zuständigen Aufsichtsbehörde 119, 120
Beseitigungs- oder Unterlassungsansprüche 120
Bestandsaufnahme 47, 76, 79
Big Data 21
Business Intelligence 21
Bußgelder 123
Bußgelder für Behörden, öffentliche Stellen und kirchliche Einrichtungen 124

C

Checkliste zum Löschkonzept 97
CON.6 Löschen und Vernichten 96

D

Darlegungs- und Beweislast 50, 61, 117, 118
Data Lifecycle 10
Dateisystem 78
Datenschutz durch Technikgestaltung 10, 13, 14, 25, 41, 80
Datenschutzbeauftragter 115
Datenschutz-Folgenabschätzung 114
Datenschutzinformationen 62, 109
Datenschutzverletzung 60, 111, 112
Datensicherheit 45
Datenträgervernichtung 11
De-Anonymisierung 21
Delegation der Bearbeitung von Löschanträgen 56
Delegation von Löschverlangen an Auftragsverarbeiter 104
De-Personalisieren 15
Dienste der Informationsgesellschaft 39
Direktwerbung 35, 36, 59
Dokumentation der Löschung 90
Dritte 27, 97
DSG-EKD 13, 124

E

Eingang des Antrags 59
Einschränkung der Verarbeitung 12, 49, 75
Einwilligung 35
Empfänger 27, 77, 97
Exzessive Anträge 62

F

Fachliches Löschkonzept 87
Festlegung von Speicherdauer und Löschfrist 84

Flucht in die Sperrung 74
Fristen 58
Fristverlängerung 60
Funktionsexzess des Auftragsverarbeiters 118

G

Geldbuße 121, 123
Geltendmachung, Ausübung oder Verteidigung von Rechtsansprüchen 73
gemeinsam Verantwortliche 28, 105
Gesamtschuldner 118
Gesamtschuldnerausgleich 119
Gesetz zum Schutz von Geschäftsgeheimnissen 20, 57
Grundsätze der Verarbeitung 9, 25, 49, 67
Güterabwägung 68

H

Haftung 117
Haftung des Auftragsverarbeiters 118

I

Identifizierbarkeit der betroffenen Person 15
Identitätsprüfung der betroffenen Person 53
Image- oder Reputationsschäden 121
Information über durchgeführte Löschung 57
Information über Löschfrist 62
Informationspflichten 47
Informationssicherheit 20, 42, 80, 96
Inspektionsrecht 103
Integrität der Verarbeitung 42
Interessenabwägung 37, 82
Interessenkonflikt 90
IT-Grundschutz 95
IT-Grundschutz-Kompendium 95

K

KDG 13, 124
KDR-OG 13, 124
Kinder 39
kirchliches Datenschutzrecht 13, 74, 124
Kontrollen der durchgeführten Löschungen 90
Kopien 40, 41, 64
Kopplungsverbot 36
Kosten der betroffenen Person 61

L

Leitlinie zur Entwicklung eines Löschkonzepts 86
Lösch- oder Rückgabepflicht des Auftragsverarbeiters 102
Löschanspruch 48
Löschdokumentation als Verarbeitungstätigkeit 92
Löschen 11, 25
Löschfrist 40, 81
Löschgrund 72
Löschjournal 91
Löschklassen 88
Löschkonzept 78
Löschkonzept umsetzen 90
Löschpflicht des Verantwortlichen 27
Löschpflichten des Auftragsverarbeiters 99
Löschrecht 48
Löschregeln 88
Löschung bei anderen Verantwortlichen 64
Löschung dokumentieren 91
Löschung durchführen 90
Löschverlangen 48, 50, 55

M

Medienprivileg 69
Meinungsäußerung und Information 68
Meldepflicht 112
Migration 75
Migration nicht löschfähiger IT-Systeme 15
Mitteilungspflicht über Löschung gegenüber Empfängern 76
Mittel der Verarbeitung 80

N

Nachweis einer verordnungskonformen Löschung 91
Nachweispflichten des Auftragsverarbeiters 102
nemo tenetur se ipsum accusare 113
nicht automatisierte Verarbeitung 74, 78
nicht löschfähiges Verarbeitungsmittel 74
Nichtlöschung 58, 92, 111, 120, 125

O

Offenlegung 76
öffentliche Gesundheit 71
Öffnungsklausel 69, 71, 72, 74, 102
Ordnungswidrigkeitengesetz 125
Organisationshandbuch 90
Organisationspflichten 90

P

Papierarchive 81
PDCA-Zyklus 93, 94
Personalausweis 54
Personenbezogene Daten 15
Pflicht zur revisionssicheren Löschung 92
Pflicht zur unverzüglichen Migration 74
Pflicht zur Zusammenarbeit mit der Aufsichtsbehörde 123
Profiling 37
Protokoll über die durchgeführte Löschung 92
Prozess für die Bearbeitung von Anfragen betroffener Personen 55
Prozessverantwortlicher 81, 90
Pseudonymisierte Daten 17, 40, 41
Pseudonymisierung 18

R

Radierverbot 71
Rechenschaftspflicht 50, 77, 78, 83, 92, 115
Recht auf einen wirksamen Rechtsbehelf 119
Recht auf Löschung 48
Recht auf Vergessenwerden 48, 63
Rechtsansprüche 73
Rechtsgrundlage für die Verarbeitung 79
Rechtspflicht zur Löschung 39
relativer Personenbezug 16, 23
Revisionssicherheit 43
Richtlinien zum datenschutzkonformen Löschen 91
Risikomanagement 80
Rollenmodell 90
Rundfunkstaatsvertrag 70

S

Sanktionen 112
satzungsgemäße Aufbewahrungspflicht 74
Schadensersatzanspruch 117
schutzwürdige Interessen der betroffenen Person 74
SDM 93
Shared Services 30, 31
Sicherheit der Verarbeitung 13
Speicherbegrenzung 84
Speicherdauer 40, 81, 82
Speicherorte 80
Speicherpflichten 70, 82
Sperren 12, 13
Stand der Technik 65
Standard-Datenschutzmodell 93
statistische Zwecke 72
Suchmaschinen 48, 63, 69
Systemhersteller 31
Systemübersicht 80

T

technische und organisatorische Maßnahmen 42, 100, 111
Technisches Löschkonzept 89
Teillöschkonzepte 81
Transportverschlüsselung 22

U

Übermittlungspflichten 70
Überprüfungszyklus 85
Überwachung der Datenschutzpflichten beim Löschen 114
Überwachung durch den Datenschutzbeauftragten 26, 115
Überwachung durch die Aufsichtsbehörde 115
Überwachungsfunktion des Datenschutzbeauftragten 90
Umfang der Löschpflicht 40, 41
Unbefugte Offenlegung 111
unbefugter Zugang 111
unrechtmäßige Verarbeitung 38
Unterlassungsansprüche 69
Unterrichtung über Nichtlöschung 58, 67
Unterrichtungsrecht der betroffenen Person 77
Unterstützungspflicht des Auftragsverarbeiters 104
Untersuchungsbefugnisse der Aufsichtsbehörden 26, 115
Unverhältnismäßigkeit der Löschung 14
unverzüglich 40, 45, 59, 76
Unzumutbarkeit der Löschung 14

V

Verarbeitung 9
Verarbeitungen im Konzern 31
Verarbeitungstätigkeit 10
Verarbeitungszweck 34, 81
Verbot der Selbstbelastung 113
verbundene Unternehmen 31
Verfügbarkeit 43
Verhältnismäßigkeitsprüfung 68
Verjährungsfrist 125

Verletzung der Sicherheit 111
Verschlüsselung 11, 22
Verschlüsselungsverfahren 23
vertragliche Aufbewahrungspflicht 74
Vertreter des Verantwortlichen 46
Verzeichnis von Verarbeitungstätigkeiten 10, 46, 79, 80, 87, 93
Videoüberwachung 84

W

weitere Auftragsverarbeiter 102, 118
Widerruf der Einwilligung 35
Widerspruch 36
Widerspruchsrecht 36

Z

Zumutbarkeits- oder Praktikabilitätserwägungen 101
Zuständigkeit des Datenschutzbeauftragten 90
Zuständigkeit für Löschung 90
zweckändernde Weiterverarbeitung 35, 45
Zweckbindungsgrundsatz 33
Zwecke und Mittel der Verarbeitung 28
Zweckfortfall 34
Zweifel an der Identität des Antragstellers 54
Zwischenspeicherungen 81